预应力混凝土连续梁桥悬臂浇筑施工与监控

李文华　周明珲 等　编著

科 学 出 版 社

北　京

内 容 简 介

本书针对预应力混凝土连续梁桥悬臂浇筑施工及监控技术进行了全面系统的总结。采用典型案例分析方法，分别介绍了预应力混凝土连续梁桥的受力及构造特点、悬臂浇筑施工的工艺流程、操作要点及质量控制措施；对悬臂浇筑施工所用挂篮、支架模板、临时支座等进行了方案设计及检算；对于悬臂浇筑施工周期长、材料特性变化、体系转换、受环境温度影响等引起的主梁线型不易控制的施工技术难题，通过施工监控进行线形控制，详述了监控内容、操作流程、监控计算及立模标高的确定等内容。

本书可供工程施工单位、检测监控单位的技术人员使用，也可作为高等院校师生的学习参考书。

图书在版编目(CIP)数据

预应力混凝土连续梁桥悬臂浇筑施工与监控 / 李文华等编著. —北京：科学出版社，2020.6

ISBN 978-7-03-065045-0

Ⅰ. ①预… Ⅱ. ①李… Ⅲ. ①预应力混凝土桥-连续梁桥-桥梁施工-施工监督 Ⅳ. ①U448.21

中国版本图书馆CIP数据核字(2020)第077374号

责任编辑：吴凡洁 乔丽维 / 责任校对：王萌萌
责任印制：吴兆东 / 封面设计：图阅盛世

科学出版社 出版
北京东黄城根北街 16 号
邮政编码：100717
http://www.sciencep.com
北京凌奇印刷有限责任公司 印刷
科学出版社发行 各地新华书店经销
*
2020 年 6 月第 一 版 开本：720 × 1000 1/16
2023 年 1 月第四次印刷 印张：12 插页：2
字数：234 000

定价：98.00 元

(如有印装质量问题，我社负责调换)

前　言

随着大跨度桥梁建设的日益发展，受地形等条件的限制，悬臂浇筑、悬臂拼装施工技术得到越来越多的应用。悬臂浇筑法作为连续梁桥常用的施工方法，其施工工艺复杂，涉及工序较多，主要包括 0 号块混凝土支架现场浇筑、悬臂节段浇筑、合龙段施工等多个施工阶段，其施工过程中涉及临时支架设计施工、临时支座施工、钢筋绑扎、预应力管道定位、挂篮施工及预压、预应力筋张拉及锚固、立模标高确定、线形监控、结构体系转换等多个施工关键工序和节点，每一道工序都会影响悬臂浇筑法的施工质量。本书针对上述各施工阶段的关键技术进行了详细的总结，以期对类似工程建设提供一定的参考。

本书第 1 章介绍悬臂浇筑施工及监控技术研究现状、施工监控的目的及监控理论和方法。第 2 章利用案例分析法，对典型的预应力混凝土连续梁桥的受力、构造特点及悬臂浇筑施工的工艺流程及施工要点进行详细的阐述。第 3 章对 0 号块现浇支架、悬臂浇筑挂篮、边跨现浇支架、模板、临时支座的设计及验算进行详细介绍。第 4 章重点介绍监控控制原理及监控技术体系、监控计算内容及步骤；利用案例分析法介绍建模过程、计算结果的分析应用及施工现场监测系统的组成、监控工作内容及操作流程、监控控制标准及监控频率等内容；为了便于实际操作，对悬臂浇筑施工各阶段的施工监控内容及操作流程进行了详细阐述，同时也对监控立模标高、高程、应力、温度监控记录单格式做了相关规定。

本书第 1 章由北京市市政工程研究院李文华撰写；第 2 章由中铁北京工程局集团有限公司王勃、王正兵，中铁二十四局陆长昕、刘少军撰写；第 3 章由北京市市政工程研究院周明珲、赵辉撰写；第 4 章 4.1～4.3 节由北京市市政工程研究院周明珲、赵辉撰写，4.4 节和 4.5 节由吉林建筑科技学院田秀华撰写。全书由北京工业大学张文学主审。本书在撰写过程中，得到上海同济检测技术有限公司李小祥的悉心指导和支持，在此表示衷心感谢！

由于作者水平有限，不足之处在所难免，敬请读者批评指正。

作　者

2019 年 10 月

目　录

第1章　绪　　论

1.1　悬臂浇筑法施工技术研究现状

预应力混凝土连续梁桥经过近半个世纪的快速发展，已成为桥梁工程建造使用的核心桥型之一。悬臂浇筑法作为连续梁桥常用的施工方法，其施工工艺复杂，涉及工序较多，主要包括混凝土浇筑、合龙控制、临时支架设计、临时结构搭设、钢筋绑扎、预应力管道定位、挂篮施工、预应力筋张拉及锚固、线形监控等多道施工工序，其施工现场如图 1-1 所示，每一道工序都会影响悬臂浇筑法的施工质量。因此，很多学者对悬臂浇筑法施工关键技术进行了研究。

图 1-1　某连续梁桥悬臂浇筑施工现场

施工控制方面，第一次明确提出对梁体各施工阶段的应力及标高进行控制的是 1957 年竣工的武汉长江大桥。李国平等提出的大跨径梁桥线形最优施工控制技术，在富春江大桥和上海吴淞大桥施工中取得了显著成果[1]。董洪刚深入研究了预应力混凝土连续梁悬臂浇筑施工中如何进行线形控制，并总结出施工监控方法，为其他类似工程线形控制提供借鉴[2]。顾安邦等在施工控制方面提出了随机最优化控制理论[3]。正是这些前辈的努力，使得重庆长江大桥、苏通大桥、西堠门大桥等超级工程顺利竣工。

悬臂浇筑施工技术方面，杨敏等以横潦泾大桥为依托，对施工中的挂篮设计与安装、悬臂浇筑以及合龙段等施工过程中需要关注的问题进行探究，并提出了施工质量控制原理[4]。王印以云井庄大桥为依托，对施工中 0 号块的墩梁临时固结、临时支架等进行了受力计算，并对部分关键施工工艺进行研究[5]。尤振华以南河大桥为背景，研究了悬臂施工墩梁临时固结常见模拟方法及影响墩梁临时固结性能的主要原因，并对墩梁临时固结进行受力分析，对固结参数进行优化分析[6]。

国外桥梁施工控制技术研究开始的比较早。在修建 Thedon Nenss 桥的过程中，桥梁设计师率先提出“倒退分析法”的理念，对桥梁施工逆顺序逐节段反推，得到施工节段结构索力标高。20 世纪 80 年代建成的加拿大安娜斯桥和美国 P-K 桥也采用这种方法。此后，施工控制技术在国外许多重点桥梁工程中得到了应用。日本在建设 Hino 桥时，组建了相对完善的控制系统，应用计算机技术对现场实测数据进行分析，利用计算分析结果进行施工控制、指导现场施工。

1.2 存在的问题

目前，在悬臂浇筑施工及监控研究方面，我国在该领域还有一定差距，对桥梁施工控制研究不够深入，控制手段比较单一，施工控制技术系统及组织管理系统不够完善。因此，深入研究桥梁控制理论，进一步开发控制软件、监测仪器、完善施工控制技术和组织管理系统是我国桥梁事业需要努力的方向[7]。

随着科技的进步，桥梁结构更加复杂、规模更加巨大、环境更加恶劣，整个建设过程中新工法、新材料不断涌现，对施工控制技术提出了更高的目标。虽然在悬臂浇筑施工方面取得了很多成效，但是伴随着施工质量要求的不断提高和工程构造形式的复杂多变，还存在许多问题需要探索解决，主要包括以下几个：

(1) 0 号块施工质量的保证措施。0 号块既是悬臂浇筑的中心段，又是施工控制的前提及保障，受力比较复杂，需要精心施工。0 号块一般采用现浇支架(或托架)进行施工，自重大，对现浇支架(或托架)受力性能有较高的要求。对现浇支架(或托架)各组成构件进行准确的受力分析及对梁体挠度及应力进行监测是施工控制必不可少的措施。

(2) 挂篮的设计和选型是保证悬臂浇筑施工质量的关键环节。挂篮是连续梁悬臂法施工的关键，悬臂浇筑各梁段的浇筑、张拉、压浆等工序引起的荷载均由挂篮承担。因此，必须根据梁体结构类型及现场具体施工环境选择合适的挂篮类型，采用正确的计算方法对挂篮各组成构件进行受力分析[8]。

(3) 悬臂节段施工质量控制。悬臂浇筑节段工作量大、工期长，挂篮要提前拼装、预压、验算，需合理组织施工，确保工程进度与质量[9]。

(4) 边跨平衡段、合龙段施工是梁体合龙的关键工序。边跨平衡段一般采用支架法施工，具体要求和 0 号块一致。合龙段施工首先是确保合龙精度，合龙精度是前面悬臂浇筑各梁段施工控制累计的结果，是保证梁体顺利合龙的关键。

(5) 体系转换控制。悬臂浇筑需经过墩梁临时固结形成“T”构，直至合龙，然后解除固结，在施工中需经过多次体系转换[10,11]。墩梁固结、合龙顺序、合龙配重等需要合理设计和控制，确保施工安全[12]。

(6)线形控制。多跨连续梁桥悬臂施工过程中，梁体应力及线形还会受到挂篮变形值、混凝土容重、弹性模量、预应力损失、混凝土收缩徐变、合龙顺序等许多因素影响。桥梁结构体系随时发生变化，梁体的变形也会随着浇筑的进行而逐渐增大，如果不进行控制，梁体线形与设计线形将会产生较大的偏差，因此在大桥施工时需要进行实时监控。对每一节段理论值与实测值进行对比，及时调整[13]。

由于目前还没有针对性较强的规范，工程技术人员在悬臂施工中关于 0 号块施工、挂篮设计和选型、悬臂浇筑节段施工、体系转换控制、线形控制等问题比较盲目，方案编制随意性较大，质量和安全不好保证，也没有较好的判定标准。本书结合典型的工程案例，对预应力混凝土连续梁桥的构造、悬臂浇筑的施工工艺及施工要点、施工控制计算、施工监控技术、挂篮设计和选型、支架模板设计计算等方面进行了系统的总结，以期保证该施工方法的施工质量，为类似工程项目施工及监控提供参考。

1.3 悬臂浇筑施工监控的目的及意义

由于悬臂浇筑施工存在体系转换及多次节段浇筑施工，施工过程中结构受力体系变化较大及施工中材料和环境因素的影响，施工监控是悬臂施工过程中的一个关键环节。即通过整个建设周期中实时监测的数据，运用现代控制理论，分析施工过程中梁体挠度及应力的偏差，及时进行调整，保证桥梁结构成桥状态的线形、应力符合规范设计要求[14]。近几年来，桥梁建设环境越来越复杂，影响设计目标实现的因素越来越多，对桥梁施工监控技术提出了更高的挑战。施工监控技术将对桥梁施工质量、控制施工成本、保证施工安全、降低施工风险起到关键作用[15]。

对于悬臂浇筑法施工，设计图纸仅给出理想状态下大桥竣工后的内力和线形，而施工中所用材料的力学性能偏差(如混凝土的弹性模量等)、构件制作安装误差、计算假设等客观因素都会对大桥的最终内力和线形造成影响。通过施工监测，修正结构计算结果，确定桥梁结构各组成部分的应力和应变状态，判断桥梁结构的安全状态，为施工质量控制提供数据，同时也是桥梁竣工验收的重要依据，长期稳定可靠的测试元件也可作为大桥长期监测的设备，为养护维修建立科学的评价系统。通过对大桥设计方案的验算分析，可校对主要设计参数，避免重大偏差；通过对施工方案的模拟分析，对施工方案的可行性做出评价或修正，确定各施工理想状态的线形及位移，对施工状态的线形及位移做出预测，使施工沿着设计的预定目标进行，保证施工安全和质量，最终使施工成桥状态符合设计要求。

1.4 常用施工监控方法简介

目前已经应用于工程实践的监控方法有参数识别法、卡尔曼滤波法，最佳成桥状态控制法、顺推法、无应力状态控制法、零弯矩拼装法、线性回归分析法、灰色预测控制法、有限单元法、日本研制的施工精度控制法，以及具有预测功能的人工神经网络系统等也已经引起桥梁研究者的重视。下面对上述提出的几种方法的基本原理进行简单介绍。

1) 参数识别法

参数识别法是在大桥施工过程中根据实测的主梁内力和挠度等信息，运用最小二乘法识别和修改设计时采用的参数，如块件重量、有效预加力、弹性模量、徐变系数等，对结构进行实时分析，对原有设计值进行校核和调整，重新给出标高和预加力的施工控制值。但由于纯粹依靠参数识别的跟踪分析系统总是滞后于施工，不能预先指导施工，参数识别法的应用受到限制。

2) 卡尔曼滤波法

卡尔曼滤波法的实质是从被噪声污染的信号中提取真实的信号，估计出系统的真实状态，然后用估计出来的状态变量，按确定的控制规律对系统进行控制。

3) 最佳成桥状态控制法

最佳成桥状态控制法定义了最佳设计成桥状态、最佳施工阶段、最佳成桥状态三个重要概念，并论证了三者的关系。该法的实质是通过调整吊杆拉力、斜索拉力等状态变量，使每一施工阶段成为最佳施工阶段，最终实现最佳成桥状态。然而，该法也没有预测功能，仍然是“被动”控制。

4) 顺推法

顺推法的基本思想是按施工阶段和施工工艺计算各梁段累加至成桥后的挠度，将该挠度反向作为梁段施工预抛高量。顺推法的实质是一种确立立模标高的结构计算方法，本质上它不是一个施工控制系统，因为它既无监测系统，也无误差因素分析、挠度调整等功能。

5) 无应力状态控制法

无应力状态控制法是将成桥状态各单元无应力长度和无应力曲率作为安装过程的控制量，来实现对成桥目标的自动逼近。但实际上，在安装过程中，设计计算参数误差、施工误差、量测误差、制作误差等必将使还原后的结构内力和线形与设计成桥状态有差异，误差的积累可能使结构较大地偏离设计成桥状态，因无应力状态控制法没有修正误差、控制误差的功能，也就没有预测功能。

6)零弯矩拼装法

零弯矩拼装法的思想是针对斜拉桥每一拼装梁段的重量由此梁段中的斜拉索平衡，因而正在安装的梁段对已拼装的梁段不传递弯矩和剪力而只传递轴力。用零弯矩法计算的斜拉索初始张拉力不是最优的初始张拉力，因此结构内力也不是最合理的。此外，零弯矩法不是一个完整的施工控制系统，而且它只适用于斜拉桥对称结构悬拼法施工，使其推广应用受到较大限制。

7)线性回归分析法

线性回归分析法是通过对悬臂箱梁挠度与悬臂长度、悬臂重量的一元线性回归或二元线性回归处理，建立挠度回归数学模型，它可以用于分析箱梁挠度变形的规律，也可用于预测待施工箱梁段的挠度。但该方法无法对温度和施工引起的误差进行修正，并且在梁段数较少时，其回归拟合曲线的精度和代表性还有待进一步研究。

8)灰色预测控制法

灰色预测控制法将灰色理论引入桥梁施工控制技术中，以灰色动态模型GM(1,1)作为预测模型，并及时对模型进行滚动优化和反馈校正。该方法在大跨悬索桥中虽有成功应用，但在预应力混凝土连续梁桥施工控制中应用不多，甚至国内有关学者因个别桥梁存在的问题而对该方法存在一定的疑虑。

9)日本研制的施工精度控制法

日本研制的施工精度控制法主要适用于斜拉桥，其要点是：首先确定误差范围，对需控制的因素进行高精度的量测，把量测结果输入计算机进行误差分析、温度修正，然后确定是否进行索力调整，对下一施工阶段进行预测。索力调整方法主要有两种：一种是选择垫片厚度作为目标函数，设定容许误差作为测试误差，这种方法称为线性规划法；另一种是选择残留误差、垫片厚度及调整个数作为目标函数，测试误差则通过增加测试项目来处理，该方法的原理为最小二乘法原理。

10)人工神经网络预测系统

人工神经网络预测系统目前已经在桥梁施工控制中得到应用，由于其多层网络可以通过对例子的学习，在模式空间形成线性判别函数所不具备的任意复杂的决策区，并且采用并行结构，使其具有很强的抗干扰能力和自组织、自学习以及容错性等优点，可以利用神经网络方法对复杂结构进行预测控制。

11)有限单元法

有限单元法(也称有限元法)是当今工程分析中应用最广泛的数值计算方法。由于它的通用性和有效性，受到工程界的高度重视。伴随着计算机科学和技术的快速发展，有限元法已成为计算机辅助设计和计算机辅助制造的重要组成部分。

随着有限元法的快速发展，相继出现了许多有限元法的应用程序，工程界比较常用的有 ANSYS、SAP2000、Midas、Nastran、Mark、Brcad、桥梁博士等。通用和专业有限元程序的出现，促进了数值计算方法在土木工程中的应用。

有限元法通常分为线性有限元法和非线性有限元法。线性有限元法是一种利用位能变分和分割近似原理求解线性弹性力学问题的数值方法。它首先把连续弹性体分割为在节点上相连的单元组合体，然后以节点位移为基本未知量，分别在各单元内选取位移函数，并根据线性弹性力学的几何方程、本构方程和虚功方程或位能变分方程，建立并求解关于位移的线性代数方程组。把无限个自由度的问题化为有限个自由度的问题。

12)灰色系统理论

灰色系统理论是由我国华中理工大学邓聚龙教授于 1982 年创立并发展起来的。以“部分信息已知，部分信息未知”的“小样本”、“贫信息”不确定性系统为研究对象，主要通过对“部分”已知信息的生成、开发，提取有价值的信息，实现对系统运行规律的正确描述和有效控制。灰色系统理论把一般系统论、信息论和控制论的观点和方法延伸到社会、经济、生态等抽象系统，结合运用数学方法，发展了一套解决信息不完备系统的理论与方法。

13)基于现代控制理论的桥梁结构自适应控制方法

即在桥梁结构的施工过程中，对于可能引起桥梁结构出现偏差的因素(如混凝土的弹性模量、桥梁结构的截面几何特性、混凝土材料容重及徐变收缩等)进行及时分辨识别，将各因素对桥梁结构的影响进行及时分析计算，最大限度地保证桥梁结构施工过程中所选取的模型参数值与实际施工过程相吻合，最大限度地降低桥梁模型参数的影响。

目前采用较多的是自适应控制方法，结合有限元软件进行施工阶段建模分析，计算施工过程中桥梁的变形和应力，与实测监控值进行比较，调整立模标高，达到桥梁的设计理想目标。

第 2 章　悬臂浇筑连续梁的构造与施工

采用悬臂浇筑施工的连续梁，其构造及配筋特点满足悬臂施工的要求，要了解悬臂浇筑过程，首先需明确悬臂浇筑施工的连续梁桥的受力特点、构造形式、悬臂浇筑施工的工艺及要点。

2.1　连续梁桥的受力特点与构造

2.1.1　连续梁桥的受力特点

(1)除了简支-连续法施工的连续梁桥外，一般一次落架的连续梁在结构自重荷载作用下，跨中截面产生正弯矩，支点截面产生负弯矩，且支点截面负弯矩大于跨中截面正弯矩。与同等跨径简支梁相比，连续梁的最大正弯矩均小于简支梁的跨中正弯矩，因此连续梁的内力分布比简支梁要均匀，有利于充分发挥材料的作用。

(2)连续梁为超静定结构，刚度比相应的简支梁大，即在荷载作用下其跨中挠度比简支梁小，行车平顺舒适。

(3)连续梁因结构整体发生均匀温度变化的纵向水平位移，在结构中不产生附加内力和支承反力，这一特点与简支梁相同，但是连续梁属超静定结构，非线性温度变化、预应力作用、混凝土收缩、徐变及基础沉降等将引起结构附加内力。

按照截面高度不同，连续梁可分为等截面连续梁和变截面连续梁两种。

2.1.2　等截面连续梁

1. 力学特点

当跨径不大时，连续梁在恒载与活载作用下，支点截面负弯矩与跨中截面正弯矩的差值不大，可以考虑等截面形式，便于施工。

2. 跨径布置与梁高

(1)跨径布置。可以采用等跨和不等跨两种布置方式。为使边跨正弯矩减小，受力均匀合理，大多采用不等跨形式，即边跨跨径小、中跨跨径大，一般取边跨跨径与中跨跨径之比为 0.6～0.8，大都采用 3 跨、5 跨一联布置。

(2)梁高。梁高 h 与跨径 l 之比为 1/25～1/15。

3. 适用范围

(1) 跨径范围：40～60m(国外最大达 80m)。

(2) 常用施工方法：整体满堂支架施工、逐孔施工、先简支后连续施工及顶推施工。

2.1.3 变截面连续梁

1. 力学特点

随着跨径的增大($l \geqslant 70$m)，采用变截面设计更加经济合理。连续梁的支点截面负弯矩大于跨中截面正弯矩，因此常采用支点梁高大于跨中梁高的变截面形式，使得梁高的变化规律与连续梁的弯矩变化规律一致，可充分发挥材料性能，并且增加支点截面梁高有利于抵抗支座截面较大的剪力，减小跨中梁高可减轻自重弯矩、剪力。

2. 跨径布置与梁高

(1) 跨径布置。一般采用 3 跨或 5 跨布置，随着跨数增多，连续梁长度变长，温度变化使桥梁纵向水平位移大，给伸缩缝设置带来困难。

为了使边跨与中跨的最大正弯矩基本相等，一般取边跨与中跨跨径之比 l_1/l=0.6～0.8；对于城市桥梁，为了满足跨线要求，有时 $l_1/l \leqslant 0.5$，此时需要在边跨进行压重，以抵消支座可能产生的负反力。

(2) 梁高。支点截面梁高 $h_{支}$ 一般取 $l/18$～$l/16$，不小于 $l/20$；跨中梁高 $h_{中}$ 取 (1/2.5～1/1.5) $h_{支}$。梁底一般按照二次抛物线、折线或者 1.5～1.8 抛物线变化。

3. 适用范围

(1) 跨径范围：70～120m，大于 120m 跨径的目前较少见。

(2) 常用施工方法：大多采用悬臂浇筑或悬臂拼装施工法。连续梁在采用悬臂拼装施工法时，施工过程中墩梁临时固结，待合龙后，拆除临时固结设施，进行体系转换。

2.1.4 截面设计

混凝土连续梁截面形式主要有板式、肋梁式及箱形截面 3 种。其中，板式、肋梁式截面主要用于中小跨径($l \leqslant 50$m)；当 $l \geqslant 50$m 后，主要采用箱形截面。

箱形截面空心率高，有利于减轻结构自重；截面抗弯刚度与抗扭刚度大，受力性能好，同时适应抵抗正、负弯矩。因此，箱形截面是大跨度连续梁桥及其他桥梁的主要截面形式。

1. 截面形式

箱形截面主要有四种形式，如图 2-1 所示。单箱单室使用最多；单箱双室和双箱单室主要用于双幅桥；箱梁腹板大多采用竖直形式，但也有采用斜腹板形式，施工稍困难，使用较少。

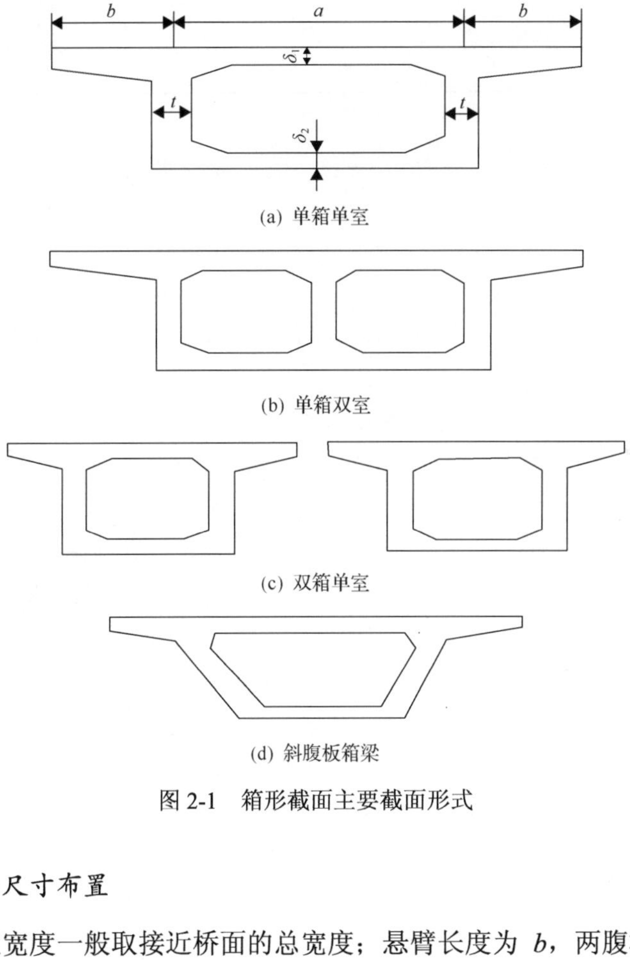

(a) 单箱单室

(b) 单箱双室

(c) 双箱单室

(d) 斜腹板箱梁

图 2-1　箱形截面主要截面形式

2. 横截面尺寸布置

箱梁顶板宽度一般取接近桥面的总宽度；悬臂长度为 b，两腹板之间的距离为 a，一般取 b/a=1/3～1/2.5；考虑到悬臂板横向受力(根部弯矩)，一般 b≤5m，当 b＞3m 时，宜布置横向预应力筋。

3. 顶板厚度

确定箱梁截面顶板厚度 δ_1 一般需考虑下面两个因素[16]：满足箱梁顶板横向受力，主要是受弯承载力及布置箱梁纵、横向预应力筋的要求，可参照表 2-1 所示的数值，悬臂端部厚度一般不小于 10cm，若设置防撞墙或需锚固横向预应力筋，则不小于 20cm。

表 2-1　车行道部分桥面板(顶板)的厚度　　(单位：cm)

位置	桥面板跨度方向	
	垂直于行车道方向	平行于行车道方向
顶板或连续板	$3l$+11(纵肋之间)	$5l$+13(横隔之间)
悬臂板	l<0.25 时，$28l$+16 l≥0.25 时，$8l$+21	$24l$+13

注：厚度取两个方向厚度的较小值，l 为桥面板的跨度(m)。

本书以江苏省大港特大桥为例，该桥具有悬臂浇筑施工和监控的普遍代表性，下面详细介绍该大桥的构造、施工、模板支架设计、监控等内容。

2.1.5　案例分析

大港特大桥起始于江苏省镇江市丹徒区石桥镇，终止于丁岗镇，其截面为单箱单室直腹板、变高度、变截面形式，采用挂篮法悬臂对称浇筑施工。桥型布置图如图 2-2 所示。桥梁全长 221.5m，计算跨径(60+100+60)m，中墩支点处梁高 7.0m，端支座处、跨中及边跨直线段梁高 4.6m，梁底下缘采用半径为 461.41m 的圆曲线变换，边支座中心线至梁端 0.75m，支座横向中心距均为 4.4m。连续梁顶板宽 12.2m，底板宽 6.4m，中横梁大小里程侧各 2.0m 范围内，横桥向底板宽 8.0m。顶板厚 48cm，底板厚 46～100cm，中支点处加厚至 140cm，腹板厚 45～90～110cm，全桥共设置 5 道横隔梁，分别位于中支点、端支点和跨中处，中支点处中横梁厚度为 300cm，端支点处横梁厚度为 150cm；横隔梁设有孔洞，供检查人员通过。

桥面横向布置为：1.4m 人行道+0.2m 挡砟墙+9.0m 道砟+0.2m 挡砟墙+1.4m 人行道，挡砟墙内侧净宽 9.0m，桥面总宽度 12.2m，桥面挡砟墙内侧设 2%的横向排水坡，桥面积水经桥面竖向排水管集中排出梁体。

连续梁 0 号块段长度为 13m，悬臂浇筑梁段纵向分段长度分别为 4×3.0m+3×3.5m+5×4m，合龙段长 2m，边跨现浇段长度为 9.75m，各梁段参数如表 2-2 所示，梁段划分如图 2-3 所示。

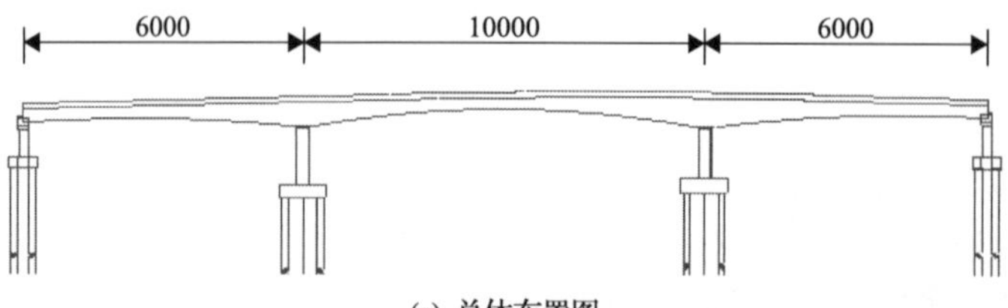

(a) 总体布置图

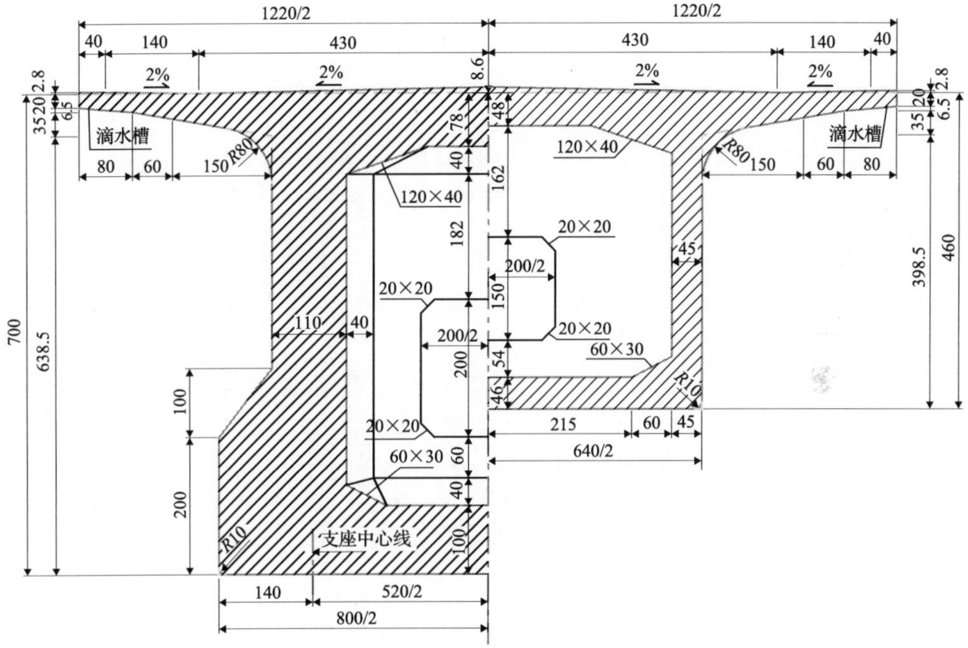

(b) 断面布置图

图 2-2　桥型布置图

除钢管、钢筋尺寸以 mm 计，其余均为 cm

表 2-2　箱梁节段参数表

序号	节段号	节段长度/m	节段混凝土数量/m³	节段质量/t
1	0 号块	13.0	400.6	1061.6
2	1 号块	3.0	69.9	185.2
3	2 号块	3.0	64.6	171.2
4	3 号块	3.0	62.0	164.3
5	4 号块	3.0	59.7	158.2
6	5 号块	3.5	66.2	175.4
7	6 号块	3.5	64.2	170.1
8	7 号块	3.5	63.1	167.2
9	8 号块	4.0	69.4	183.9
10	9 号块	4.0	64.5	170.9
11	10 号块	4.0	56.6	150.0
12	11 号块	4.0	53.3	141.2
13	12 号块	4.0	51.3	135.9
14	合龙段	2.0	25.6	67.8
15	边跨现浇段	9.75	163.2	432.5

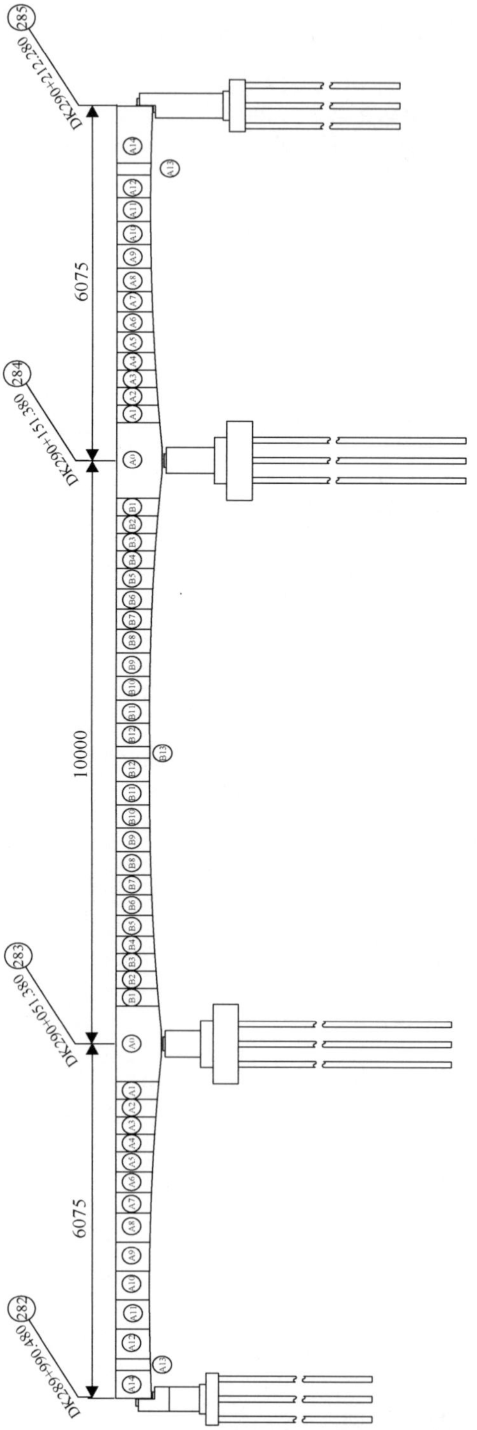

图2-3　大港特大桥(60+100+60)m连续梁纵断面布置及分段浇筑施工图(单位：cm)

1. 主要材料及工程数量

该连续梁混凝土强度等级为 C50，管道压浆所用水泥强度等级不低于 M50，并添加阻锈剂，封端采用强度等级为 C50 的干硬性聚合物混凝土，挡砟墙、遮板混凝土强度为 C40，保护层采用强度为 C40 的纤维混凝土。

纵向预应力体系采用低松弛高强度钢绞线，产品符合《预应力混凝土用钢绞线》(GB/T 5224—2014)，其标准强度为 f_{pk}=1860MPa，公称直径为 15.20mm，公称截面积为 140mm^2，弹性模量为 E_p=1.95×10^{5}MPa；预应力孔道采用金属波纹管。锚具应符合《铁路工程预应力筋用夹片式锚具、夹具和连接器》(TB/T 3193—2016)。

横向预应力筋主要设置于 0 号块处，波纹管分别为 70mm×19mm 和 90mm×19mm 两种形式，锚具为 BM15-4(BM15P-4)型和 BM15-5(BM15P-5)型。

其他如挡砟墙、电缆槽、遮板、泄水孔、通风孔、横隔梁、接触网立柱基础、综合接地、防落梁、伸缩缝等不详细赘述。

该连续梁主要工程数量如表 2-3 所示。

表 2-3　主要工程数量表

序号	项目	单位	数量	备注
1	C50 混凝土	m^3	4209.2	
2	C40 纤维混凝土	m^3	124.6	
3	钢绞线	t	204.22	
4	锚具(M15-19)	套	212	
5	锚具(M15-15)	套	304	
6	锚具(BM15-5)	套	28	
7	锚具(BM15P-5)	套	28	
8	锚具(BM15-4)	套	48	
9	锚具(BM15P-4)	套	48	
10	金属波纹管 (ϕ100mm)	m	4361.5	
11	金属波纹管 (ϕ90mm)	m	7336.5	
12	金属波纹管(扁管 90mm×19mm)	m	176.6	
13	金属波纹管(扁管 70mm×19mm)	m	347.2	
14	钢筋	t	779.88	
15	防水层	m^2	2491.9	
16	泄水管 ϕ160mm/ϕ100mm	套	110/8	
17	附属工程钢筋	t	50.58	竖墙、挡砟墙
18	C40 混凝土	m^3	134.3	竖墙、挡砟墙
19	球型钢支座	套	8	

2. 预应力钢束布置

连续梁的施工与预应力钢束的布置有关，也影响施工阶段及后期运营阶段的受力，为了更好地阐述施工工艺及操作要点，首先需明确悬臂浇筑连续梁的预应力钢束布置，大港特大桥的主要预应力钢束钢筋布置见附图 1～3。

2.2　悬臂浇筑连续梁施工

预应力混凝土连续梁悬臂浇筑施工根据施工节段，可分为中跨 0 号块支架现浇施工、边跨现浇段施工、悬臂段浇筑施工、中跨合龙段施工、边跨合龙段施工。其每一节段施工又分为支架模板搭设、支架挂篮预压、预应力张拉、管道压浆、混凝土浇筑与养生等工序，各施工工序的施工质量都会对悬臂浇筑的施工效果产生影响，本节重点介绍悬臂浇筑法施工流程及施工要点。

2.2.1　概述

大港特大桥主桥共有 2 个“T”构，考虑悬臂浇筑施工特点，每个“T”构向中跨、边跨方向分为 1～12 号节段，分段长度与梁高有关，梁越高，分段长度越短，分段长度以不超过 5m 为宜，一般为 3～4m。该桥分段长度分别为 4×3.0m、3×3.5m、5×4.0m；0 号段长度为 13m，边跨现浇段长度为 9.75m，边跨合龙段和中跨合龙段长度均为 2m。全桥共设支架现浇段(0 号块、边跨现浇段)4 段，悬臂浇筑段(1～12 号)48 块，吊模浇筑 3 段(2 处边跨合龙段和 1 处中跨合龙段)(图 2-3)。

一般情况下，0 号块、边跨现浇段均采用落地支架体系施工；1～12 号梁段待 0 号块施工完成后，拼装挂篮进行悬臂浇筑。为加快施工进度，全桥共投入 4 只挂篮进行对称施工。

在完成 1～12 号节段悬臂浇筑后，移动主墩“T”构的边跨端挂篮的主桁架，利用其主桁架和底盘形成边跨合龙段吊架进行施工，并及时按照设计要求张拉相应的预应力钢束后，再利用主墩中跨侧的挂篮及底盘形成中跨合龙段吊架进行合龙施工。其具体施工工序及流程如下：

(1)主、边墩桩基，承台，边墩墩柱施工。

(2)主墩墩柱施工，按照设计要求设置墩梁临时固结，0 号块支架、模板、钢筋、混凝土施工，张拉相应预应力钢束，锚固并压浆。

(3)挂篮安装，预压。1 号节段钢筋、模板、混凝土施工，张拉相应预应力钢束。

(4)循环施工各节段，张拉相应预应力钢束，同时施工边跨现浇段。

(5)继续施工至 12 号节段，张拉相应预应力钢束。

(6)挂篮移至边跨合龙段，边跨合龙；张拉边跨合龙段预应力钢束；同时解除主墩支座临时锁定。

(7) 挂篮移至中跨合龙段，解除临时固结，中跨合龙，张拉中跨合龙段预应力钢束。

(8) 拆除全桥施工荷载，进行桥面系施工。

边跨现浇段和 0 号块均采用支架现浇施工，1～12 号节段采用三角挂篮悬臂浇筑施工，边跨、中跨合龙段采用挂篮主桁吊模现浇合龙，施工工艺流程如图 2-4 所示。

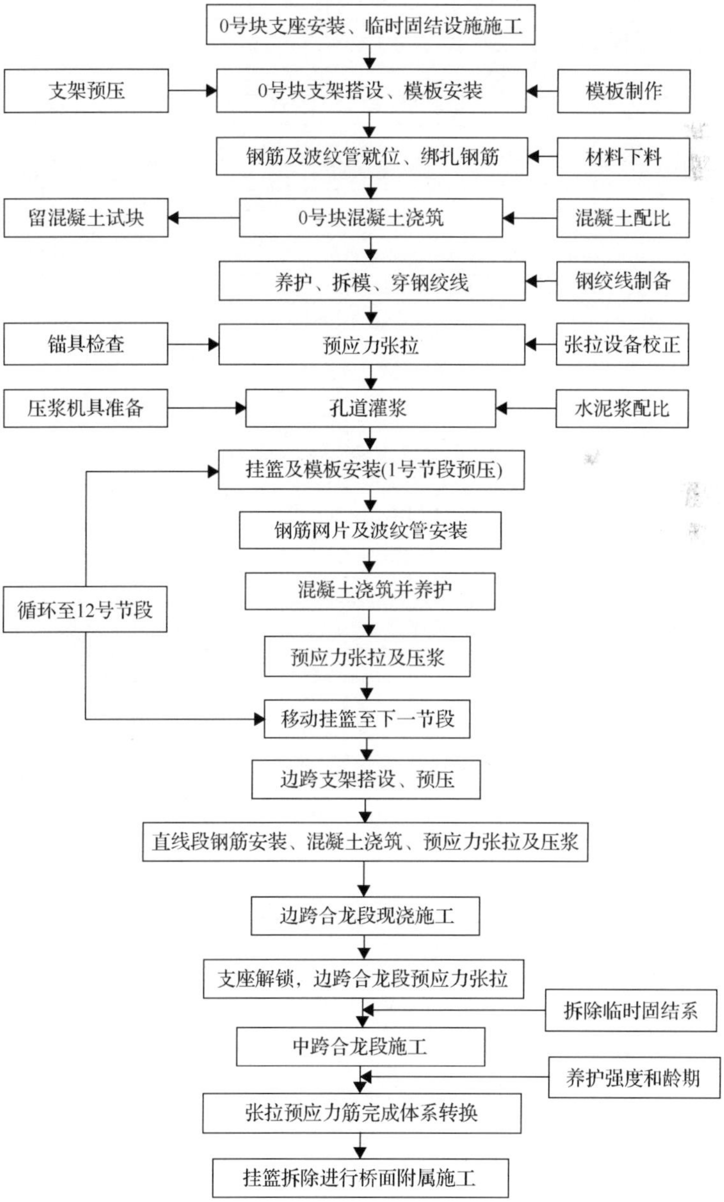

图 2-4　悬臂浇筑梁桥施工工艺流程

2.2.2　0 号块施工

1. 0 号块施工工艺流程

0 号块既是悬臂浇筑的中心段，又是施工控制的前提和保障，受力比较复杂，涉及受力体系的转换，需要精心施工，现将详细介绍其施工工艺流程及操作要点。0 号块施工工艺流程如图 2-5 所示。

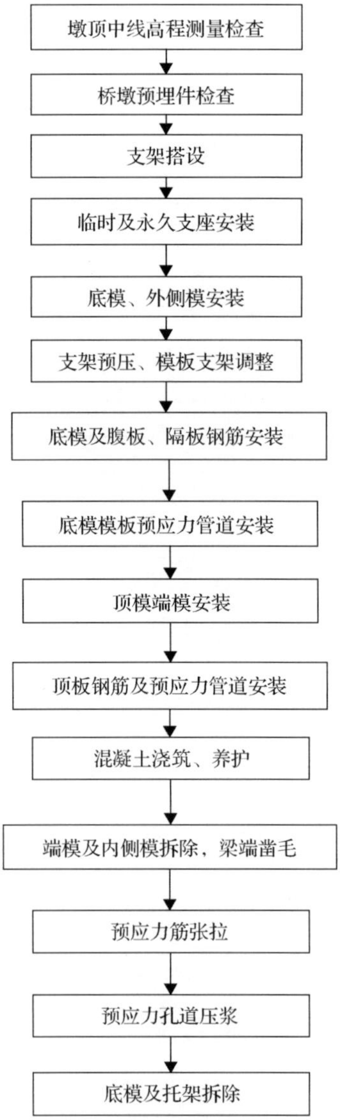

图 2-5　0 号块施工工艺流程

2. 0 号块施工要点

1) 支座布置

该连续梁支座采用 GTQZ 型支座，安装前对支座的规格、型号、支座所对应支承垫石的位置进行检查和核对，检查和核对无误后，报监理方验收，验收合格后方可进行支座安装施工。支座布置图如图 2-6 所示。

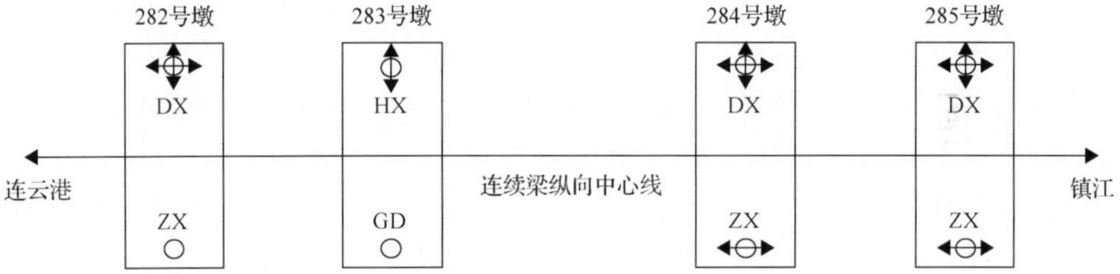

图 2-6　支座布置图

2) 支座安装

根据施工规范及设计要求进行支座安装，其安装工艺及误差如下：

(1) GTQZ 型支座采用预埋套筒和锚固螺栓的连接方式，在墩台顶面支承垫石部位预留锚固螺栓孔，预留孔直径大于套筒直径，深度大于锚栓长度(60mm)，预留锚固螺栓孔的直径和深度允许偏差为(0±20) mm，预留锚固螺栓孔中心及对角线位置偏差不得超过 10mm。

(2) 球型支座在工厂组装时，应仔细调平，对中上、下座板，用连接螺栓将支座连接成整体，0 号块支座安装时应按照设计要求留好预偏移量。各支座纵向预偏移量的计算公式为

$$\varDelta=\varDelta_1+\varDelta_2$$

式中，$\varDelta_1$ 为浆体在预应力、二期恒载、收缩徐变作用下引起的各支点处的偏移量；设计已给出 $\varDelta_1$ 数值(表 2-4)；$\varDelta_2$ 为体系温差引起的偏移量，取决于合龙时的温度，其计算公式为

$$\varDelta_2=\alpha\times\varDelta_t\times L$$

其中，α 为梁体混凝土的线膨胀系数，$\alpha=1\times10^{-5}/℃$；$\varDelta_t$ 为合龙温差，即合龙温度–连续梁所在位置的常年平均气温；L 为计算点到温度不动点的梁体长度，即各支座距固定支座的距离(m)。

支座安装时，根据进度计划的合龙时间查阅气象资料，计算出支座预偏移量。

表 2-4 支座偏移量计算结果 （单位：mm）

墩号	282 号墩	283 号墩	284 号墩	285 号墩
偏移量 Δ_1	–24	0	44	68
方向	←		→	→
支座型号	活动	固定	活动	活动

注：①偏移量正值表示沿顺桥方向设置，负值正好相反。
②固定支座的设置根据工点情况确定。

由连续梁支座布置图(图 2-6)可知，固定支座位于 283 号墩，282 号与 283 号墩之间的距离为 60m，283 号与 284 号墩之间的距离为 100m，283 号与 285 号墩之间的距离为 160m。

该连续梁预计合龙温度为 6℃，该地区的常年平均气温为 16.1℃，则合龙温差 $\Delta_t=6-16.1=-10.1$℃，Δ_2 分别计算如下：

282 号墩的体系温差引起的偏移量 $\Delta_2=1\times10^{-5}/℃\times(-10.1)\times60\times1000=-6.06$mm。

284 号墩的体系温差引起的偏移量 $\Delta_2=1\times10^{-5}/℃\times(-10.1)\times100\times1000=-10.1$mm。

285 号墩的体系温差引起的偏移量 $\Delta_2=1\times10^{-5}/℃\times(-10.1)\times160\times1000=-16.16$mm。

则 282 号墩支座纵向预偏移量 $\Delta=\Delta_1+\Delta_2=24-6.06=17.94$mm；284 号墩支座纵向预偏移量 $\Delta=\Delta_1+\Delta_2=44-10.1=33.9$mm；285 号墩支座纵向预偏移量 $\Delta=\Delta_1+\Delta_2=68-16.16=51.84$mm，偏移方向均向外。

(3)支座安装应通过精密测量，保证每个支座顶面在同一水平面，支座顶面四角高差不大于 2mm，确保支座受力均匀。在支座安装前，应检查支座连接状况是否正常，但不得任意松动上、下座板连接螺栓。

(4)支座就位部位的支撑垫石表面应凿毛，清除预留孔中的杂物，安装灌浆用模板，并用水将支承垫石表面湿润。

(5)用混凝土锲块锲入支座四角，找平支座，并将支座底面调整到设计标高，安装灌浆用模板。该连续梁边墩支座高 20.5cm，砂浆垫层厚 4.5cm；中墩支座高 25cm，砂浆垫层厚 3.0cm。支座施工构造图如图 2-7 所示。

(6)仔细检查支座中心位置及标高后，用无收缩高强度灌浆材料灌注，灌注材料抗压强度不低于 50MPa。

(7)采用重力灌浆方式灌注支座下部及锚固螺栓孔间隙处，灌浆过程应从支座中心向四周注浆，直至从模板与支座底板周边间隙观察到灌浆材料全部灌满。支座灌浆方式如图 2-8 所示。同时，支座螺栓孔灌浆施工还应按照规范要求进行砂浆试件的制作。

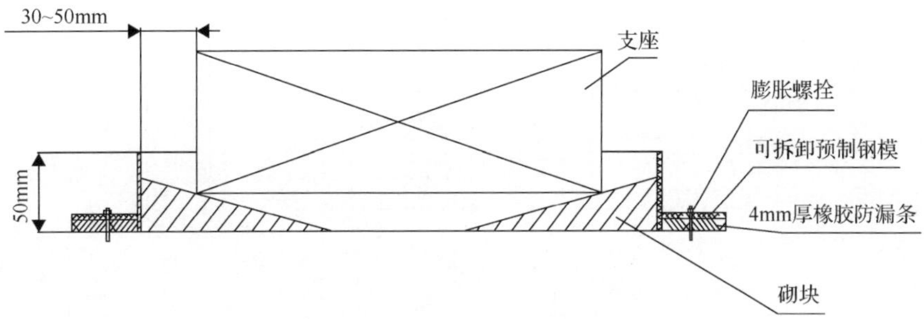

图 2-7　支座施工构造图

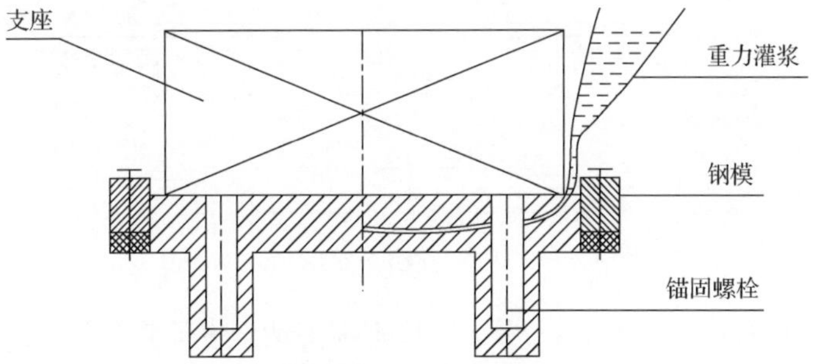

图 2-8　支座灌浆方式

(8) 灌浆前，应初步计算所需的浆体体积，灌注时所用浆体数量不应与计算值产生过大误差，应防止中间缺浆。

(9) 灌浆材料终凝后，拆除模板及四角混凝土砌块，检查是否有漏浆处，必要时对漏浆处进行补浆，并用砂浆填堵砌块抽出后的空隙，拧紧下支座板锚固螺栓，按照设计要求的时间和顺序，拆除各支座的上、下座板连接螺栓。

(10) 安装完毕后，应对支座情况进行检查，并及时涂装预埋板及锚栓外露表面，以免生锈。

3. 临时固结体系设计与施工

为了抵抗悬臂浇筑施工产生的不平衡力矩，需设置临时固结体系，保证结构的稳定安全。通过计算复核施工过程中悬臂根部应力和悬臂端挠度，使临时固结体系满足施工要求。

临时支座距梁体横桥向中心线 120cm，临时支座内设置 3 层钢筋网片，主墩每侧设置 20 根临时 ϕ32 精轧螺纹钢筋及 74 根 ϕ32HRB400 钢筋，其布置情况详见图 2-9，临时支座混凝土等级为 C50。将精轧螺纹钢筋及锚板预埋入墩柱内，深度、位置满足设计要求，但不进行管道压浆，以便于施加预应力和拆除临时锚固前拆除预应力。临时支座顶刷黄油脱模剂隔离层，便于临时支座的解除方便以及底板光滑。

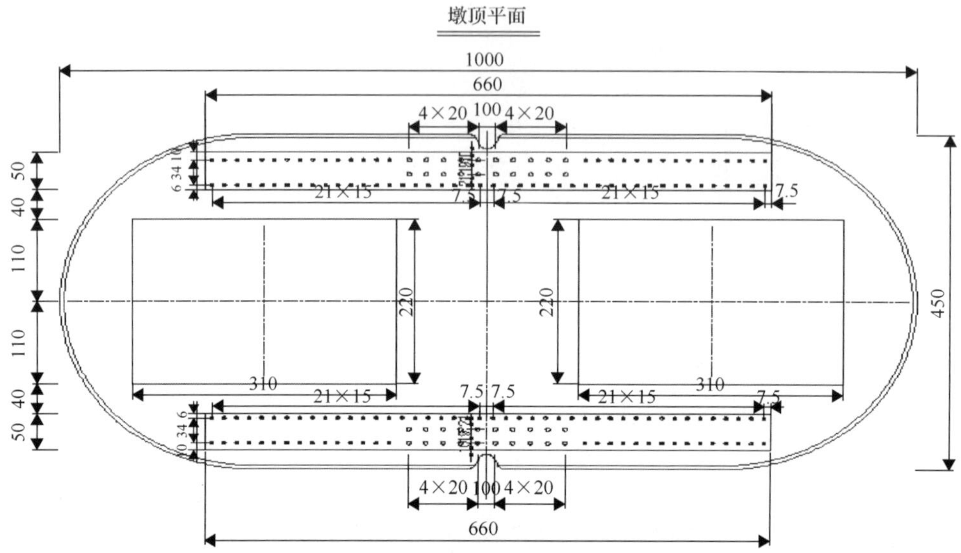

图 2-9　支座临时固结平面图(单位：cm)

0 号块竖向预应力筋张拉，待 0 号块混凝土达到设计强度的 95%、弹性模量达到 100%及龄期不少于 7 天后方可张拉预应力筋。根据设计要求，对ϕ32 精轧螺纹钢筋进行张拉，张拉控制应力为 400kPa，采用 100t 油压千斤顶分级张拉，张拉程序为：0→初应力(0.15σ_{con})→控制应力(σ_{con}，持荷 2min)→σ_{con}锚固，张拉按照由内到外、横向、纵向对称的张拉顺序进行。

4. 0 号块支架设计与施工要点

1) 支架设计

该连续梁纵向中心线与主桥墩横向中心线垂直，主墩承台采用二级承台设置，一级承台平面尺寸为 13.6m(顺桥向)×18.8m(横桥向)，二级承台平面尺寸为 7.3m(顺桥向)×12.8m(横桥向)。主梁 0 号块顺桥向长 13m，横桥向桥面宽 12.2m；承台双向平面尺寸均比 0 号块大，同时考虑主墩墩高分别为 5.5m 和 7.5m，墩高相对较低，因此 0 号块支架采用落地钢管桩支架。

支架设计方案为：在承台上预埋 δ10 钢板(平面尺寸为 70cm×70cm)，钢板底面焊接ϕ16mm 的 U 型锚固钢筋 4 根，墩身施工完成且拆模后，在承台预埋钢板上焊接ϕ530mm×8mm 与ϕ630mm×10mm 两种钢管桩。单个 0 号块纵桥向布置 4 排，大小里程侧各 2 排，每排 5 根，腹板下面各布置一根ϕ630mm×10mm 钢管桩，底板下面布置一根ϕ530mm×8mm 钢管桩，翼缘板下面各布置一根ϕ530mm×8mm 钢管桩，共布置 12 根 530 钢管和 8 根 630 钢管。钢管侧面与墩身预埋钢板焊接，钢管中间加焊一道 12a 槽钢作为纵、横向剪刀撑，后排钢管顶部横向布置一道长 12m 的双拼 56b 工字钢，前排钢管顶部横向布置一道长 12m 的双拼 40b 工字钢作为承重梁，然后在承重梁顶上纵向铺设长 6m 的 32b 工字钢作为 0 号块底板小纵梁，腹板下按中心间距 30cm 铺设，底板下按中心间距 68cm 铺设，翼缘板下采用两根双拼工字钢，间距为 2m。纵梁工字钢顶上再横向按中心间距 30cm 铺设 I10 工字钢。另外，由于主桥墩截面较大，在主墩墩顶和两个临时支座间区域应设置底模支撑体系，用于承受 0 号块墩顶的混凝土自重。0 号块支架布置图如图 2-10 所示。

2) 支架预压

预压的主要目的是消除支架结构的非弹性变形并测定其弹性变形量，同时检测支架的强度、稳定性及地基承载力等情况，为 0 号块模板的立模标高提供基础依据，以更好地控制 0 号块的整体线形。

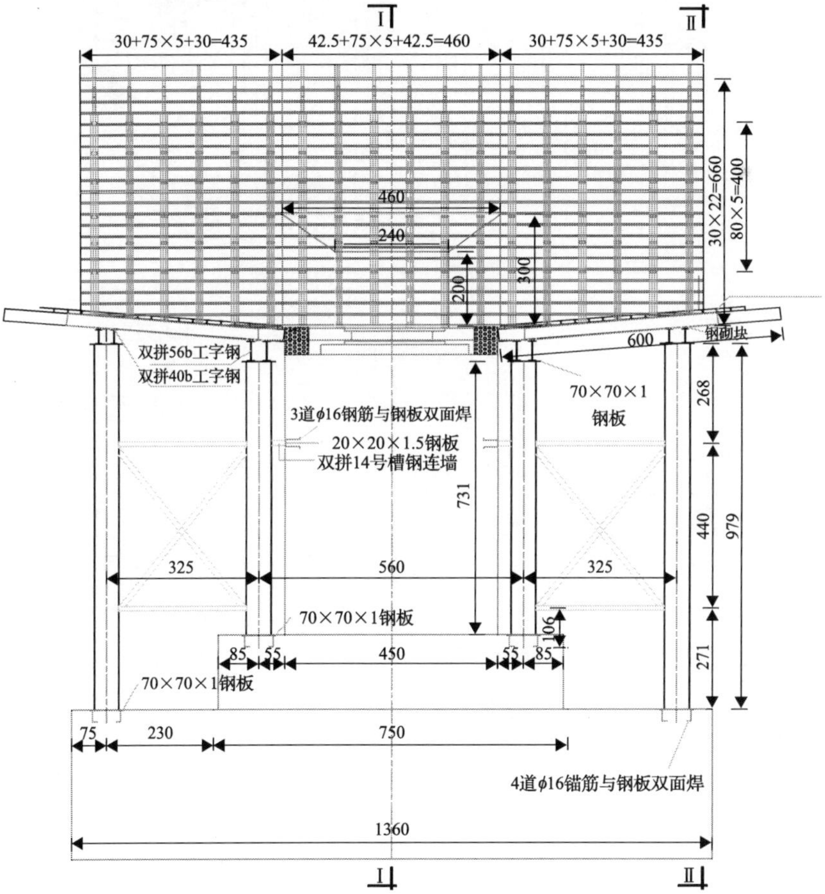

(a) 支架布置纵断面图

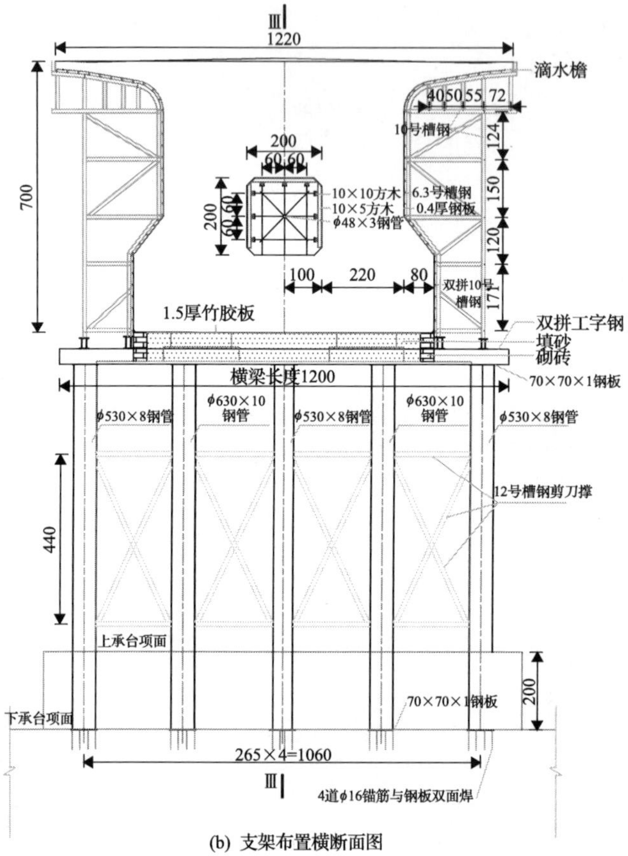

(b) 支架布置横断面图

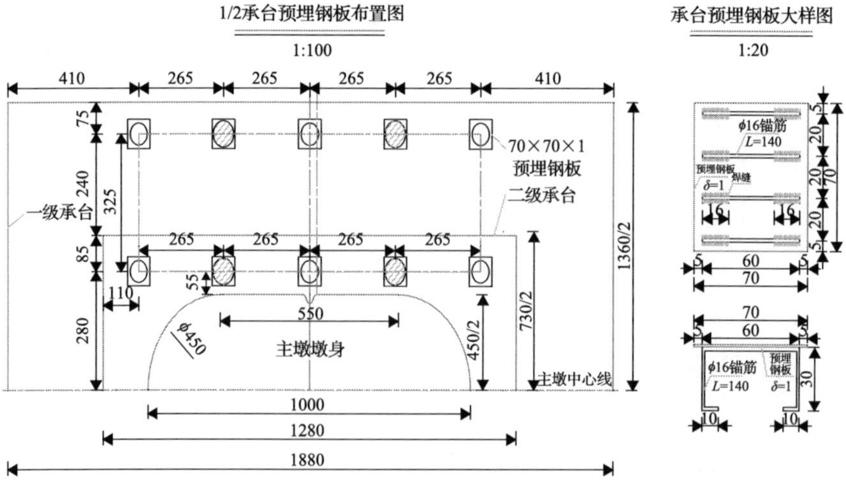

(c) 预埋钢板布置图

图 2-10　0 号块支架布置图

图中钢管、钢筋尺寸单位为 mm，其余均为 cm

按施工方案进行支架施工，支架施工完成并验收合格后，进行预压并记录整个预压过程观测数据。对于连续梁，支架预压需要进行的观测内容如下：

该桥共设置 4 个观测断面，每个观测断面有 5 个观测点，共设置 20 个观测点，分别编号为 1、2、…、20。每个断面横向对称设置 5 个沉降观测点，分别为翼缘板外侧边点、底板边点和中点。观测点断面应避开临时固结位置，因此顺桥向分别在横梁中心线两侧 2.1m 和 6.6m 处各设一个监测断面，观测点布置图如图 2-11 所示。支架预压时应进行竖直位移和水平位移监测，监测内容包括基础沉降变形、架体竖直位移和水平位移。

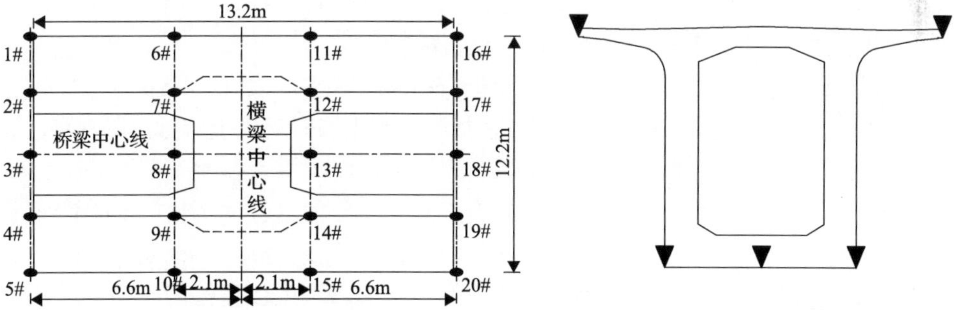

(a) 支架预压观测点平面布置图　(b) 0号块支架预压沉降观测点布置断面图

图 2-11　支架预压沉降观测点布置图

按照《铁路混凝土梁支架法现浇施工技术规程》(TB 10110—2011)规定，支架预压监测频率及稳定判定应符合下列规定：支架加载前，应监测记录各监测点初始值；每级加载完成 1h 后进行支架的变形观测，当相邻两次监测位移平均值之差不大于 2mm 时，才能进行后续加载；全部预压荷载施加完成后，应间隔 6h 监测记录各监测点位移；当连续 12h 监测位移平均值之差不大于 2mm 时，即可终止预压，卸除预压荷载；支架卸载 6h 后，应监测记录各监测点位移；支架沉降监测宜采用水准仪，测量精度应符合三等水平测量要求。

该桥采用堆载预压法，预压材料采用预制块，支架的预压重量取为梁段施工总荷载的 1.2 倍，按预压荷载的 60%、100%和 120%分三级进行加载，即 0%→60%→100%→120%，各级加载后静停 1h 测量竖向变形值。第三级加载后静停 24h 开始分级卸载，即 120%→100%→60%→0%，并逐级观测弹性变形值。

具体预压荷载重量：主墩墩顶 0 号块底板(含横梁加厚段)的宽度为 8m，不含横梁加厚段的宽度为 6.4m，而主墩墩顶平面尺寸为 10m×4.5m，因此 0 号块横向横隔梁范围全部位于主墩墩顶上面，预压堆载重量仅考虑除横隔梁外的梁体混凝土重量。0 号块共计 1061.6t，人员、机具 15.9t(γ=1.0kN/m^2)，振捣 31.8t(γ=2.0kN/m^2)，总重合计 1109.3t。其中不需进行预压的箱梁部分(墩顶 3m 宽部分)重量 348.5t，实际需预压重量 760.8t，考虑到安全系数 1.2，则实际加载重量为 912.96t，每端 456.48t。

预压采用分区均布加载，即翼缘板范围内按 105.3t 加载，底、腹板范围内按 807.66t 加载。配重块为 1.0m×1.0m×1.0m 的标准混凝土预制块，重量为 2.6t，翼缘板处每侧横向设置 2 个，纵向按 1.1m 间距密排一层，计 10 个，四个位置总共 40 个。底板范围内按 1.28m 间距横向设置 5 个，纵向设置 9 个，每层 45 个，共计布置 7 层，合计达到 311 个，满足预压要求。

标准混凝土预制块的垂直运输由 25t 汽车吊完成，加载时预制块布置顺序与混凝土浇筑顺序一致，从低点横梁附近向两侧延伸对称加载，吊装预制块时，支架下方危险区域禁止作业人员进入，避免事故发生。

由于加载重量大，无法直接模拟混凝土对支架的受力，采取均布荷载。加载过程中确保预制块前后及左右对称放置，在加载过程中及时对支架进行沉降观测。

卸载过程中仍需跟踪测量，并记录观测数据，将观测数据整理后，计算出支架的弹性变形值和非弹性变形值。根据测定支架相应的弹性变形值与非弹性变形值以及设计的理论梁底标高，来确定 0 号块底模的立模标高。在铺设梁底模时设置预拱度，以抵消地基弹性变形、支架的弹性变形以及模板格栅的压缩变形，使浇筑后的梁体外形尺寸和标高符合设计要求。预拱度计算公式为 $f=f_1+f_2+f_3$，其中 f_1 为地基弹性变形(通过预压试验确定)，mm；f_2 为支架弹性变形(通过预压试验确定)，mm；f_3 为梁体挠度，mm。

3)支架拆除

在翼缘板的根部沿承重梁铅垂线上方混凝土预留 8 个 ϕ15cm 的预留孔(主跨、边跨各 4 个)。待 0 号块张拉、压浆完毕后在主跨或边跨预留孔上同时架设 4 台 5T 卷扬机，卷扬机钢丝绳吊住承重梁，钢丝绳微微受力后割除钢管支架，待钢管支架清理完毕后，4 台卷扬机同步缓缓地将承重梁落下，拆除一侧后再拆除另外一侧。

5. 0 号块模板设计与施工要点

1)模板设计方案

0 号块模板主要包括底模、外侧模、内模、封头模板等。0 号块底模、封头模板采用钢模，横梁侧模和横梁两侧外模板采用挂篮整体定型钢模，箱室内模采用竹胶板。

(1)底模。

底模体系由主分配梁+次分配梁+4mm 厚钢板组成。主分配梁由 32 号工字钢纵向设置于钢管的承重梁上，间距为 30cm、50cm 和 80cm，次分配梁(10 号工字钢)横向设置于主分配梁上，间距为 30cm，4mm 厚钢板置于次分配梁上。

底模铺设前，用仪器测量出箱梁底模边线，严格按图纸尺寸及已测量的箱梁底模边线安装底模。安装过程中，确保底模平整顺直，接缝紧密，不漏浆。箱梁底圆倒角设在底板上，倒角采用 5mm 钢板卷制而成。

(2) 外侧模。

外侧模均采用型钢模板，外侧模的下口由两根纵向双拼 32b 工字钢支撑，两根双拼 32b 工字钢纵向设置于钢管的承重梁上。横梁两侧箱梁外模则采用挂篮施工用的定型钢模板。

(3) 内模。

内模由 15mm 厚竹胶板和 5cm×10cm 方木及ϕ48mm 钢管组成，方木竖向布置，纵桥向水平间距为 20cm，纵桥向水平方向由两根ϕ48mm 钢管通过 M16 对拉螺杆和外模板之间加以固定，纵桥向水平间距为 75cm，竖向间距为 80cm。

顶模由支架、32b 工字钢、顶模骨架片、10cm×10cm 方木及 15mm 厚竹胶板组成。支架采用 4 根双拼 25a 槽钢，横向间距为 173cm，竖向间距为 360cm，上、下口与 δ10 钢板(30cm×30cm)焊接，下口钢板由 4 排ϕ28U 型钢筋支撑在底模上，U 型钢筋与钢板之间采用双面焊。支架中间焊一道 10 号槽钢作为纵、横向剪刀撑。上口钢板上方纵向设置 1 根 32b 工字钢，骨架片架立在 32b 工字钢上面，骨架片由 10 号槽钢加工而成，纵向间距为 75cm。骨架片的上面纵向设置 10cm×10cm 方木，方木间距为 20cm，竹胶板固定在方木上。

(4) 封头模板。

封头模板采用 4mm 厚钢板和 10 号槽钢组合设置。钢板上开洞，便于伸出钢筋和预应力管道的精确定位。

2) 施工要点

模板安装过程中，首先应控制好立模标高，考虑支架预压后的弹性变形，然后应保证接缝紧密、不漏浆，防止浇筑混凝土过程中模板接缝处漏浆，进而导致混凝土强度降低，同时污染连续梁施工场区环境。外侧模及底模范本接缝处均采用夹贴双面胶带的方法止浆，外侧模与底模圆倒角接缝处采用玻璃胶封堵的方法止浆。在混凝土浇筑过程中设置专人检查钢管立柱和模板的变形情况，发现情况立即停止混凝土浇筑，查找出原因并制定相应措施后方可施工。

6. 0 号块钢筋及预埋件安装要点

1) 一般规定

施工所使用的钢筋必须符合设计要求，检测合格后才能使用。钢筋全部在钢筋加工场进行加工，钢筋下料和弯曲必须符合设计和规范要求。钢筋焊接应符合规范要求，焊工必须持证上岗。纵向钢筋焊接接头采用搭接焊，搭接长度为：单面焊 10d(d 为钢筋直径，mm)，双面焊 5d。经检验合格后，统一运至现场进行安装，钢筋运到现场后，用汽车吊吊至墩顶，人工进行绑扎安装，墩顶梁段钢筋分两次绑扎。第一次安放底板、腹板及中横梁钢筋，第二次绑扎顶板普通钢筋。

2) 施工要点

安装时必须确保钢筋骨架位置准确，误差符合规范要求。在钢筋施工中如果遇到与预应力管道位置冲突的情况，应移动相应的钢筋且尽量不切断钢筋，如果需要切断，再次连接时必须焊接，且焊接质量应满足规范要求，如有必要还应对切断的钢筋进行补强，特别是支座顶面梁内预埋钢板应严格按设计图纸制作安装，钢筋安装完成后，在模板与钢筋之间垫上同标号混凝土垫块，垫块与钢筋绑扎牢固，确保不露筋。连接钢筋的扎丝不得侵入混凝土保护层内。

腹板、底板的两层钢筋施工时必须连成整体，横隔梁钢筋在绑扎时要注意人孔洞的位置，底板、腹板及横隔梁钢筋绑扎完成后进行管道定位施工。

该连续梁预埋件和预留孔相对较多，施工过程中应同步进行封锚孔、挂篮锚固孔、轨道锚固钢筋、沉降观测点钢筋、腹板通风孔、检查孔、泄水孔、防雷接地钢筋、综合接地、挡砟墙钢筋、电缆槽道钢筋、接触网立柱基础、防震落梁措施预埋件、伸缩缝预埋筋等的预埋和预留。

7. 0 号块预应力施工

1) 一般要求

预留孔道所用的金属螺旋管使用前应进行外观检查，其表面应无油污、损伤和孔洞。预应力管道搬运要轻拿轻放，防止破坏管道。波纹管接长时需用大一号的管道套接，套接长度不小于 35cm，接头要平顺，外用胶布缠牢，保证不漏浆。波纹管的位置按设计要求准确布置，混凝土浇筑过程中要经常检查波纹管的位置，发现偏差，要及时校正。波纹管要求做到线性圆顺，不要出现突然的弯折。

管道坐标严格按图纸曲线计算复核后施工，定位钢筋的设置满足图纸要求，纵向预应力筋管道一般间距为 50cm，起弯点前后位置处应适当加密至 30cm，中横梁处定位筋间距一般为 60cm，施工过程中应确保管道平顺且端部中心线垂直于锚垫板。

当预应力管道和钢筋冲突时，允许对钢筋进行局部调整，保持纵向预应力钢筋管道不动。钢筋及管道经监理检验合格后即可进行箱梁内模及横隔梁模板的施工。

顶板、腹板内有大量的预埋波纹管，制作钢筋、穿钢绞线和振捣混凝土时要保护好波纹管，为了不使波纹管损坏，焊接应在波纹管埋置前进行，管道安装后应尽量避免焊接；若管道安装后还需进行焊接作业，则必须在模板和波纹管侧垫铁皮防止焊接火花烧穿模板或波纹管。波纹管出现漏洞或破损，要立即用胶带粘好，防止漏浆造成堵管现象。

2) 预应力钢绞线、锚具施工要点

钢绞线和锚夹等在进场后报监理检查，并按相关要求进行试验，合格后才可使用。预应力材料必须保持清洁，在存放、搬运过程中应避免机械损伤和有害的锈蚀。

除横隔梁处横向预应力采用先穿钢绞线外，其他的管道钢绞线采用后穿，大股钢绞线在穿波纹管时头部要裹上彩条布等软布以免刮穿波纹管，钢绞线单根要顺畅避免扭结。

预应力筋及管道要严格按设计图纸制作安装，并且要按图纸及规范要求定位施工，预应力筋的下料长度=工作长度+1600mm(两端张拉)/650mm(单端张拉)，工作长度为两端锚具之间的预应力筋长度，实际施工中要确保张拉预留长度满足实际施工要求。纵向预应力管道在施工过程中应确保其密封性，防止被电焊烧伤。

3) 锚垫板安装要点

锚垫板安装前，要检查锚垫板的几何尺寸是否符合设计要求，锚垫板要牢固地安装在模板上。要使垫板与孔道严格对中，并与孔道端部严格垂直，不得错位。锚下螺旋筋及加强钢筋要严格按照图纸施工，喇叭口与波纹管要连接平顺，密封。对锚垫板上的压浆孔要妥善封堵，防止浇筑混凝土时漏浆堵孔。

8. 0 号块混凝土质量控制

1) 混凝土原材料控制和选用

水泥的质量应符合国家现行标准和规范的相关要求，水泥应提前进场，进场时现场取样试验，经实验室检测合格后方可使用。

矿物掺合料一般采用质量稳定的粉煤灰等一种或几种复合矿物掺合料。当使用粉煤灰时，应严格控制粉煤灰的试验检测指标，如细度、烧失量、Cl^-含量、SO_3含量、MgO 含量、游离 CaO 含量等，而且施工前应根据混凝土使用部位所处的环境对烧失量进行选择和控制。当混凝土处于冻融环境时，其烧失量不宜大于3.0%，对于该连续梁标号为 C50 的混凝土，其产品质量更应该严格控制，必要时应加强其质量检测频率，确保其质量满足施工要求。

细骨料的质量要求和选用原则应符合《铁路混凝土工程施工技术规程》(QCR 9207—2017)，特别是含泥量及细度应符合要求，并经实验室检测合格后方可使用。

粗骨料应采用岩相法检验其矿物组成，混凝土原材料中粗骨料母材与混凝土强度比不宜小于 2.0，而且不得使用具有碱-碳酸盐反应活性的骨料，施工过程中用碎石的压碎指标进行控制，并经实验室检测合格后方可使用。

外加剂应选用质量稳定的产品，外加剂与水泥及矿物掺合料应具有良好的兼容性，其均质性应满足《混凝土外加剂》(GB 8076—2008)的规定，并经实验室检测合格后方可使用。

2)混凝土配合比的选定

混凝土的配合比根据设计使用年限、环境条件和施工工艺等，通过试配、调整、试件检测和试浇筑等步骤选定，并充分考虑原材料、施工工艺、环境条件可能出现的变化，选定备用配合比。

混凝土配合比选定试验的检验和计算项目应符合《铁路混凝土工程施工质量验收标准》(TB 10424—2018)中表6.3的规定。

混凝土的碱含量应符合设计要求。当设计无具体要求时，混凝土的碱含量应满足《铁路混凝土工程施工质量验收标准》(TB 10424—2018)中表6.2的规定。

钢筋混凝土中由水泥、矿物掺合料、骨料、外加剂和拌合用水等引入的 Cl^- 含量不应超过胶凝材料总量的0.10%，预应力混凝土结构的 Cl^- 含量不应超过胶凝材料总量的0.06%。混凝土中 SO_3 含量不应超过胶凝材料总量的4.0%。

不同环境下混凝土中矿物掺合料掺量按《铁路混凝土工程施工质量验收标准》(TB 10424—2018)中表6.3进行选择。

不同环境条件下混凝土的最大水胶比、最小胶凝材料用量应满足设计要求。当设计无要求时，应符合《铁路混凝土工程施工质量验收标准》(TB 10424—2018)中表6.3的规定。

3)混凝土的拌制和运输

混凝土拌制前，应测定砂、石含水率，并根据测试结果、环境条件、工作性能要求等及时调整施工配合比，确保混凝土和易性满足施工要求。

混凝土拌制过程中，对混凝土拌合物的坍落度进行测定，测定值应符合理论配合比要求，偏差不宜超过±20mm。

混凝土的搅拌。应严格控制混凝土搅拌时间，搅拌时间不少于120s，以便粉煤灰能充分分散在混凝土中，拌合楼在浇筑0号块时，停止其他混凝土供应，以便留有一座拌合楼作为应急拌合设备。

混凝土运输采用罐车运输。浇筑0号块混凝土时，如遇道路堵车，司机应立刻联系项目部和分部搅拌站，通知备用的梁场混凝土拌合站或者二分部拌合站发料，运输车辆应避开拥堵路段运至施工地点，确保施工现场混凝土浇筑的连续性。

9. 0号块混凝土浇筑与养生

1)混凝土浇筑前的准备工作

混凝土浇筑前，应对支架、底模、腹板、钢筋和预埋件进行检查，同时复查底板(顶板)标高。模板及钢筋上的杂物、积水、焊渣以及污垢应清理干净，模板若有缝隙，应堵塞严密，自检合格后报监理复检，监理复检合格后方可浇筑混凝土。

2)混凝土的浇筑

当施工时间段温度较稳定时，可以不采用缓凝措施。该连续梁 0 号块混凝土强度等级为 C50，混凝土泵送连续灌筑、一次成型，坍落度为(180±20)mm，同一件梁体的浇筑时间控制在 12h 左右。同时在混凝土浇筑期间，应派专人检查加固模板，防止漏浆。

混凝土采用泵车泵送入模，由于梁段的高度较大，腹板内钢筋及预应力管道相对密集，混凝土泵到梁顶直接泵入底板和腹板下部时无法保证浇筑和捣固质量，因而在浇筑混凝土时顶板处预留 40cm×40cm 的天窗，天窗处钢筋间距临时调整便于泵管伸入箱室下料，当施工到天窗高度时关闭天窗，该连续梁不考虑施工附着式振捣器进行辅助振捣，混凝土下落距离大于 2m 时，应考虑加串筒。

混凝土浇筑按照前后对称分段、左右同位对称、上下水平分层的原则由两端向墩顶浇筑。同时注意两侧腹板浇筑的对称性，对腹板应进行分层振捣。特别应注意对腹板下层与底板接触处的振捣，保证底板倒角处混凝土的密实。

混凝土宜先浇筑悬臂端后浇筑墩顶处，先施工箱梁底板和横隔板混凝土，必须保证前后对称浇筑，横向先浇筑倒角中间混凝土，接着浇筑底板倒角处 1.0m 范围内的混凝土。底板浇筑完后再浇筑腹板混凝土，在腹板上方 2m 左右的内模上开天窗，每边 2 个，共计 8 个天窗，以便于腹板混凝土的振捣密实，待混凝土浇筑到其高度时，将其封闭并加固好。腹板混凝土采用水平分层的方法浇筑，水平分层厚度控制在 30cm 左右，腹板混凝土应根据混凝土初凝时间缓慢浇筑，防止中间泛浆。纵向应先浇筑墩顶两侧的混凝土，底板浇筑完后再浇筑横隔梁混凝土。最后浇筑顶板混凝土，顶板混凝土从一端向另一端推进。

3)振捣及收面

浇筑应对称进行，并确保箱梁几何尺寸符合图纸要求。混凝土振捣采用插入式振捣器，对箱梁底板和顶板连接处、预应力筋锚固区和其他钢筋密集部位要特别注意振捣，避免振动棒碰撞预应力筋管道和预埋件。插入式振捣器的移动间距不宜超过振动作用半径的 1.5 倍，与侧模板应保持 50～100mm 的距离，插入下层混凝土 50～100mm，每处振捣完毕后应徐徐提出振动棒。每一部位必须振捣到该处混凝土停止下沉、不再冒出气泡且表面平坦、泛浆为止。由于中横隔梁处钢筋、预应力管道较密实，振捣时采用ϕ30mm 插入式振捣器。

顶板和腹板处预应力波纹管密集，振捣时要防止漏振、欠振，在钢筋、预应力管道密集地方采用棒头较小的振动棒。混凝土的振捣严格按振动棒的作用范围进行，严防漏捣、欠捣和过度振捣，预应力喇叭管附近钢筋密集，空隙小，配备小直径的插入式振捣器。振捣时不可在钢筋上平拖，不可碰撞预应力管道、模板、钢筋、辅助设施(如定位架等)。

混凝土浇筑过程中安排专人随时检查支架、模板和预埋件的稳固情况，确保混凝土浇筑顺利进行。同时，测量人员对支架下沉进行观测并做好记录，如遇特殊情况，要立刻加固处理。

混凝土面采用布置钢筋控制混凝土标高，以铝合金长尺刮平，箱梁混凝土应采用二次收面。混凝土振捣时应特别注意振动棒不得触及预应力管道，以免造成波纹管变形而无法穿束。同时，特别注意锚垫板部位及钢筋密集部位混凝土的振捣密实。

4) 混凝土的养护

混凝土初凝后要及时养生，首先只对梁面混凝土进行养生，浇筑完成的混凝土终凝后(强度达到 2.5MPa)应及时加强养护。当混凝土强度达到 2.5MPa 时，可拆除堵头围板和其他非承重模板，这时要全面养生，接头处凿毛。当混凝土强度达到设计强度的 75%时，可拆除内模、顶板及翼板处模板，拆模前应进行一组同条件养护试验，试验合格后方可拆除。

5) 混凝土试块留置试验

按照《混凝土结构工程施工质量验收规范》(GB 50204—2015)要求留置试块数量。该连续梁 0 号块设计方量为 400.6m^3，抗压强度留置标准养护试块 5 组，同条件试块 10 组，其他情况下试块 4 组(含拆模前 1 组、张拉前 1 组)；用于弹性模量测试的标准养护试块 5 组，同条件试块 10 组(含张拉前 1 组)。

10. 预应力张拉

该箱梁采用三向预应力，其中纵向预应力束为高强度低松弛钢绞线，双向张拉。0 号块中横梁处为扁锚，单端张拉。竖向预应力束采用抗拉强度标准值为 830MPa 的ϕ32mm 精轧螺纹钢，纵向张拉设备采用 YCW400B 型千斤顶，横向张拉设备采用 YCW100B 型千斤顶，竖向张拉设备采用 YC60A 型千斤顶。

1) 施工前准备

钢绞线、锚具、夹具进场时应按一定批次送检，检测合格后方可使用。每次张拉前进行外观检查，不得有裂纹、伤痕、锈蚀、泥污，尺寸不得超过允许偏差。

预应力张拉采用应力、应变双向控制并以应力控制为主，具体表现在油表读数和伸长量的控制。在张拉之前，应事先将油表与配套千斤顶拿到有资质的检测部门进行标定(当千斤顶使用超过 1 个月或 300 次、严重漏油、部件损伤及延伸量出现系统性的偏大或偏小等现象时需重新对千斤顶进行校验)，根据标定报告得出张拉油表读数。预应力筋进场后对其弹性模量进行试验，并依据规范计算出钢束的理论伸长量。张拉前必须检查油嘴、油管等易损件的损坏程度以便及时更换，以免在加压时油管破裂或油嘴漏油。张拉时千斤顶的前面禁止站人，防止夹片外飞或钢绞线拉断伤人。张拉人员要戴安全帽，系安全带，并且安全带要挂在固定位置，防止脱落。

2) 预应力安装

预应力钢束位置确定主要是保证波纹管位置固定，首先按照图纸确定波纹管的具体位置；然后增加定位钢筋保证直线段 0.5m 一道，弯道段适当加密保证定位偏差不大于 5mm。预应力筋的安装方式采用专用穿束机进行安装，并结合人工辅助配合。

3) 预应力张拉

按设计图纸要求，张拉必须在 0 号块混凝土强度不小于设计值的 95%、弹性模量不小于设计值的 100%且梁体混凝土龄期不小于 7 天的条件下进行。

张拉顺序为先横梁再腹板和顶板束，预施应力(除墩顶横向预应力束外)应采用两端同步张拉，并左右对称进行，最大不平衡束不应超过 1 束，张拉顺序按设计要求先腹板束后顶板束，从外到内左右对称进行。预施应力采用双控措施，预施应力值以油压表读数为主，以预应力筋伸长量进行校核。预施应力过程中应保持两端的伸长量基本一致。

预应力：0→初应力($0.15\sigma_{con}$)→应力($0.30\sigma_{con}$)→控制应力(σ_{con})→静停 5min，校核到张拉控制应力后进行锚固，量取 15%、30%和 100%控制应力下的预应力筋伸长量。

混凝土的强度达到设计强度的 95%，弹性模量达到设计值时，按规范要求进行预应力钢束的张拉。每一次张拉前要检查油压表与千斤顶是否配套，进、出油管顺序并记住张拉行程，记录伸长量。两边的张拉速度应基本控制一致，如果实际伸长量超过允许的范围(理论伸长量±6%)，则停止张拉，找出原因并解决好后方可继续。

后张法现浇梁断丝及滑丝数量应不超过预应力钢丝总数的 0.5%，并不应处于梁的同一侧，且一束内断丝不得超过一丝。

切割钢绞线严禁使用电弧焊，须使用砂轮切割机切割，钢绞线锚固外露长度不宜小于 30mm，锚具应用封端混凝土保护，为后续管道压浆做好准备。

11. 管道压浆

预应力张拉完成后，应按设计要求在 48h 内进行管道压浆，压浆前管道内应清除杂物及积水。压浆材料及工艺应满足《铁路后张法预应力混凝土梁管道压浆技术条件》(TB/T 3192—2008)的各项规定。

预应力管道采用真空压浆工艺施工。压浆顺序宜先压注下层孔道，同一管道压浆应连续进行，一次完成。因故障不能连续压满时，应立即用清水冲洗干净。压浆前，首先应对孔道压浆材料的质量性能与质保书进行核对，当采用水泥浆剂进行压浆时，首先应按照厂家提供的压浆配合比单进行配料，水胶比为 0.30～0.32，然后进行压浆料的搅拌。其搅拌应满足下列要求：

(1)浇筑前先清洗设备，清洗后的设备内不应有残渣、积水。在压浆材料由搅拌机进入储料罐时，应经过过滤网。

(2)浆体搅拌操作程序。首先在搅拌机中先加入实际拌合水用量的 80%～90%，开动搅拌机，均匀加入除水泥外的全部压浆材料，边加入边搅拌，然后均匀加入全部水泥，全部粉料加入后再搅拌不少于 5min，然后加入剩余的 10%～20%的拌合水，继续拌合 2min。

(3)拌合均匀后，经孔格不大于 3mm×3mm 筛网过滤后方可压入孔道。压入孔道前现场进行出机流动度试验，出机流动度范围应为 18s±4s，每 10 盘进行一次检测，流动度复核标准后，即可通过过滤网进入储料罐。浆体在储料罐中应继续搅拌，以保证浆体的流动度。

(4)对于延迟使用导致流动度下降的浆体，不得通过加水来增加其流动度；压浆材料按上述操作拌合之后，即可进行孔道压浆施工工序，压浆施工应满足下列要求：

①压浆前应清除梁体孔道内的杂物和积水。

②应采用密封罩或水泥浆等对锚具夹片空隙和其他可能漏浆处封堵，待封堵料达到一定强度后方可压浆。

③压浆顺序先下后上，曲线孔道和竖向孔道宜从最低点的压浆孔压入，由最高点的排气孔排气或泌水。

④压浆时，浆体温度应在 5～30℃，冬期施工中，压浆后 3d 内，梁体温度不应低于 5℃，否则应采取预热、保温措施，夏期施工时，当气温高于 35℃时，应在夜间气温较低时进行压浆。

⑤浆体压入梁体孔道之前，应首先开启压浆泵，使浆体从压浆嘴排出少许，以排出压浆管路中的空气、水和稀浆。当排出的浆体流动度和搅拌罐中的流动度一致时，开始压入梁体孔道。

⑥梁体纵向或横向孔道压浆的最大压力不宜超过 0.6MPa，当孔道较长或采用一次压浆时，最大压力宜为 1.0MPa；梁体竖向孔道压浆的压力宜为 0.3～0.4MPa，压浆充盈度应达到孔道另一端饱满并于排气孔排出与规定流动度相同的浆体为止，关闭出浆口后，应保持 0.5～0.6MPa 且不少于 3min 的稳压期。

⑦同一孔道压浆应连续进行，一次完成，从浆体搅拌到压入梁体的时间不应

超过 40min。

⑧压浆后应从压浆孔和出浆孔检查压浆的密实情况，如有不实，应及时补灌，以保证孔道完全密实。补浆时应让孔道内水-浆悬液自由地从出口端流出，再次崩浆，直到出口端有均质浆体流出，0.5MPa 压力下保持 5min，此过程应重复 1～2 次。

⑨压浆时，每一工作班应留取不小于 3 组标准养护试件(40mm×40mm×160mm)，其中 2 组进行抗压和抗折强度试验，1 组随梁体进行同条件养护。通过试件的抗压强度和抗折强度来评定压浆质量。

⑩水泥浆终凝后，方可卸拔压浆机出浆阀门。

(5) 波纹管漏浆控制。首先保证波纹管材料符合要求；在安装过程中发现破损的不得使用；在波纹管接头地方用 40cm 接头管对接后用透明胶带包裹；在安装过程中和结束后都要对已安装部分进行检查，发现破损及时处理。

2.2.3　悬臂浇筑段施工

0 号块施工张拉压浆完成后，在 0 号块上进行挂篮的拼装，从 1 号节段开始悬臂段挂篮法施工，各个独立的挂篮在“T”构两端进行对称悬臂灌注施工。1 号节段悬臂施工前应对挂篮进行预压试验，以测试挂篮的承载能力和变形值，其余节段根据该节段重量参照 1 号节段预压结果以及前一节段的挂篮变形值来确定该节段的立模标高，对称浇筑该节段混凝土。重复循环，施工 2～12 号节段。所有节段预应力张拉应满足混凝土达到设计强度的 95%、弹性模量的 100%、龄期不小于 7 天的要求。

1. 悬臂浇筑段施工工艺流程

挂篮悬臂浇筑段施工工艺流程如图 2-12 所示。挂篮作为悬臂浇筑施工的主要临时构件，选择和设计合适的挂篮类型是保证悬臂浇筑段施工质量和安全的关键。

2. 几种常用挂篮的特点、组成、适用性

挂篮作为悬臂浇筑段的主要临时设施，直接影响悬臂浇筑段的施工质量，本小节对挂篮的种类、组成、适用性进行简单介绍。挂篮按其支点方式，可以分为后支点挂篮、前支点挂篮、复合式挂篮三种形式。

1) 后支点挂篮工艺原理、组成、适用性

后支点挂篮工艺原理是将其承重结构体后部锚固在已浇箱梁顶面，形成具有一定强度、刚度和稳定性的悬挑体系，作为待浇箱梁节段的承重构件，并通过该支点，锚固装置将荷载传递到已浇箱梁段，如此循环直至最后合龙。

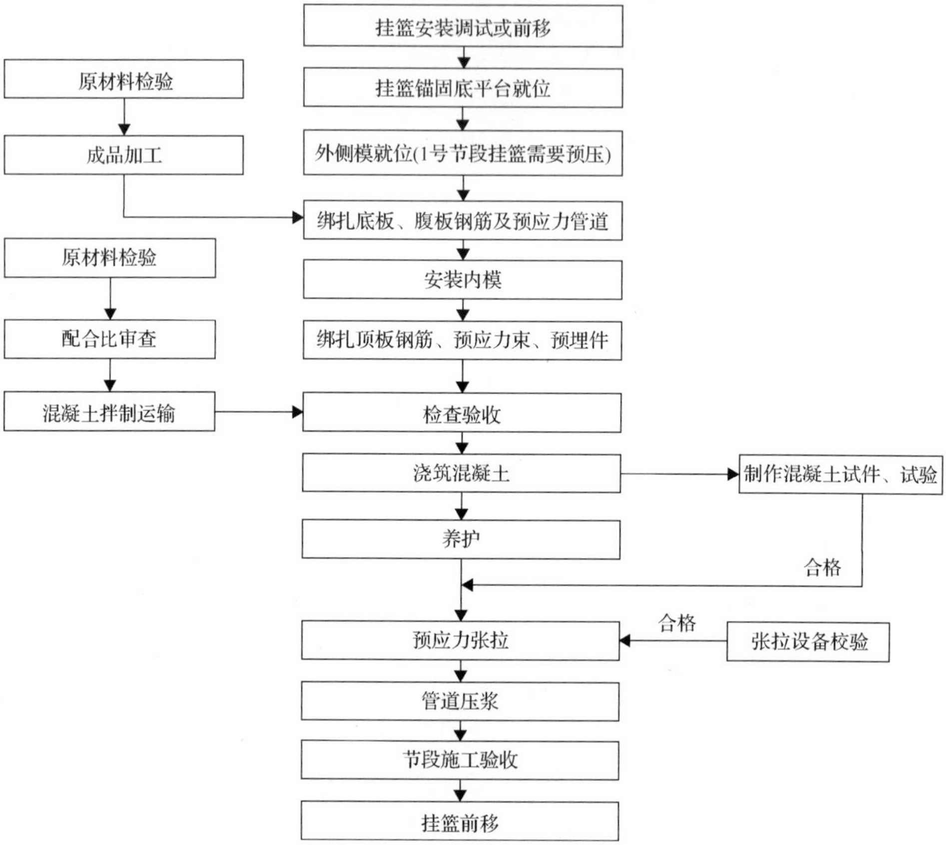

图 2-12　挂篮悬臂浇筑段施工工艺流程

该挂篮主要有菱形和三角形两种，它主要由菱形或三角桁架、底座、悬吊系统、锚固系统、模板系统、行走系统组成。

三角形、菱形等型钢桁架式挂篮，因其结构简单、自重轻、受力合理、一次移动到位等优势，在主梁分段长度不大的 PC 梁桥、矮塔型斜拉桥混凝土悬臂浇筑中得到广泛应用(菱形挂篮施工 PC 箱梁见图 2-13)。矮塔型斜拉桥中采用后支点挂篮，施工过程中因没有很好地发挥斜拉索的作用，往往造成配筋量大、主梁分节短(减轻重量)、施工工效低等问题。另外，将其与连续千斤顶或卷扬系统配合作为桥面吊机进行混凝土梁或钢箱梁悬臂拼装施工(图 2-14)。

2)前支点挂篮工艺原理、组成、适用性

前支点挂篮也称牵索式挂篮，利用待浇梁段斜拉索作为挂篮前支点支撑力，施工过程中将挂篮后端锚固在已浇梁段底面，由斜拉索和已浇梁来共同承担待浇梁段的荷载。

前支点挂篮主要由承重系统、挂索系统、锚固系统、底平台系统、模板系统、行走系统 6 部分组成。前支点挂篮结构如图 2-15 所示。

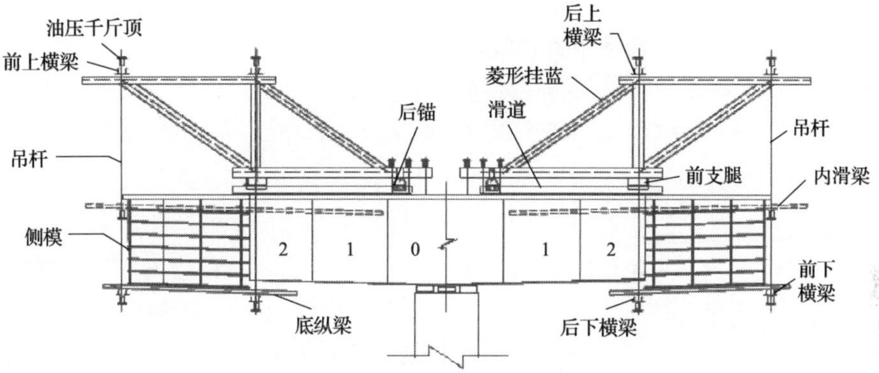

图 2-13　菱形挂篮施工 PC 箱梁

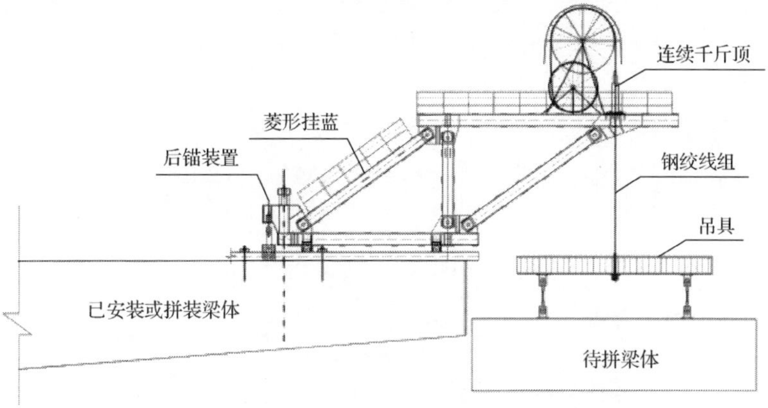

图 2-14　菱形挂篮与连续千斤顶配合悬臂拼装箱梁

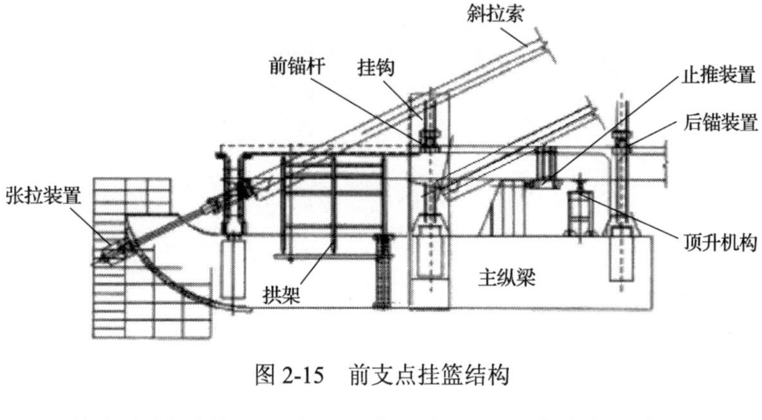

图 2-15　前支点挂篮结构

前支点挂篮底座材料截面尺寸及刚度、自重、承载力都比较大。施工技术较为复杂，施工效率比后支点挂篮低，安装及运输均不如后支点挂篮方便。

前支点挂篮常用于斜拉索与梁体水平夹角较大的高、中塔型斜拉桥悬臂浇筑施工中。单纯前支点挂篮不适合矮塔型斜拉桥使用，主要由于它自重大，会超过设计要求的理论重量；挂篮前端平台较长，在合龙段附近节段施工时会影响对面施工；前横梁高度大，施工期间不能满足通航要求。要在矮塔型斜拉桥中发挥前支点挂篮的优势，必须对其进行改造，减小重量，缩短挂篮前端平台，降低前横梁高度。

3) 复合式挂篮工艺原理、组成、适用性

复合式挂篮是以前支点为主、后支点为辅的一种轻型宽体挂篮，其特点既兼有后支点挂篮短而轻，又兼有前支点挂篮承载力大、平台短、前横梁短等各种优点。

复合式挂篮平台比前支点挂篮短，底座弧形首拉得高，打破了前支点挂篮仅用于斜拉索与梁体水平夹角较大的斜拉桥悬臂浇筑的局限性，对斜拉索与梁体水平夹角很小的矮塔型斜拉桥也适用，目前该种挂篮在矮塔型斜拉桥主梁施工中还未普及，需要进一步推广。另外，复合式挂篮由于短而轻，更适合矮塔型斜拉桥悬臂浇筑梁节段自重轻的特点。挂篮前移与高程调节系统和后支点挂篮几乎完全相同，从而降低了施工技术难度。

复合式挂篮主要由底座、贝雷桁架(或菱形、三脚架)、弧形首、L形挂钩、水平止推装置、锚固系统、前吊系统、索力转换装置、行走系统等部分组成[4]。三角复合式挂篮结构如图 2-16 所示。

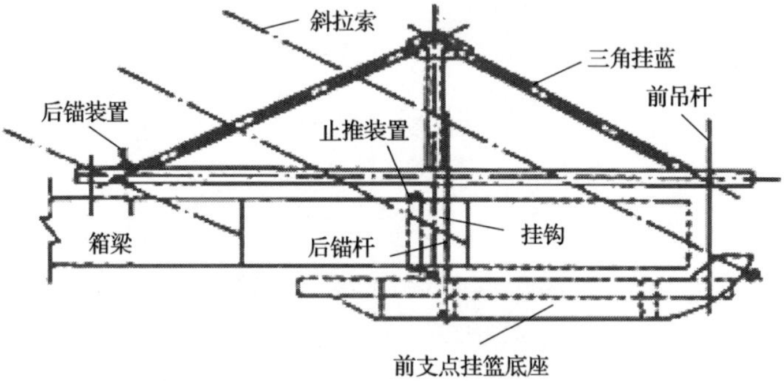

图 2-16 三角复合式挂篮结构

桥面上贝雷桁架梁(或菱形、三角桁架)起辅助作用，它利用前吊杆对底座提供一定的向上分力，以减轻底座弧形首的负担，这样可适当增大主梁刚度，增大通航高度。贝雷桁架复合式挂篮结构如图 2-17 所示。

3. 挂篮设计及施工

1) 挂篮设计

(1) 总体要求。结构简单、受力明确、行走方便、坚固稳定、刚度大、变形小、锚固拼接方便、自重轻(自重/载重=2.2～0.28)。

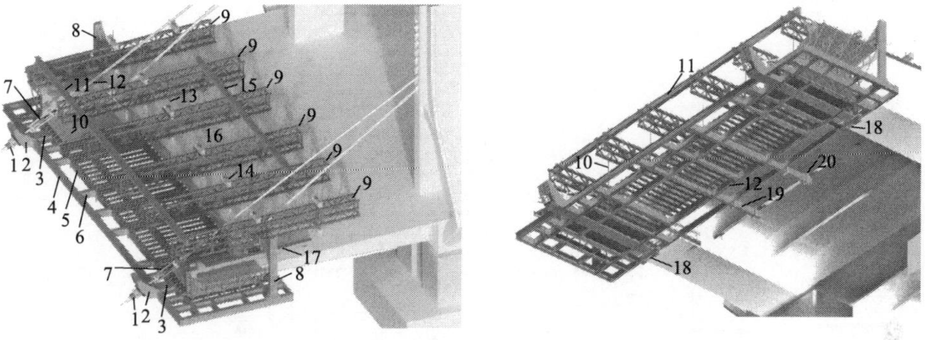

(a) 俯视图　　(b) 仰视图

图 2-17　贝雷桁架复合式挂篮结构

1-油顶；2-弧形首；3-主纵梁；4-辅助梁；5-底座主横梁；6-次纵梁；7-索力转换装置；8-L形挂钩；9-贝雷组；10-前吊杆；11-上横梁；12-斜拉索；13-前锚杆；14-前锚梁；15-后锚梁；16-已浇箱梁；17-轨道；18-反锚梁；19-纵尾梁；20-滑移吊具

(2)挂篮尺寸。长度由节段长度(2～4m)、锚固、结构受力和变形等力学条件等综合控制，悬臂部分长度一般取节段长度+平台长度(1m)。截面尺寸取决于结构截面形式和结构设计总体要求。

(3)挂篮承受的荷载主要包括承重系统、模板系统、锚固系统、悬吊系统、工作平台、行走系统(滚动、滑动及组合)等部分。

(4)挂篮设计方案。该桥采用三角挂篮施工，其主要由主桁架系统、悬吊系统、锚固系统、模板系统、行走系统及操作平台组成(图 2-18)，具体构件包括主桁架(含横联)、枕梁、前上横梁、前下横梁、后下横梁、后上横梁、前吊杆、后锚梁吊杆，后锚固梁及吊杆、底模板、外侧模板、内模板等。

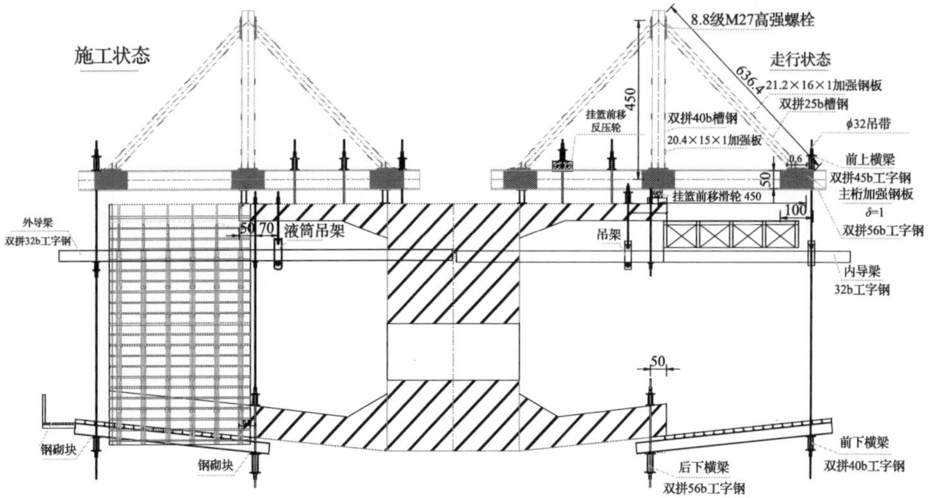

(a) 挂篮立面布置图

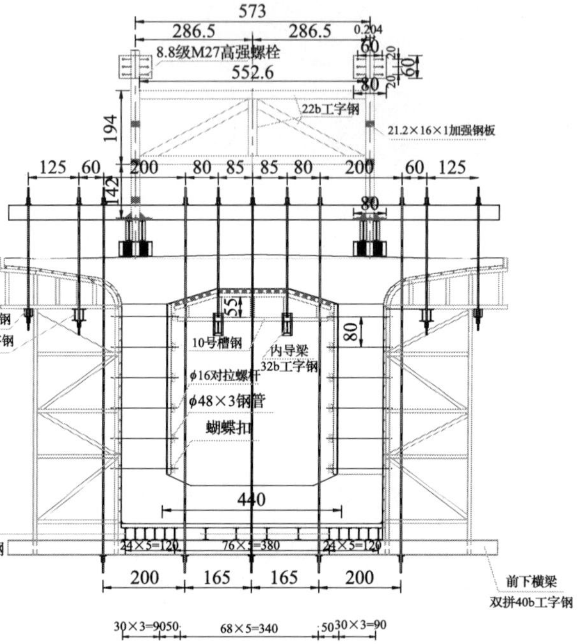

(b) 挂篮前吊点布置图

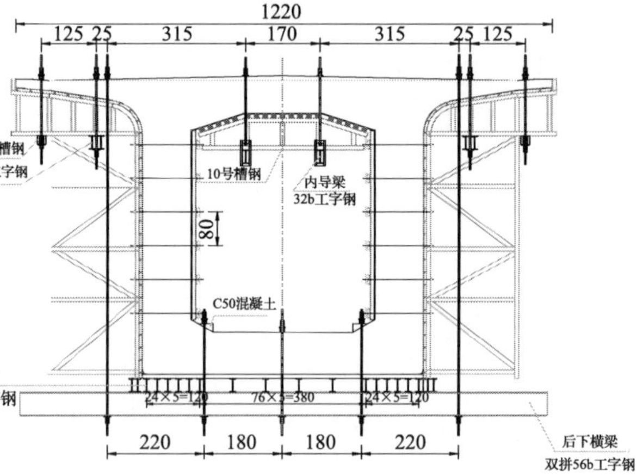

(c) 挂篮后吊带布置图

图 2-18　三角挂篮结构图

除钢管、钢筋尺寸以 mm 计，其余均为 cm

由于该连续梁为单箱单室，因此，T 构单侧布置 2 个主桁架，每个 T 构有 4 个主桁架，均位于腹板位置，每 2 个主桁架横向通过横联连接。下面分别介绍各系统的组成及构造。

①主桁架系统。主梁采用 2 片 56b 工字钢，立柱斜拉杆均采用 2 片 40b 槽钢，

前、后斜拉杆采用 2 片 25b 槽钢，平联采用 22b 工字钢。浇筑 1 号段时，后端采用两个锚固，前支点位置对应立杆节点处，主桁中心线间距 5.73m。

②悬吊系统。前横梁由 2 片 45b 型钢组成，吊杆上端吊于前上横梁，均采用 PSB785 型ϕ32mm 精轧螺纹钢筋作吊杆，吊杆的调整通过小扁担梁用手动液压千斤顶进行调整。

③锚固系统。后锚采用在箱梁腹板预埋的竖向预应力筋即 PSB785 型ϕ32mm 精轧螺纹钢筋和连接器将后锚梁锚固在主桁后节点箱上。

④模板系统。底模由前、后下横梁、小纵梁、小横梁及钢板组成。前、后横梁采用 2 片 45b、2 片 56b 的型钢组成，底板下纵梁为 14 根 32b 工字钢纵梁，腹板下间距为 30cm，箱室底板下间距为 68cm。小横梁采用 10 号槽钢，钢板采用 4mm 厚钢板，底板倒圆采用钢板工厂卷制后与底板焊接，并打磨平顺。内模架采用竹胶板组拼。外模采用型钢与钢板加工而成，外模通过外滑梁悬挂在挂篮前上横梁及已浇梁段箱梁翼板上。

⑤滑动行走系统。采用前滑座装置和后反扣轮装置行走，采用卷扬机牵引滑行。反扣轮装置采用在连续梁腹板位置预埋 PSB785 型ϕ32mm 精轧螺纹钢进行锚固。

⑥操作平台。在挂篮外侧、前端、前横梁、箱梁内设工作平台，在挂篮前端悬挂张拉平台。

⑦挂篮防护。在连续梁施工过程中，将道路上方的悬臂现浇挂篮底部全封闭防护，确保道路的行车安全。其具体设置为：在挂篮前、后下横梁上安装间距 1.0m 的ϕ32mm 精轧螺纹钢作为吊杆，吊杆横梁采用双拼 I10 槽钢，纵梁采用间距 1.0m 的 10 号槽钢，槽钢上铺设 1.5cm 木工板。四周防护栏杆采用ϕ48mm×3mm 的钢管，钢管外侧加设 1.5cm 木工板进行封闭并粘贴黄黑反光标示。

⑧爬梯设置。在连续梁施工过程中，为便于作业人员上下梁面及底板，在模板前段采用 10 号槽钢制作上下爬梯，爬梯宽度为 60cm，坡度为 1∶2，踏步板采用花纹钢板，扶手及栏杆采用ϕ48mm 钢管，高度为 1.2m，详见图 2-19。

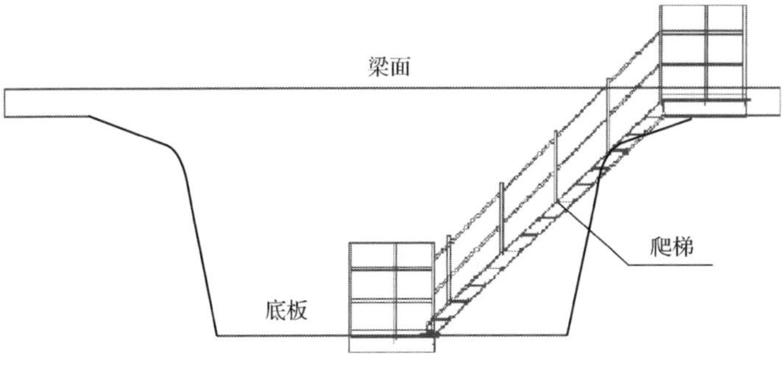

图 2-19　连续梁上下爬梯正面图

⑨吊杆及其作用。挂篮前方设置 9 根前吊杆，其中固定侧模板每侧各 2 根吊杆，固定底模板采用 5 根吊杆。吊杆采用ϕ32mm 精扎螺纹钢筋，并采用ϕ4cm PVC 管对精轧螺纹钢筋进行保护以免受损伤。挂篮后方设置 9 根吊杆，其中固定侧模板每侧各 2 根吊杆，5 根吊杆锚固后下横梁，吊杆采用ϕ32mm 精扎螺纹钢筋，并采用ϕ4cm PVC 管对精轧螺纹钢筋进行保护以免受损伤。主桁架后方设置 2 道锚梁用于锚固主梁，锚梁采用双片 25a 槽钢，每片主桁架位置设置 2 根锚杆。侧模板体系通过 4 根吊杆固定，2 根前吊杆直接将侧模板固定在挂篮前横梁上，另外 2 根后吊杆锚固在已浇筑完成的箱梁翼板上。侧模板采用整体钢模架，面板采用 4mm 钢板，横肋板采用 6.3 号槽钢，间距 30cm，竖向围图采用双片 10 号槽钢，上下每隔 80cm 预留拉杆孔以便施工时设置拉杆。挂篮侧模板全长 4.35m，3m 及 4m 节段全部采用 4.35m 模板施工。

⑩挂篮材料用量。挂篮材料用量如表 2-5 所示，该工程计划用 4 套挂篮，单套挂篮系统约重 45.47t，两侧主墩平行施工，相差不超过 1 节段。

表 2-5　挂篮材料表(一侧挂篮)

编号	名称	数量	重量/t
1	主桁系统	1	10.94
2	前上横梁	1	2.1
3	后锚扁担梁	4	0.22
4	外模	2	7.67
5	内模	1	1.7
6	外滑梁	2	2.76
7	内滑梁	2	1.38
8	前下横梁	1	1.77
9	后下横梁	1	3.63
10	纵向分配梁	14	9.7
11	底模	1	3.07
12	吊杆	17	0.53
	合计		45.47

2)挂篮拼装

挂篮运至工地时，由生产厂家提供挂篮出厂合格证书及各构件材料的试验检测报告，项目部组织工程部、安质部、物资部对所有构件进行一次全面的检查并留有验收记录，如发现构件缺少或尺寸问题，应立即采取措施，以免耽误后续工期，验收合格后方可进场使用。0 号块张拉压浆结束后方可在 0 号块上拼装挂篮。拼装作业在高空进行，工作面小，拼装前必须做好充分的准备，先在地面进行试拼装，拼装程序根据设计要求对称地进行。挂篮拼装工艺流程如图 2-20 所示。挂篮安装施工步骤如下：

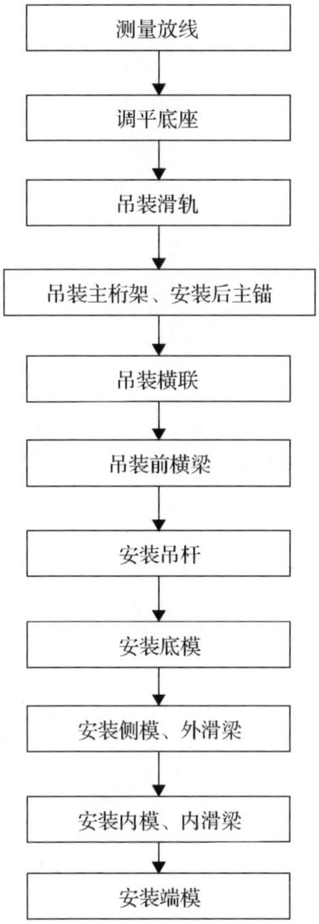

图 2-20　挂篮拼装工艺流程

(1) 0 号块张拉完，清理桥面，测量放线，定位两道主桁架的纵向位置。

(2) 在 0 号梁段放线位置调平桥面，安装主桁架钢支座。

(3) 主桁架、横联安装，主桁架拼装结束后安装横联，最后安装主桁架后方后锚梁，并锚固好。

(4) 安装挂篮前横梁，并安装前后吊杆，将吊杆上方锚固好，吊杆用ϕ32mm 精扎螺纹钢筋。

(5) 安装前、后下横梁，安装好后，在前、后下横梁上安装挂篮底模板，并将挂篮底模板与前、后下横梁连接好。

(6) 安装侧模板及外滑梁，并将侧模板锚固好。

(7) 挂篮预压，并根据预压数据进行挂篮底模标高的调整，之后便可进行钢筋工程、预应力工程和模板工程的施工。

3）挂篮安装后检查事项

（1）挂篮两侧主轨道中心是否与设计中线（测量放线）吻合，两侧主轨道的标高是否一致，轨道锚固装置是否已安装好。

（2）挂篮两侧主桁架标高是否一致，间距是否与设计相符。

（3）挂篮所有栓接点，螺栓是否有遗漏，螺帽（含垫圈）是否都已安装、拧紧到位。

（4）挂篮前支点是否已与轨道顶面密贴，轨道底面是否与箱梁顶面抄平、抄实。挂篮主桁架是否已调成水平（通过前支点抄垫和后锚蹬筋张拉调节）。

（5）挂篮后锚系统是否都已安装到位，螺栓是否已紧固。

（6）临时工作平台搭设完成情况检查。

（7）搭设施工人员上、下挂篮的工作平台，以便进行变形观测和挂篮检查。

（8）在主吊带与前上横梁锚固处搭设工作平台，以方便工作人员安装张拉设备。

（9）底模后下横梁处搭设工作平台，以方便工作人员安装张拉设备。

（10）挂篮安装到位后，应对道路实际净空进行测量及确认，保证道路行车安全。

4）挂篮预压

为保证结构混凝土的施工质量以及线形控制，验证挂篮施工的安全性，消除挂篮系统的非弹性变形，并且测得弹性变形量与预压重量的关系，为后续施工提供预拱度值，挂篮要进行预压试验（图 2-21）。

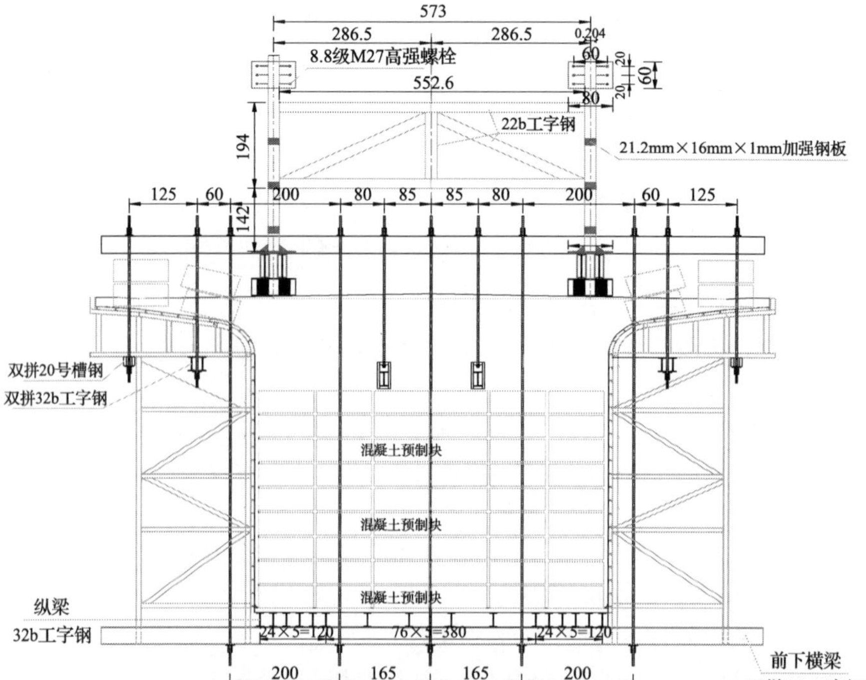

图 2-21　挂篮预压布置图（单位：cm）

(1) 一般要求。挂篮安装完成后 1 号块使用前，现场对挂篮进行加载试验，以验证挂篮的安全度和可靠性。加载预压的目的有以下几个：检验挂篮的实际承载能力、安全可靠性；对挂篮的加工、拼装质量进行检验；消除挂篮非弹性变形，测定挂篮弹性变形，为计算挂篮立模标高提供依据。

挂篮预压是模拟混凝土浇筑的过程，分段对挂篮施加荷载，具体预压过程为：底板预压→腹板预压→顶板预压→翼缘板预压。

挂篮预压可以采用堆载预压法、张拉钢绞线预压法，采用堆载预压法比较普遍。挂篮预压参照挂篮施工节段最大重量计算，加载重量考虑了 1.2 的安全系数。

(2) 测点设置。共设 12 个测点。挂篮前上横梁在两组主梁中心位置各设置 1 个测点，用于测量主梁挠度。每套挂篮在底模板上设置 6 个测点，前后各 3 个，其中 2 个测点的横向位置位于箱梁腹板中心处，另外 1 个测点的横向位置位于底模板的横向中心线上，挂篮前端在两侧翼缘板模板上各设 2 个测点。加载方式如下：加载前应布设好各变形观测点，观测人员和观测仪器同步就位；观测仪器使用前应进行校核，保证测量数据的准确性；加载过程中，现场技术人员要认真检查挂篮主桁、吊杆、锚固点的变化，发现异常及时停止加载，排除问题后方能继续作业；加载应逐级进行。挂篮加载试验模拟连续梁最重梁段的施工总荷载的 1.2 倍加载。加载利用预制块堆载来实现，重量分布情况基本和梁体重量分布一致。预制块的堆码需保证整齐、平整、有序，减小空隙及堆码高度。加载程序为：底板→腹板→翼缘板→内模顶板；卸载程序为：翼缘板→内模顶板→腹板→底板，卸载顺序和加载顺序基本相反。

(3) 加载重量及分级。根据现场施工条件和实际情况，采用重力法进行加载，加载总重量取最大悬灌箱梁节段施工总荷载的 1.2 倍进行预压。该梁 1 号节段的混凝土方量最大，为 69.9m^3，重 185.2t，人员、机具 3.66t(γ=1.0kN/m^2)，振捣 7.32t(γ=2.0kN/m^2)，合计 196.18t。堆载试验采用分级加载的方法进行，加载分级为：0→117.65t(为 46 块，60%)→196.18t(为 76 块，100%)→235.42t(为 91 块，120%)→0，加载、卸载量级控制应为 0→60%→100%→120%，荷载量施加应对称均匀，重量要准确。

(4) 加载记录及观测。挂篮预压所用的预制块规格和重量同 0 号块预压所用混凝土预制块，预压前根据加载部位和加载量级计算预制块的层数。纵向加载从箱梁结构的节段中间向两边进行对称布载，横向加载从箱梁结构的中心线向两侧进行对称布载。每级加载完毕持荷 30min，然后对挂篮所有观测点的变形值进行测量，并记录观测数据。最后一级加载完毕持荷 60min 后对挂篮所有观测点的变形值进行测量，并记录观测数据。加载过程中发现局部变形过大时立即停止加载，对体系进行分析、补强后方可继续加载。当 24h 沉降量小于 1mm 时，视为变形稳定，可以卸载。卸载按照 120%→100%→80%→60%→20%→0 分级卸载，每级卸载完成后分别对挂篮所有观测点的变形值进行测量，并记录观测数据。

通过测量数据得出挂篮的弹性变形值及非弹性变形值，分析后计算挂篮在各梁段自重作用下的变形值，作为控制预留高度的依据，指导后续节段施工。根据记录的沉降值调整底模板高度，满足设计要求并经过监理复核后方可进行下道工序施工。

5）挂篮行走过程

⑴连续梁节段预应力束张拉完成后，先用千斤顶将挂篮后下横梁吊杆全部放松，然后继续用千斤顶将侧模板、内模板滑梁吊杆全部放松，再用倒链葫芦将前下横梁、侧模板、内模板和前上横梁之间拉紧。依靠倒链葫芦受力将前吊杆全部放松，将底模板后端用倒链葫芦固定在侧模系统上，在模板自重作用下，底模板、侧模板及内模板与混凝土分离，使挂篮整体下落 30cm 左右，用千斤顶将后锚梁的吊杆全部放松。

⑵将千斤顶放置在前滑座前端主梁的下方，用千斤顶将主桁架缓慢顶起 15cm 左右，使主桁纵梁前段与枕梁分离，取出枕梁同时放置滚轮，收回千斤顶顶程，使主桁纵梁缓慢平稳地落在滚轮上的卡槽内。

⑶然后将千斤顶放在主桁纵梁后端上方反压主梁，取出反压梁同时放置反压轮，使反压轮的槽口扣住纵梁后端上口。

⑷将两台卷扬机固定在设置好的预埋件上，同时在已浇好混凝土节段的前段预埋件上固定好滑轮，卷扬机钢丝绳通过滑轮连接到主桁的拉环上，然后同时同步启动两台卷扬机，牵引挂篮，使挂篮整体缓慢前移，前移速度控制在 0.1m/min 之内。

⑸根据梁体块段长度，确定挂篮的前移距离，事先在轨道梁的相应位置做好标记，并在标记处放置钢砌块，在挂篮行走时设专人观察挂篮的行走状态和位置，当挂篮移至该标记位置时，后方的反压轮将顶在钢砌块上，立即停止挂篮前移。整个牵引前移过程应确保挂篮前后同步进行，左右对称牵引。

⑹挂篮行走到位后，再次用千斤顶将挂篮主桁架顶起，在挂篮主纵梁顶起的同时，当挂篮主桁架顶到一定高度时，将滚轮抽出，收回千斤顶顶程，使挂篮主桁架前滑坐落在枕梁上，之后安装主桁架后锚梁并锚定。

⑺锚固前后横梁，拉紧吊杆将前后上横梁和主梁连成整体。

⑻安装底模板和侧模板后锚吊杆。

⑼挂篮后锚以及前后吊点、翼板滑梁吊点都要采用双螺帽。

⑽调整底模板和外侧模板标高后，应对底板的连接件、紧固螺栓等进行检查，检查是否安装、紧固到位，再绑扎底板及腹板钢筋。

6) 挂篮行走注意事项

挂篮行走是实现挂篮悬臂浇筑的重要工序，应保证行走过程的安全和稳定，其主要注意事项如下：

(1) 挂篮行走前，应仔细检查各相关部件的约束是否已解除，必须将轨道梁与梁体内精轧螺纹钢筋锚固紧密，防止挂篮前移时轨道梁锚固不紧密，致使挂篮前移过程中失稳。

(2) 挂篮行走时，需注意挂篮前移速度，前移速度不宜过快，控制在 0.1m/min 之内，且整个施工过程应前后同时进行，左右同步施工，确保挂篮行走安全、结构安全。

(3) 在悬臂段施工期间，施工所用电焊机的接地线严禁接到与挂篮有关的构件上，电焊、氧割作业必须远离精轧螺纹钢筋，同时，梁体应设置接地线，并定期对接地线进行检查。

(4) 挂篮在前移和浇筑混凝土时，若遇 6 级以上大风，应停止施工，挂篮在停止施工时，后锚吊杆应处于工作状态。

(5) 挂篮施工属高空作业，现场应做好栏杆、扶梯，并悬挂安全网，施工人员要按技术要求和安全操作规程作业，以确保施工质量和施工安全。

(6) 所有钢枕必须确保吊杆始终处于竖直状态，以保证吊杆免受横向剪应力影响。

(7) 侧模板的滑梁应设置在侧模板的重心位置，以确保挂篮行走时顺畅。

4. 悬臂浇筑段施工要点

悬臂浇筑段施工采用挂篮悬臂对称浇筑，其主要施工工艺流程见图 2-12。下面对悬臂浇筑梁段模板设计、钢筋加工与安装、预应力管道施工、混凝土浇筑与养护、预应力钢绞线张拉、压浆与封锚等施工要点进行叙述。

1) 模板设计

悬臂浇筑段外侧采用整体钢模板，钢模板总长度为 4.35m，内模由 15mm 厚标准竹胶板和 5cm×10cm 方木及ϕ48mm 钢管组成，方木竖向布置，顺桥向水平间距为 20cm；顺桥向水平由两根ϕ48mm 钢管通过 M16 对拉螺杆和外模板之间加以固定，顺桥向水平间距为 75cm，竖向间距为 80cm。顶模是一个整体，固定在内滑梁上，浇筑时由内滑梁前口采用ϕ32mm 精扎螺纹钢筋锚固在前上横梁上，后口锚固在已浇好的节段混凝土上。前移时松下锚固，用手拉葫芦牵引前移。张拉块齿板采用竹胶板做模板。底模板采用间距 30cm 的 10 号工字钢和 4mm 面板组成，底模长度为 4.6m。

2) 钢筋加工与安装

纵向钢筋焊接接头采用搭接焊，单面焊搭接长度为 10d，双面焊搭接长度为

5*d*。钢筋安装时必须确保钢筋骨架位置准确，误差符合规范要求。但当钢筋和预应力管道冲突时，可以适当移动或切割部分钢筋，若切割部分钢筋，则切断的钢筋再次连接时必须进行焊接施工，而且焊接质量应满足规范要求。钢筋安装完成后，在模板与钢筋之间垫上同条件混凝土垫块，垫块与钢筋绑扎牢固，确保不露筋。连接钢筋的扎丝不得侵入混凝土保护层内。

3) 预应力管道施工

每一节段浇筑完毕，块段结合处预应力管道伸出该处混凝土面约 15cm，安装及拆除端模板时注意保护好预留波纹管，该处波纹管一旦损坏，将造成后续节段波纹管连接困难，且容易漏浆。

本节段需张拉预应力的管道在混凝土浇筑前应在各孔道内穿入芯管，防止混凝土浇筑中波纹管被破坏，致使混凝土浆进入波纹管内。混凝土浇筑后拔出芯管，检查管道全部畅通后再穿入需要张拉的预应力筋，穿入时端头裹软布防止损坏波纹管，横桥向预应力束在混凝土浇筑前，直接将波纹管、预应力筋全部埋入设计位置，钢筋安装、混凝土浇筑等过程中需要确保不破坏该波纹管。

4) 混凝土浇筑与养护

浇筑混凝土前，应对钢筋和预埋件进行检查，同时复查底板、顶板标高。检查模板连接件、紧固螺栓等是否安装、紧固到位，防止爆模。混凝土浇筑优先选用汽车泵泵送入模，混凝土浇筑过程中安排专人检查挂篮、模板的稳固情况，如遇特殊情况，要立刻进行加固处理。混凝土面采用纵向布置 3 排钢筋控制混凝土标高，既要保证混凝土保护层的厚度，又要保证桥面的纵横坡度，同时，箱梁混凝土浇筑完毕后应做二次收面处理。混凝土初凝后要及时养生，梁体混凝土养护必须采取针对性的措施，具体如下：

(1) 混凝土浇筑结束后，立即覆盖塑胶薄膜保水，待混凝土表面硬化，开始对梁面进行抹面作业。如遇大风、高温、干燥气候，极易造成混凝土表面开裂，及时用薄膜覆盖可防止水分蒸发而发生收缩裂纹。

(2) 混凝土抹面工序结束后，在梁体表面采用土工布或麻袋覆盖洒水，梁体洒水次数应以保持混凝土表面充分潮湿为度。在外模支架、内模架上安装水管，对外侧模、内模部位混凝土进行定期喷水，使其表面保持湿润。

(3) 连续梁箱室内的养护。夏季气温较高时，采用高压水枪或水管洒水养护；冬季气温较低时，用帆布或彩条布将连续梁箱室两端封闭，以避免在箱室内形成风道，穿堂风会使箱内温度降低过快。

(4) 当环境温度低于 5℃时，应在梁体表面覆盖土工布和塑胶薄膜等材料进行保温，禁止洒水养护；也可在土工布覆盖前在梁表面喷涂养护剂，提高养护效果；同时沿侧模桁架外侧及端模四周挂铺帆布篷(两块帆布篷搭接重叠 15cm，帆布篷应与模板或骨架可靠连接），将两侧侧模及端模完全覆盖，形成一个大的保温棚。帆布篷底部用角铁或其他重物紧紧压住，以防被风掀开起不到保温作用。同时在棚内间距 2m 左右均匀布设三芯煤炉加温，为防止混凝土失水，煤炉不得干烧，其上必须放置无盖水壶，以产生热蒸汽保持湿度进行养护。保证在浇筑后的 7d 内混凝土表面温度不低于 10℃。

(5) 当环境相对湿度小于 60%时，自然养护不应少于 28d；当环境相对湿度在 60%以上时，自然养护不应少于 14d。养护过程中应定时测温并做好记录。

(6) 悬臂浇筑梁段浇筑过程中，其与 0 号块浇筑施工不同，为保证浇筑质量，浇筑过程中采取的措施及注意事项如下：浇筑底板、腹板混凝土时，切勿使顶板内的钢筋、波纹管等受到混凝土的污染。振捣混凝土时，注意振动棒远离预应力管道，以免损伤波纹管，造成孔道漏浆或堵塞。操作人员要站在工作平台上，不得踩踏预应力管道和其上的钢筋，以免造成钢筋骨架变形或移位。混凝土浇筑过程中，要安排专人负责对预应力管道的内衬管来回抽动，以预防由于预应力管道漏浆握裹内衬管造成内衬管拔不出来；混凝土浇筑完成后拔出内衬管，及时用高压水冲洗预应力管道。张拉齿板处、倒角处、锚垫板下要特别加强振捣。混凝土浇筑前，必须对拌合站、混凝土罐车、混凝土输送泵等设备进行详细检查，确保设备都处于完好状态，检查混凝土原材料是否储备充足，并落实好天气情况、电力情况等，以保证混凝土浇筑连续进行。

(7) 混凝土浇筑过程中，设专人看模，发现漏浆、跑模等情况及时处理。

(8) 混凝土浇筑前，安排两台泵车浇筑混凝土，浇筑过程中派专人对挂篮结构的安全状态进行检查，并注意 T 构两端对称浇筑，由专人指挥并控制混凝土浇筑顺序与浇筑速度；对于混凝土落差较大的地方应设置串筒；如遇浇筑特别困难的情况，两端最大不平衡重不超过 8t，且不对称浇筑混凝土不超过 $3m^3$。

5) 预应力钢绞线张拉

悬臂浇筑段预应力均为纵向预应力体系和竖向预应力体系。纵向预施应力应采用两端同步张拉，并左右对称进行，最大不平衡束不应超过 1 束，张拉顺序先腹板束再顶板后底板束，从外到内左右对称进行，竖向预应力采用二次张拉工艺。

预施应力采用双控措施，预施应力值以油压表读数为主，以预应力筋伸长量进行校核。预施应力过程中应保持两端的伸长量基本一致，其具体操作与 0 号块相同。

6) 压浆与封锚

预应力完成后，应在 48h 内完成管道压浆，压浆前管道内应清除杂物及积水。压浆用水泥浆水灰比、水泥浆稠度、泌水率、凝结时间、膨胀率应符合设计要求。每次压浆前要做稠度试验，要求稠度为 14～22s。

压浆顺序先下后上，曲线孔道宜从最低点的压浆孔流入，由最高点的排气孔排气或泌水，其他具体施工事项同 0 号块。

2.2.4　边跨现浇段施工

主梁边跨现浇箱梁长 9.75m，设置端横隔板一道，梁高 4.6m，合龙段长度为 2m。边跨现浇段施工流程如下：地基处理→搭设支架→铺设底模板→加载预压→安装侧模→绑扎底、腹板钢筋及安装预应力筋→安装端模和内板模→绑扎顶钢筋及安装预应力筋→浇筑混凝土→养生凿毛。鉴于篇幅限制，仅简述边跨现浇段主要施工工艺及操作要点。

1) 地基处理

主梁边跨现浇箱梁长 9.75m，采用 3 排ϕ530mm×8mm 钢管支架，有一排支架在 282 号墩或 285 号墩承台上，另外两排支架采用 12m×1.5m×1m 条形基础，条形基础内设置两层 15cm×15cm 的ϕ12mm 钢筋网片，上下保护层厚度为 5cm。为确保条形基础的稳定性，基础的四周布置排水沟防止雨水影响地基承载力。条形基础施工前对地基进行承载力试验，将实测地基承载力与计算的地基承载力进行对比，满足支架基础承载力验算要求后方可进入下一步施工，若不满足，可采取灰土换填的方式，分层填筑、压实，确保地基承载力满足验算要求。

2) 支架设计方案

主梁边跨现浇箱梁长 9.75m，边跨现浇段拟采用 3 排横向 5 根ϕ530mm×8mm 钢管支架现浇施工。支架钢管纵向间距为 3.26m，横向间距为 2.65m，钢管中间设置一道 10 号槽钢剪刀撑。钢管的下口与承台上预埋 δ10 钢板(平面尺寸为 60cm×60cm)焊接，钢板底面焊接ϕ25mm 的 U 型锚固钢筋 4 根，并置于条形基础内。钢管的上口同样焊接 δ10 钢板(平面尺寸为 70cm×70cm)，顶部横向布一道长度 12m 的双拼 40b 工字钢作为承重梁，然后在承重梁顶上纵向铺设 32b 工字钢作为底板小纵梁，腹板下按中心间距 30cm 布设，底板下按中心间距 77cm 铺设，翼缘板下采用两根双拼工字钢，间距 2m。纵梁工字钢顶上再横向按中心间距 25cm 铺设 10cm×10cm 方木。

3) 边跨现浇段预压方案

边跨现浇段采用预制块堆载预压，预压重量按照施工总荷载的 1.2 倍施加。加载分三级，第一级加载至 60%，第二级加载至 100%，第三级加载至 120%。每级加载完毕 1h 后进行支架的变形观测，测点布置在边跨段的两端、$L/4$、$L/2$、$3L/4$ (L 为跨长)，横桥向根据截面的结构形式，宜将测点布置在边跨截面的底、顶板中间位置和腹板中间位置。支架预压荷载全部加载完毕后，宜每 6h 测量一次每个测点的变形值。加载完毕后，最后两次沉降量观测平均值之差小于 2mm 时，即可卸除预压荷载，预压荷载卸除时按照加载时的分级逐步卸载，并做好测量记录。横桥向预压观测点布置图如图 2-22 所示。

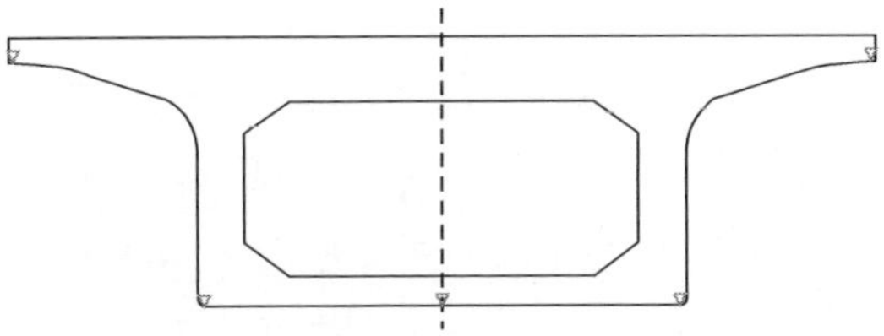

图 2-22　横桥向预压观测点布置图

预压一方面消除支架的非弹性变形，检验支架的承载力，另一方面测量支架及地基弹性变形，作为梁底标高控制的依据。

4) 模板

边跨现浇段外模采用定型钢模与厚度为 1.5cm 的新竹胶板组合，内模板采用竹胶板。外侧模与内模的支撑方案与 0 号块方法一致。

5) 其他

边跨现浇段钢筋在加工场加工好，运至现场后，通过吊车运至梁顶安装，现浇段拟一次浇筑完毕。混凝土浇筑及支架拆除与 0 号块施工类似。

2.2.5　悬臂浇筑段线形控制

1) 梁体预拱度确定

悬臂浇筑法施工连续梁预拱度设置通常要考虑以下因素：①梁体设计预拱度 δ_1；②预应力产生的徐变变形 δ_2；③前吊杆的变形 δ_3；④挂篮在设计荷载作用下的弹性变形 δ_4；⑤梁体各点在后续预应力钢绞线张拉后引起的变形 δ_5。

以上各项变形向上的为“+”，向下的为“−”，梁体预拱度为

$$\delta=\delta_1+\delta_2+\delta_3+\delta_4+\delta_5$$

2) 施工过程线形控制

挂篮法施工连续梁线形控制分为两个方面，即连续梁悬臂浇筑段的轴线和高程。在连续梁悬臂浇筑施工全过程中，应对每一施工梁段的中线、高程及预拱度等进行严格监测和控制，从而保证成桥线形与内力状态符合设计要求。

线形控制的一个控制重点就是对悬臂段梁体轴线的控制，连续梁的轴线比较好控制，其轴线控制主要通过全站仪，每次支立模板只需通过全站仪对连续梁中心位置精确放样，现场施工人员准确调整挂篮的轴线即可，最后连续梁在合龙前需对梁体标高进行一次贯通测量。

线形控制的另一个控制重点就是悬臂段梁体标高的控制，连续梁的高程控制是线形控制的难点。悬臂浇筑 n 号梁段合龙侧(前端)施工立模高程 H_n 应考虑下列因素计算确定：

$$H_n=A_n+B_n+C_n\pm D_n$$

式中，A_n 为 n 号梁段前端设计高程；B_n 为 n 号梁段前端计算挠度；C_n 为 n 号梁段前端预计挂篮变形；D_n 为 n 号梁段前端高程调整值(包括考虑模板间隙、托架沉降、n–1 号梁段高程偏差调整值、计算与实际挠度差调整值等)。施工过程中分别测量和计算上述 4 个参数，进而得到悬臂段 n 号梁体的立模高程。

施工中高程量测布置图如图 2-23 所示。首先在 0 号块顶面中心位置设置临时测量点，作为后续浇筑混凝土过程中测量监测的基准点。严格控制每一节段箱梁的竖向挠度及其横向偏移，若有偏差并且偏差较大时，就必须立即进行误差分析并确定调整方法，为下一节段更为精确的施工做好准备工作。

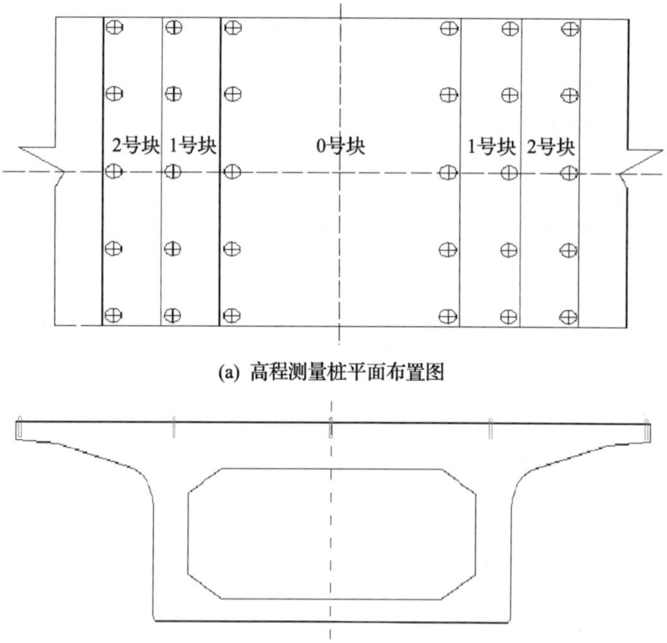

(a) 高程测量桩平面布置图

(b) 高程测量主梁截面布置图

图 2-23　高程量测布置图

在每个节段靠近前端 20cm 位置处于箱梁中心线、腹板、翼板相对应位置上预埋钢筋头作为观测点，下端与模板密贴上端伸出顶板 2cm 左右，单侧悬臂端设置 5 个观测点，在每一梁段施工过程中，在挂篮行走前后、混凝土浇筑前后、预应力筋张拉前后六种工况下跟踪监测该施工梁段高程的变化情况，并与设计标高进行比较，一旦发现实际标高与设计标高偏差较大，需修正挂篮预拱度设置，同时合理调整确定下一施工梁段的施工立模高程。

在 5 号块或 6 号块应特别注重相邻块段施工过程中各块段中线、高程联测及监控，以保证合龙口两侧悬臂端中线及高程偏差控制在允许范围内。

2.2.6　合龙段施工流程及施工要点

该桥一共 3 个合龙段，即 2 个边跨合龙段和 1 个中跨合龙段，合龙段长度均为 2m，梁高 4.6m，合龙顺序为先边跨后中跨，同时逐跨进行结构体系的转换。合龙段施工流程如图 2-24 所示。

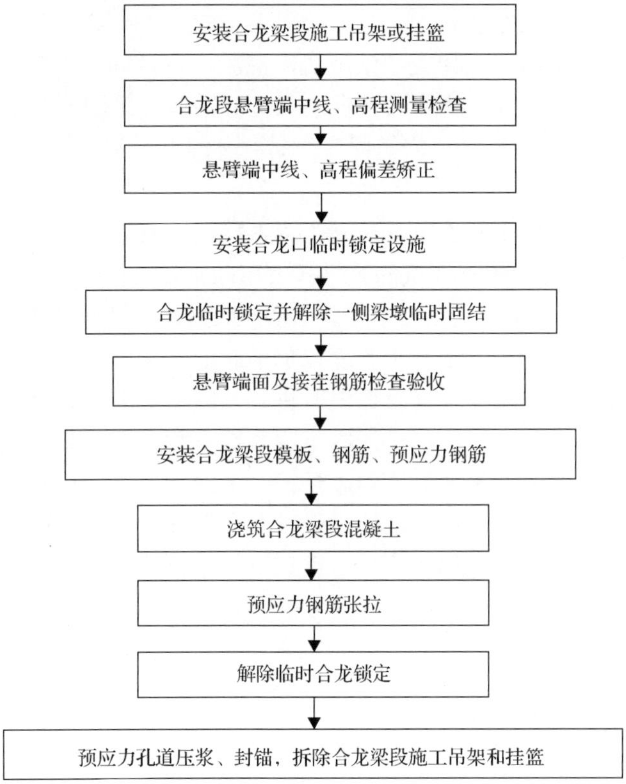

图 2-24　合龙段施工流程图

1）合龙前准备工作

清除桥面除施工必须机具外的设备和杂物，使桥梁处于设计和施工荷载状态。在距合龙口 2～3 个梁段施工时开始贯通测量，以保证合龙口两悬臂端的中线、高程偏差控制在允许范围内。合龙前对梁体标高及中心线再进行一次全面的复测，确保施工误差控制在规范容许范围内。若超出此范围，应及时制定相应的纠偏措施进行相应的调整。

2) 合龙梁段吊架及模板

(1) 合龙段吊架。

合龙段的吊架采用三角挂篮作为吊架，合龙段的底模与侧模使用悬臂浇筑段的模板，当悬臂浇筑完成 12 号梁段后，底模与侧模通过挂篮移动到预定位置。在浇筑好的节段预设好预留孔，当挂篮移至预定位置时，侧模与底模的后侧采用 ϕ32mm 精扎螺纹钢筋锚固在已浇筑好的节段混凝土上，前侧仍锚固在前横梁上。

(2) 合龙段配重。

合龙前为保证合龙段混凝土浇筑时梁体两端受力平衡，采用配重法进行控制。配重拟采取水袋。施工时将桥面上多余的设备、材料等杂物清除，保证悬臂两端荷载大体相当。由于边跨采用支架法现浇，混凝土重量均由支架承担，边跨合龙时不需要配重，中跨合龙时需在合龙段的两侧分别放置等同于合龙段 1/2 重量的水袋，即中跨合龙时配重 34t，浇筑混凝土时，两侧水袋同步放水，至混凝土浇筑结束时同步结束。

混凝土浇筑时采用平衡压重，首先在两悬臂端堆放与 50%合龙段等重的水袋(即 34t)，在浇筑过程中根据浇筑的重量卸下相同重量的水，使悬臂端所受荷载基本相同且保持不变。浇筑顺序由中间向两端对称进行，避免不均匀沉降产生裂缝。浇筑采用汽车泵泵送入模，混凝土强度增加引起的水化热应和气象变化同步，所以中跨合龙段混凝土浇筑易在深夜低温时进行，降低混凝土自身温度，减少混凝土初凝后水化热的增值，进而减少混凝土收缩徐变的影响，防止裂缝的产生，浇筑应安排在一天当中气温最低的凌晨进行。

中跨合龙段混凝土浇筑后，混凝土强度和弹性模量达到设计值且龄期不小于 10d 后，进行连续梁预应力筋的张拉，钢筋束的张拉从底板正弯矩束开始，先长束后短束对称进行，然后再对称张拉顶板束，完成体系的最终转换。

(3) 合龙段劲性骨架。

合龙段劲性骨架锁定按要求在当天最低气温且较稳定的时间段进行施工，由于梁体收缩变形时间滞后于最低环境温度 2～3h，一般情况下往往在凌晨进行合龙段劲性骨架的锁定。

3) 合龙口锁定

合龙口的锁定严格按照设计图纸所设计的结构进行施工，其具体设置形式如下：

(1) 首先在箱梁底板混凝土预埋 2 排 6 块 580mm×100mm×20mm 钢板，横向净距 21cm，纵向净距 5cm，并预埋双排ϕ16mm 锚固钢筋与预埋钢板焊接，钢板埋入混凝土 22cm，露出混凝土面 36cm。

(2) 在钢板中间安置 2 道 32a 槽钢，中心距底板边 111.2cm，最后在工字钢顶部、底部焊接 2cm 厚钢板 8 块(单个劲性骨架)，形成劲性骨架。

(3) 劲性骨架总长 3.5m，设置时确保两侧梁端间距 2m，以保证合龙段长度。劲性骨架所用材料应一次下料到位，尽量避免焊接。如确实需要焊接，焊接质量必须满足规范要求。

(4) 单个合龙段共设置劲性骨架 4 个，其中 2 个位于顶板顶面，2 个位于底板顶面，其具体布置如图 2-25 所示。劲性骨架设置完成后应报验，验收合格后才能浇筑合龙段。

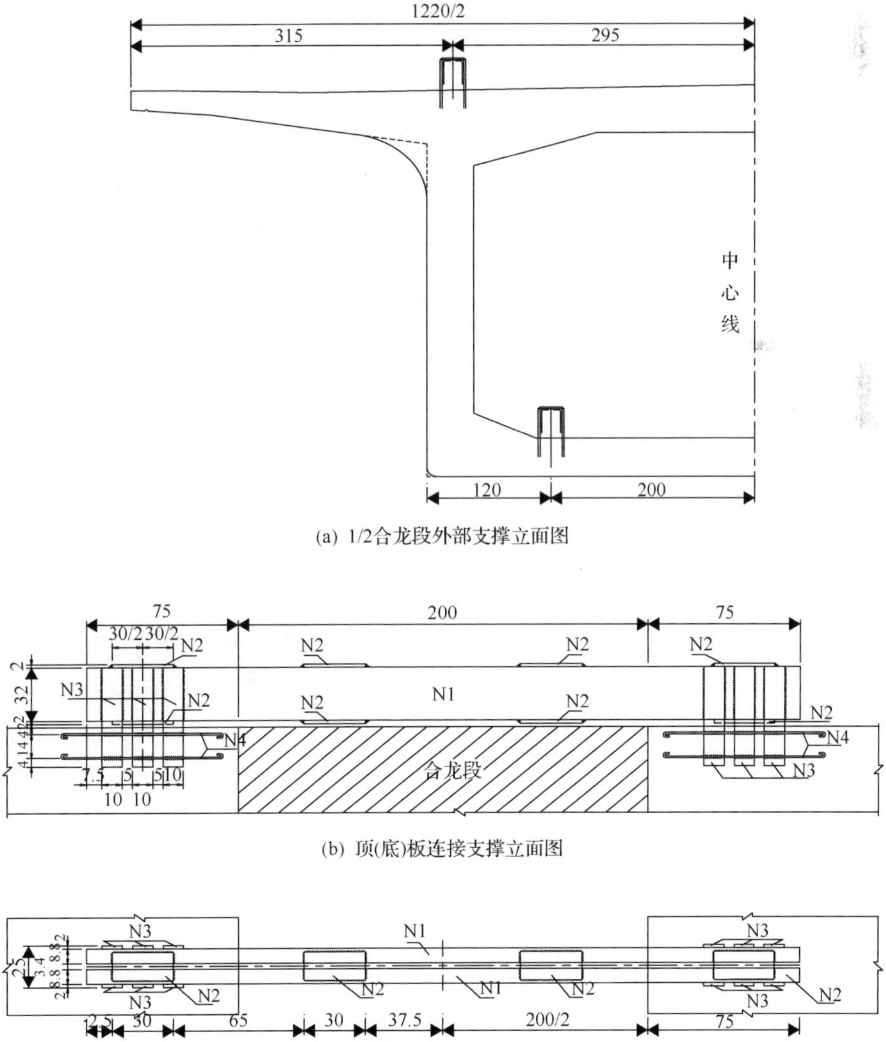

(a) 1/2合龙段外部支撑立面图

(b) 顶(底)板连接支撑立面图

(c) 顶(底)板连接支撑平面图

图 2-25　合龙段骨架布置图(单位：cm)

(5)劲性骨架在配重完毕后才能安装，以抵消悬臂的预抛高，否则，易造成桥梁线性不柔顺；防止劲性支撑受过大剪应力。柔性骨架应在全天气温最低时锁定，可由4～6个焊工同时施焊，保证在气温回升前锁定完毕。焊接时，可准备冷水降温，以防焊裂混凝土。

(6)合龙段预应力张拉前，应拆除合龙段固结骨架。合龙口的锁定应迅速，对称进行，临时预应力束也应随之快速张拉。在合龙口锁定后，立即释放一侧固结约束，使梁一端在合龙口锁定的连接下能沿支座自动伸缩。

4)合龙段钢筋、预应力筋施工

钢筋均在加工场加工制作，汽车吊起吊到现场绑扎成型。预应力管道安装和定位与钢筋绑扎同时进行，预应力管道采用定位筋定位，确保其管道位置准确。

钢筋在加工场集中加工，加工好的钢筋按规格、长度、编号堆放整齐，并注意防雨防锈；钢筋下料前，应编制钢筋配料单，以减少钢筋接头和钢筋数量为原则，做到合理搭配。钢筋应平直，无局部弯折；钢筋表面应洁净，使用前应将表面油渍、漆皮、鳞锈等清除干净；钢筋的弯制和末端的弯钩应符合设计图纸要求。

钢筋连接：合龙段钢筋采用电弧焊接长，有条件部位ϕ16mm以下钢筋可采用绑扎接长。钢筋采用搭接电弧焊时，有条件部位钢筋搭接端部应预先折向一侧，使两接合钢筋轴线一致。接头双面焊缝的长度不应小于$5d$(d为钢筋直径)，单面焊缝的长度不应小于 $10d$。钢筋接头应设置在内力较小处，并错开布置。受拉钢筋绑扎接头的搭接长度不小于$45d$(d为HRB400钢筋直径)，受压钢筋的搭接长度应取受拉钢筋绑扎接头搭接长度的70%。当带肋钢筋直径不大于25mm时，其受拉钢筋的搭接长度可减少$5d$(d为搭接钢筋直径)，当带肋钢筋直径大于25mm时，其受拉钢筋的搭接长度应增加$5d$。

钢筋安装要求大面平整，线条顺直，间距均匀。在合龙段钢筋与预应力管道基本交叉时，对应钢筋直接安装即可，但钢筋位置应准确，严禁随意连接。但在中跨合龙段施工时，应注意跨中横隔梁钢筋与顶板、底板、腹板等钢筋的安装顺序。钢筋与模板之间设置高性能混凝土垫块，垫块应与钢筋扎紧，并呈梅花形错开布置。非焊接钢筋骨架的多层钢筋之间应用短钢筋支垫，保证位置准确。钢筋保护层厚度应符合设计要求。

5)内模

内模板采用15mm厚的183cm×91.5cm竹胶板面板，支撑体系采用ϕ48mm×3.5mm普通钢管支架(90cm×90cm)和10cm×10cm方木组合拼装而成。模板安装前应洁净平整，模板接缝粘贴双面胶，使接缝严密不漏浆。

6)混凝土浇筑

合龙段采用微膨胀混凝土，混凝土强度等级不低于C50，混凝土浇筑采用汽车泵泵送入模，应确保混凝土连续浇筑。浇筑混凝土前，仔细检查钢筋、模板及预埋件等，施工缝表面洒水湿润，经监理工程师验收合格后，方可进行混凝土浇筑。结合设计与施工要求，合龙段混凝土浇筑顺序为：先浇筑底板，接着浇筑腹板，最后浇筑顶板。

合龙段混凝土浇筑时间应在一天中气温较低且较稳定的时间段内完成，通常为凌晨至日出前，浇筑完毕后气温开始回升，这样混凝土膨胀受压比较有利。边跨、中跨合龙段混凝土的方量为25.6m^3，混凝土浇筑可在2～3h完成。施工前，根据当地昼夜气温分布规律及镇江当地气象资料和混凝土浇筑所需时间，确定混凝土浇筑的时间区段。

7) 张拉压浆

预应力张拉施工要在合龙段混凝土强度和弹性模量均达到设计值且龄期不小于10d的条件下进行，采用两端和左右均对称张拉，按先腹板和顶板后底板束、先长束后短束的顺序，张拉钢束至设计吨位，实行应力和长度双控，钢绞线锚下张拉控制应力符合设计要求，伸长量控制在±6%以内。预应力筋张拉结束后，应尽早进行管道压浆，压浆用水泥浆标号为M50。

8) 合龙以及结构体系的转换

合龙施工顺序为先边跨合龙，后中跨合龙。边跨合龙采用吊模施工。按设计要求安装边跨合龙段临时刚性连接构造，然后临时张拉相邻两个梁段胶板、顶板、底板的预应力钢束作为合龙段临时刚性连接。

在浇筑之前设置平衡配重水箱，在浇筑过程中边浇筑边放水(卸载)，以减少合龙段混凝土浇筑重量对悬臂弯矩的影响。

混凝土浇筑完成后，待混凝土强度和弹性模量达到设计值且龄期不小于10d时，张拉相邻两个梁段顶板、底板预应力钢束至设计值。

拆除边跨合龙段临时刚性连接结构，张拉剩余合龙段预应力束。拆除中墩处边墩侧临时固结措施，将中墩纵向活动支座临时锁定，拆除边墩现浇支架。

中跨合龙采用挂篮作为浇筑平台，安装B13合龙段施工吊架及中跨合龙段临时刚性连接构造，临时张拉相邻两个梁段顶板、底板预应力钢束至800MPa。浇筑工艺同边跨合龙。待混凝土强度和弹性模量均达到设计值且龄期不小于10d时，张拉相邻两个梁段顶板、底板预应力钢束至设计值。拆除中跨合龙段临时刚性连接构造，张拉剩余主跨合龙段预应力钢束。

9) 临时固结和支座解锁

边跨合龙后将临时支座拆除，使之成为单悬臂体系。边跨合龙段预应力张拉、落架后即拆除临时支座，首先采用对竖向预应力精轧螺纹钢筋进行放张，然后采用人工凿除墩顶混凝土垫块，顺桥向两个方向和横桥向两个方向对称、同时进行。

边跨合龙张拉同时解除支座锁定。

2.3　施工质量保证措施

(1)针对连续梁施工可能出现的质量问题和隐患，建立完善的质量管理体系，确保连续梁能安全优质地完成。

①专业工程师提前做好相关的技术交底，技术交底必须有针对性，对主要的技术规程、质量标准、相应尺寸、工艺水平做出具体要求，书面交底必须签字齐全，对可能出现的质量通病提出预防措施。

②成立质量检查小组，严格质量管理、检查和监督工作，做到多层次、全方位把关。

③对高性能混凝土进行控制，经试验的混凝土配合比，并经总工程师批准，才能投入使用。按照标准要求进行混凝土试件的力学性能试验。做好材料的检查、试验工作，混凝土、砂浆必须由实验室确定配合比后方可施工。工程所用的材料必须向监理工程师提供产品的出厂证明书，材料的试验、复检报告，确定合格后方可用使用，不合格的材料严禁使用。

④不定期对职工进行职业道德教育和质量意识教育，召开质量总结会，提高施工人员的质量意识；建立质量奖惩制度，使风险与效益挂钩。

⑤支座安装应严格按照设计图纸进行施工，以保证支座的安装质量，具体质量控制措施见支座安装章节内容。

(2)临时固结体系完全按照设计图纸进行施工，其质量控制措施如下：

①确保钢筋和锚固所用的精轧螺纹钢筋的产品材质以及各方面性能指标满足规范要求。

②在墩身施工过程中严格控制精轧螺纹钢筋埋设的位置、深度等，在墩身混凝土施工过程中要确保混凝土的振捣质量。

③临时支座施工时应严格控制临时支座的截面尺寸，混凝土浇筑时应严格控制混凝土的振捣质量以及临时支座的顶面标高。

(3)0 号块与边跨现浇段的地基处理控制措施如下：

①主墩、边墩基坑回填前，应检查基坑内是否有水，若有水应将水抽干，并将基坑内承台四周的泥巴清除干净。

②基坑回填必须分层填筑、分层夯实，采用轻型动力触探检验地基承载力，确保地基承载力满足施工要求。

③按照施工方案要求做好混凝土硬化面，同时设置好排水沟和集水井，确保支架受力地段地基不受水浸泡。

(4)严格控制支架材料的进场质量检查，经检验合格方可使用，不合格坚决不允许进场，同时，支架搭设过程及完成后坚持实行“三检制”，同时严格落实验收程序，架子队→分部→总部→监理工程师，经验收达到要求后方可进行后续施工。

(5) 挂篮进场后首先查看挂篮的产品合格证，同时加强对挂篮各个杆件的检查，并按照要求对挂篮进行自检，检查合格后再报请监理对挂篮进行验收，验收合格并签字确认后再投入使用。

(6) 施工过程中应加强对波纹管、锚垫板等位置的检查，应按照设计图纸对波纹管、锚垫板的位置进行精确定位，同时，在施工过程中减少甚至杜绝在波纹管附近进行电焊作业，若确实需要在该处进行电焊作业，则应采取对波纹管的保护措施，同时加强对波纹管是否完整的检查工作，若存在孔洞，则应根据孔洞大小采取胶带纸包裹，或者加套大一号的波纹管，或者直接更换新的波纹管等措施进行处理，防止波纹管漏浆。

(7) 严格按照施工方案对挂篮进行预压，加强对连续梁标高测量控制，尤其是挂篮行走前后、混凝土浇筑前后、预应力筋张拉前后等工况下的测量数据采集，按照规范要求确定挂篮的立模标高，确保挂篮线形满足设计要求。

(8) 加强对挂篮管道压浆的质量控制，首先要保证孔道的清洁，其次要保证孔道密封完好，再者要保证压浆压力，最好要保证浆体质量和持压时间，进而确保孔道压浆密实。

(9) 做好隐蔽工程的自检制度，进一步明确责任到人，底模、钢筋、模板施工完毕后都应先由作业队人员自检，再报项目部质量检查员检查，做好检查记录，报驻点监理工程师进行检查、签证，同时按照表 2-6 认真检查落实各个工序控制项目。

表 2-6　质量控制标准和要求

<table>
<tr><th>序号</th><th colspan="2">质量控制项目</th><th>质量控制标准和要求</th><th>施工检验方法</th><th>备注</th></tr>
<tr><td>1</td><td colspan="2">预埋件</td><td>预埋件位置正确，满足施工要求</td><td>尺量</td><td></td></tr>
<tr><td>2</td><td colspan="2">支座安装</td><td>支座上下座板必须水平安装，固定支座上下座板应互相对正，活动支座上下座板横向应对正，预留锚栓孔、支承垫石顶面与支座底面间隙应采用压力注浆填实。偏差：四角高程差 1mm，螺栓中心位置 2mm，平整度 2mm</td><td>测量和尺量</td><td></td></tr>
<tr><td rowspan="3">3</td><td rowspan="3">0号块施工</td><td>支架</td><td>满足强度、刚度、稳定性要求</td><td>检算和经验</td><td></td></tr>
<tr><td>模板</td><td>梁段长、腹板间距、梁段高度变化段位置允许偏差±10mm；梁高、顶板厚、底板厚、腹板厚、横隔板厚、梁体宽允许偏差 0～10mm；腹板中心偏离设计位置、梁段纵向旁弯、梁段纵向中线最大偏差、桥面预留钢筋位置允许偏差 10mm；表面平整度 3mm；模板表面垂直度每米不大于 3mm；底模拱度偏差 3mm；底模同一端两角高差 2mm</td><td>测量和尺量</td><td></td></tr>
<tr><td>钢筋绑扎</td><td>单面焊≥10d；双面焊≥5d；焊缝厚度≥0.3d，且不得小于 4mm；焊缝宽度≥0.7d，且不得小于 8mm；焊渣敲净。允许误差：主筋间距±10mm，主筋长度±10mm；箍筋间距±20mm，箍筋内净尺寸±3mm。观感洁净、规整</td><td>尺量</td><td></td></tr>
</table>

续表

序号	质量控制项目		质量控制标准和要求	施工检验方法	备注
3	0号块施工	预应力管道	金属螺旋管表面应无油污、损伤和孔洞，纵向偏差 8mm，横向偏差 5mm，竖向偏差 h/1000mm	观察	
		预埋螺栓	预埋件位置正确，满足施工要求	测量和尺量	
		混凝土施工	预应力混凝土连续梁悬臂浇筑施工前，应将墩顶梁段与桥墩临时固结牢固，混凝土严格按实验室提供配合比拌合，连续不间断浇筑，混凝土垂直下落高度超过 2m 挂串筒，混凝土浇筑过程中要有专人观察模板情况	试验和观察	
		养护	拆模以后，用土工布覆盖，洒水养护，混凝土面始终保持湿润，连续养护 14d 以上	观察	
		张拉	严格按照设计要求和施工技术方案进行张拉，并对数据认真分析，预应力筋的实际伸长量与计算伸长量的差值不得大于±6%；预应力筋断裂或滑脱数量不得超过预应力筋总数的 5‰，且不得位于结构的同一侧，且每束内断丝不得超过 1 根，预应力筋锚固后的外露部分宜采用机械切割，外露长度不宜小于 30mm	尺量和观察	
		压浆	孔道压浆浆体的流动性、泌水率、凝结时间、膨胀率等应符合设计要求。压浆工艺必须符合设计要求，孔道内水泥浆应饱满密实；水泥浆的抗压强度必须符合设计要求	试验和观察	
		拆模	张拉完毕，拆除承重模板，拆模时严禁用撬棍和大锤猛撬、猛砸，注意成品保护	观察	
		凿毛	将端头浮浆凿除，新鲜混凝土外露，冲洗干净	观察	
		混凝土强度	混凝土强度达到设计强度的 75%以上，拆除端模，松开内模；混凝土强度达到设计强度的 95%后，可以进行竖向张拉；混凝土强度达到设计强度的 95%以上，弹性模量达到规定值，龄期不少于 7d 进行纵向张拉	试验	
4	挂篮安装		墩顶及安装挂篮前，梁段的托架或支架应经过设计计算和加载预压。悬臂浇筑所用挂篮必须具有足够的强度、刚度和稳定性，结构形式、几何尺寸应适应梁段高度变化及与已浇筑梁段搭接需要和行走要求，挂篮行走和浇筑混凝土时的抗倾覆稳定系数不得小于 2，挂篮使用前应进行安装，行走性能工艺试验和按设计要求进行载重试验	加载预压、跟踪测量	
5	挂篮施工		1. 两侧悬臂浇筑梁段应对称、平衡施工，实际偏差不得大于设计允许值 2. 施工时挂篮应在梁段预应力张拉、压浆完成后对称移动，悬臂浇筑梁段施工过程中，应进行线形监控，发现超出允许偏差应及时调整纠正，悬臂梁段的混凝土浇筑应从前端开始在根部与已完工梁段连接，已完工梁段接茬混凝土应充分润湿 3. 边跨现浇梁段施工时，混凝土浇筑应向合龙口靠拢，并应对梁段高程进行监测使合龙口高差控制在允许偏差范围内，其他同 0 号块施工。悬臂浇筑梁段的允许偏差：高程−5～15mm，梁段轴线偏差 15mm，梁段顶面高程差±10mm，竖向高强精轧螺纹钢筋垂直度每米高不大于 1mm，竖向高强精轧螺纹筋间距±10mm	尺量和观察	
6	合龙段施工		预应力混凝土连续梁合龙口临时锁定前，桥梁跨距应符合设计要求；合龙口两端悬臂的施工荷载应对称、相等；预应力混凝土连续梁的合龙段长度、合龙施工顺序、合龙口临时锁定方法均应符合设计要求，合龙口临时锁定力应大于解除任何一侧梁墩临时固结后各墩全部活动支座的摩擦力。合龙段混凝土施工应符合下列	测量和试验	

续表

序号	质量控制项目	质量控制标准和要求	施工检验方法	备注
6	合龙段施工	规定： 1. 混凝土浇筑前，合龙口中两端悬臂预加压重应符合设计要求并在混凝土浇筑过程中逐步撤除 2. 合龙梁段应采用微膨胀混凝土浇筑，混凝土强度宜提高一级； 3. 合龙段混凝土应在一天中气温最低时间快速、连续浇筑 4. 合龙段混凝土浇筑完成后应加强保湿养护，并应将合龙梁段及两悬臂部进行覆盖以降低日照温差影响 5. 混凝土浇筑前应将合龙口单侧梁墩的临时固结约束解除，合龙梁段混凝土强度达到设计要求时应及时进行预应力筋张拉 6. 合龙前两悬臂端相对高差允许偏差：合龙段长的 1/1000，且不大于 15mm	测量和试验	
7	防水层	防水层的基层应平整、清洁、干燥，不得空鼓、松动、蜂窝麻面、浮碴、浮土和油污；表面质量应达到涂层厚薄一致，卷材粘贴牢固，搭接封口正确；不得有滑移、翘边、起泡、损伤等现象。坡度平顺，排水通畅。允许偏差：基层平整度 3mm；卷材搭接宽度–10mm	测量和观察	

第 3 章　悬臂浇筑施工的临时结构设计

由于悬臂浇筑法施工特点，主梁 0 号块浇筑段、悬臂浇筑段、边跨现浇段、边跨合龙段、中跨合龙段都需要支架模板等临时结构，其安全性、稳定性、抵抗变形能力是保障浇筑施工质量的前提和关键，因此对各浇筑节段支架、模板、挂篮等临时结构的设计方案进行验算是非常必要的。本章主要针对大港特大桥悬臂浇筑施工的临时结构设计计算做简单介绍。

3.1　工程概况

大港特大桥预应力混凝土连续梁跨径为(60+100+60)m。该桥梁共有 4 个墩，即 282 号、283 号、284 号、285 号墩，其中 283 号、284 号墩梁主墩位于姚桥路两侧人行道外侧。主墩承台由二级承台组成，底层尺寸均为 13.6m×18.8m×4m，上层尺寸为 7.3m×12.8m×2m，主墩墩高分别为 5.5m 和 7.5m。0 号块中横梁截面与中跨跨中截面如图 2-2(b)所示，端横梁截面与边跨合龙段截面如图 3-1 所示。

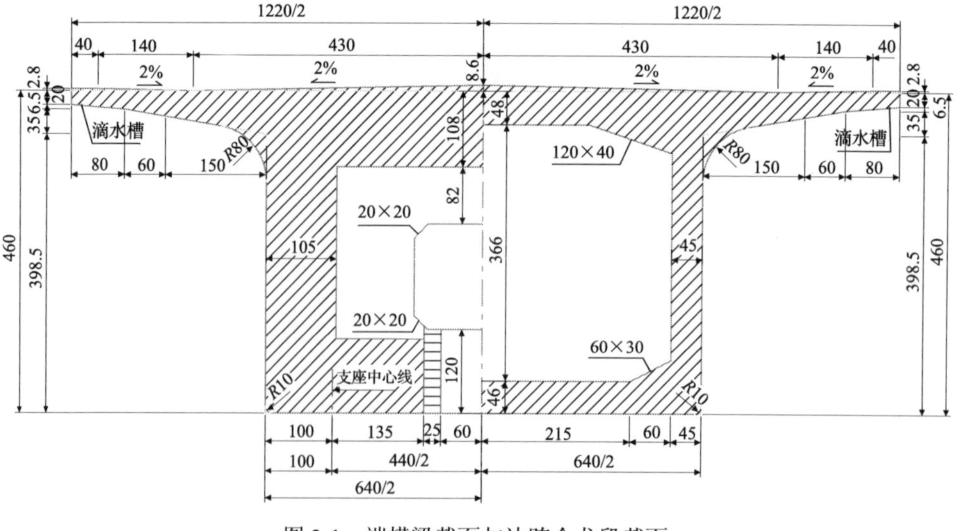

图 3-1　端横梁截面与边跨合龙段截面

图中除钢管、钢筋尺寸以 mm 计，其余均为 cm

3.2　支架设计与验算

3.2.1　0 号块构造及支架设计方案

该桥 0 号梁段全长 13m，墩顶梁高 7m，梁底加厚段宽 8.0m，不含加厚段的宽度为 6.4m，梁顶面宽 12.2m，承台双向平面尺寸均比 0 号块大，同时考虑主墩墩高分别为 5.5m 和 7.5m，墩高相对较低，因此 0 号块支架拟采用落地钢管支架，支架钢管高分别为 9.79m、7.31m，其断面如图 3-2～图 3-4 所示。

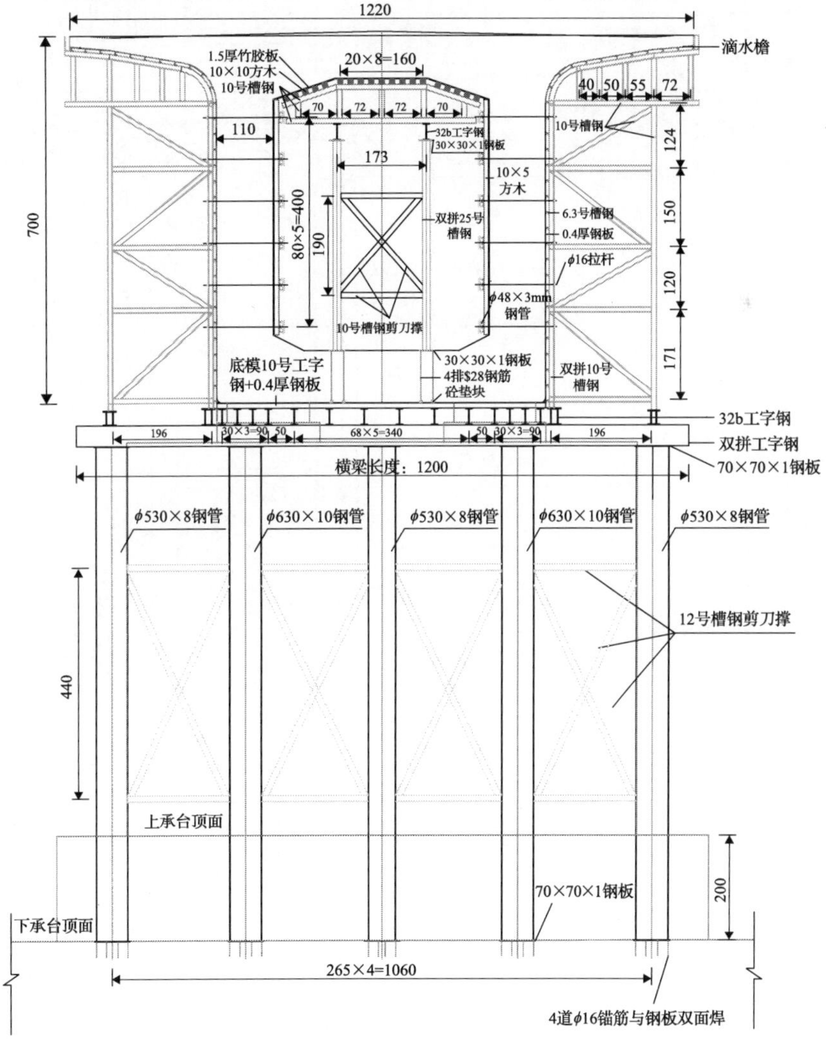

图 3-2　0 号块支架立面图

除钢管、钢筋尺寸以 mm 计，其余均为 cm

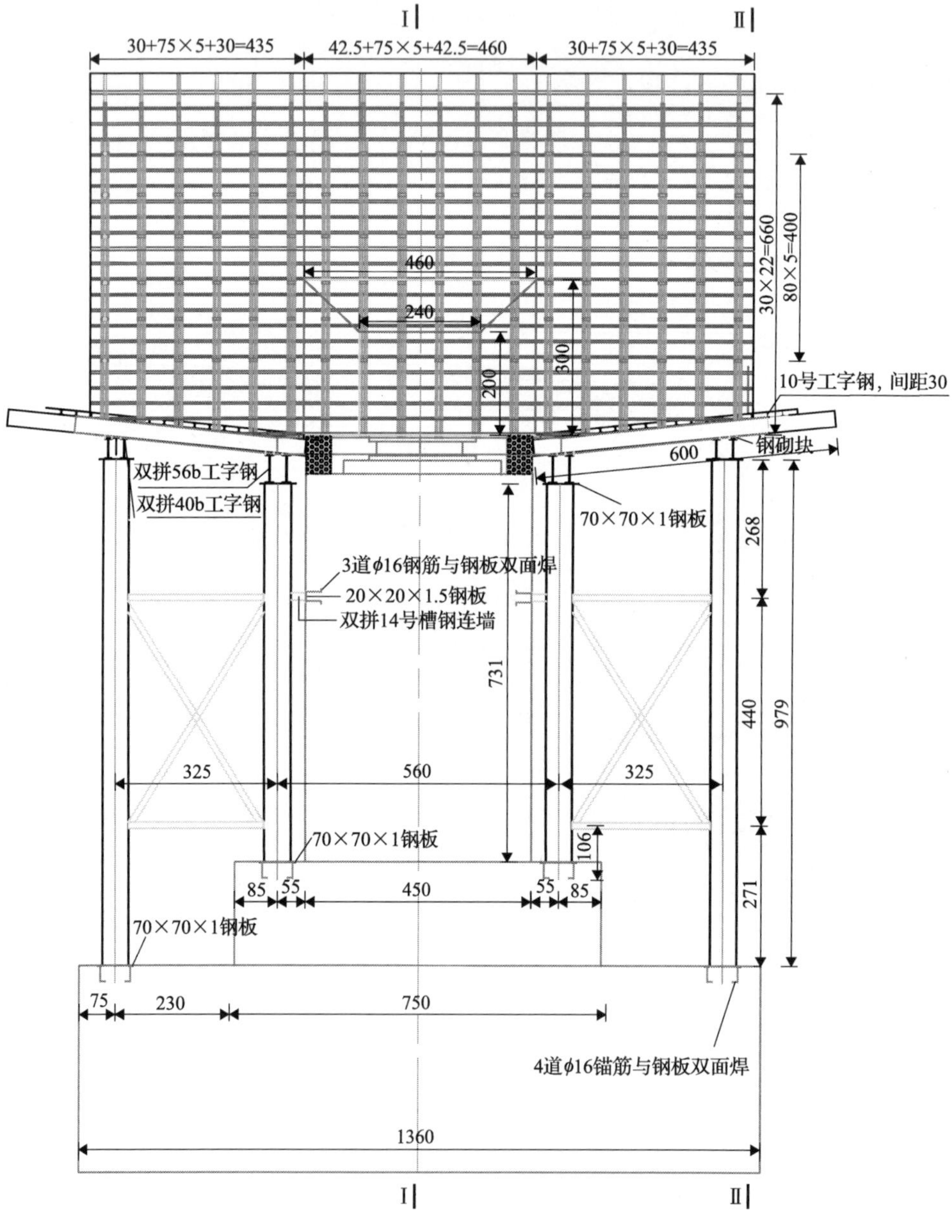

图 3-3　0 号块支架侧面图

除钢管、钢筋尺寸以 mm 计，其余均为 cm

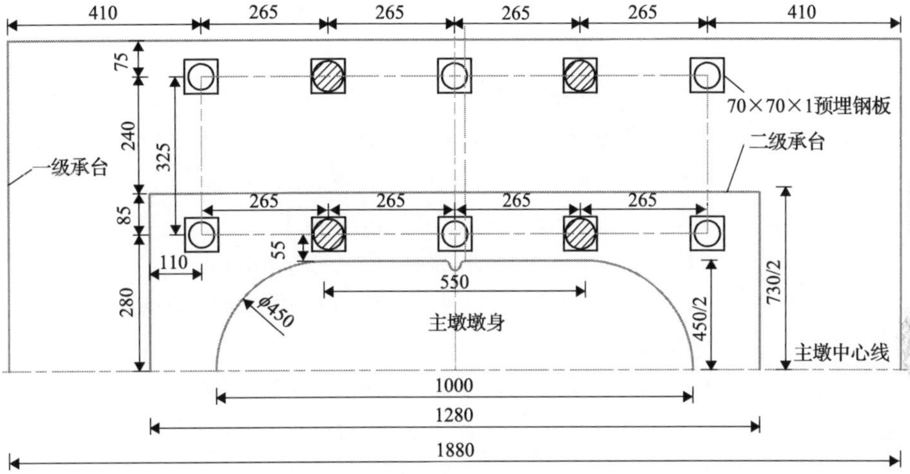

图 3-4　0 号块支架平面图

除钢管、钢筋尺寸以 mm 计，其余均为 cm

钢板底面焊接ϕ16 的 U 型锚固钢筋 4 根，墩身施工完成且拆模后，在承台预埋钢板上焊接ϕ530mm×8mm 与ϕ630mm×10mm 两种钢管。具体布置为：腹板下面各布置一根ϕ630mm×10mm 钢管，底板下面布置一根ϕ530mm×8mm 钢管桩，翼缘板下面各布置一根ϕ530mm×8mm 钢管桩，共布置 12 根 530 钢管和 8 根 630 钢管。钢管侧面与墩身预埋钢板焊接，钢管中间加焊 12 号槽钢作为纵、横向剪刀撑，后排钢管顶部横向布一道度 12m 的双拼 56b 工字钢作为承重梁，前排钢管顶部横向布一道长度 12m 的双拼 II40b 工字钢作为承重梁，然后在承重梁顶上纵向铺设长度为 6m 的 I32b 工字钢作为 0 号块底板小纵梁，腹板下按中心间距 30cm 铺设，底板下按中心间距 68cm 铺设，翼缘板下采用两根双拼工字钢间距 196cm。纵梁工字顶横向按中心间距 30cm 铺设 10 号工字钢。

3.2.2　支架材料及设计参数

1. 支架材料

根据施工方所提供的材料数据，混凝土容重为 26kN/m^3，钢材的弹性模量为 2.1×10^{5}MPa，钢材材料参数如下：Q235 钢：$[\sigma_s]$=135MPa，$[\sigma_w]$=140MPa，$[\tau]$=80MPa；Q345 钢：$[\sigma_s]$=200MPa，$[\sigma_w]$=210MPa，$[\tau]$=120MPa。其中，$[\sigma_s]$为容许正应力，$[\sigma_w]$为容许弯曲应力，$[\tau]$为容许剪应力。

2. 布置方案

主分配梁(2 片 56b、2 片 40b 工字钢)横向分别设置于钢管支架上，跨度 L=

(2.65×4) m；次分配梁(32b 工字钢)纵向设置于主分配梁上，腹板下间距 30cm 布置 4 根，底板下间距 68cm 布置 6 根，跨度 L=(3.25+3.25) m。

(1)托架立柱：腹板下面各布置一根ϕ630mm×10mm 钢管，底板下面布置一根ϕ530mm×8mm 钢管，翼缘板下面各布置一根ϕ530mm×8mm 钢管，共布置 12 根 530 钢管和 8 根 630 钢管，横向间距为(2.65×4) m，纵向间距为(3.25+5.6+3.25) m，全部支撑在承台预埋 70cm×70cm×1cm 钢板上。

(2)横垫梁采用 2I56b、2I40b 工字钢，跨度 L=(2.65×4) m。

(3)纵梁采用 I32b 工字钢，腹板下间距为 30cm，每侧腹板下设置 4 根，底板下间距为 68cm，设置 6 根，跨度 L=(3.25+3.25) m。

(4)沿桥纵向，0 号块临近桥墩端截面高度 7.0m，腹板厚度 110cm，底板厚度 100cm，顶板厚度 78cm；远离桥墩端截面高度 6.561m，腹板厚度 110cm，底板厚度 90cm，顶板厚度 48cm。

3. 荷载计算

依据相关技术规范，支架结构恒载分项系数为 1.2，活载分项系数为 1.4。混凝土容重为 26kN/m^3，施工人员、材料及施工机具设备荷载为 2.5kN/m^2，振捣混凝土时产生的荷载在水平面模板取 2.0kN/m^2，浇筑混凝土产生的冲击荷载为 2.0kN/m^2，支架结构本身以自重的 1.2 倍来考虑。风荷载为 0.18kN/m^2。

1)混凝土体积计算

翼缘区：

$$2\times(0.228\text{m}+0.643\text{m})\times2.9\text{m}\times0.5\times13\text{m}=32.84\text{m}^3$$

腹板区：

$$2\times1.1\times(6.561\text{m}+7\text{m})\times0.5\times4.25\text{m}\times2=126.8\text{m}^3$$

顶板区：

$$2\times[(0.48\text{m}+0.78\text{m})\times0.5\times1.8\text{m}+2\times(0.98\text{m}+0.68\text{m})\times0.5\times1.2\text{m}]\times4.25\text{m}=26.57\text{m}^3$$

底板区：

$$2\times[(0.9\text{m}+1\text{m})\times0.5\times3\text{m}+2\times(1.15\text{m}+1.05\text{m})\times0.5\times0.6\text{m}]\times4.25\text{m}=35.45\text{m}^3$$

2)翼缘区均布荷载计算

$$q_1=\frac{1.4\times(2.5+2+2)\text{kN/m}^2\times(2.9\text{m}\times13\text{m}\times2)}{2\times4\times13\text{m}}=6.60\text{kN/m}$$

$$q_2=\frac{1.4\times(2.5+2+2+0.18)\text{kN/m}^2\times(2.9\text{m}\times13\text{m}\times2)}{2\times4\times13\text{m}}=6.78\text{kN/m}$$

3) 腹板区均布荷载计算

恒载：

$$q=\frac{126.8\text{m}^3\times 26\text{kN}/\text{m}^3\times 1.2}{2\times(2\times 15\times 1.1\text{m})}=59.94\text{kN}/\text{m}$$

活载：

$$q_1=\frac{1.4\times(2.5+2+2)\text{kN}/\text{m}^2\times(1.1\text{m}\times 4.25\text{m}\times 2)\times 2}{2\times(2\times 15\times 1.1\text{m})}=2.58\text{kN}/\text{m}$$

$$q_2=\frac{1.4\times(2.5+2+2+0.18)\text{kN}/\text{m}^2\times(1.1\text{m}\times 4.25\text{m}\times 2)\times 2}{2\times(2\times 15\times 1.1\text{m})}=2.65\text{kN}/\text{m}$$

4) 顶板区均布荷载计算

恒载：

$$q=\frac{26.57\text{m}^3\times 26\text{kN}/\text{m}^3\times 1.2}{2\times 7\times 4.2\text{m}}=14.10\text{kN}/\text{m}$$

活载：

$$q_1=\frac{1.4\times(2.5+2+2)\text{kN}/\text{m}^2\times(4.2\text{m}\times 4.25\text{m})\times 2}{2\times 7\times 4.2\text{m}}=5.53\text{kN}/\text{m}$$

$$q_2=\frac{1.4\times(2.5+2+2+0.18)\text{kN}/\text{m}^2\times(4.2\text{m}\times 4.25\text{m})\times 2}{2\times 7\times 4.2\text{m}}=5.68\text{kN}/\text{m}$$

5) 底板区均布荷载计算

恒载：

$$q=\frac{(26.57+35.45)\text{m}^3\times 26\text{kN}/\text{m}^3\times 1.2}{2\times 15\times 4.2\text{m}}=15.36\text{kN}/\text{m}$$

活载：

$$q_1=\frac{1.4\times(2.5+2+2)\text{kN}/\text{m}^2\times(4.2\text{m}\times 4.25\text{m})\times 2}{2\times 15\times 4.2\text{m}}=2.58\text{kN}/\text{m}$$

$$q_2=\frac{1.4\times(2.5+2+2+0.18)\text{kN}/\text{m}^2\times(4.2\text{m}\times 4.25\text{m})\times 2}{2\times 15\times 4.2\text{m}}=2.65\text{kN}/\text{m}$$

3.2.3　内模支架结构验算

依据上述设计方案及材料参数，具体设计参数详见 2.2.2 节。采用大型有限元软件 Midas 建立内模支架有限元模型，如图 3-5 所示。

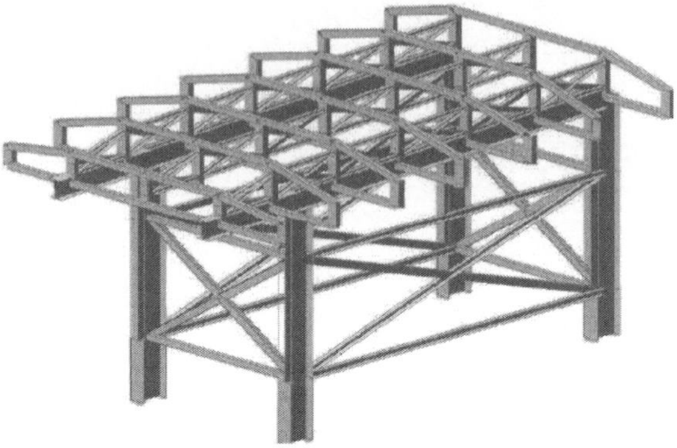

图 3-5　内模支架有限元模型

1. 支撑架(10 号槽钢)验算

钢支撑的弯曲应力、剪应力、挠度计算结果如图 3-6～图 3-8 所示，由图可知最大弯曲应力 σ_{wmax}、最大剪应力 τ_{max}、最大挠度 f_{max} 的值，验算过程如下：

σ_{wmax}=83.86MPa＜[σ_w]=140MPa，满足规范要求。

τ_{max}=30.40MPa＜[τ]=80MPa，满足规范要求。

f_{max}=2.06mm＜L(计算跨径)/400=3250mm/400=8.125mm，满足规范要求。

2. 剪刀撑(6.3 槽钢)验算

钢剪刀撑的正应力、剪应力、挠度计算结果如图 3-9～图 3-11 所示，由图可知 σ_{smax}、τ_{max}、f_{max} 值，验算过程如下：

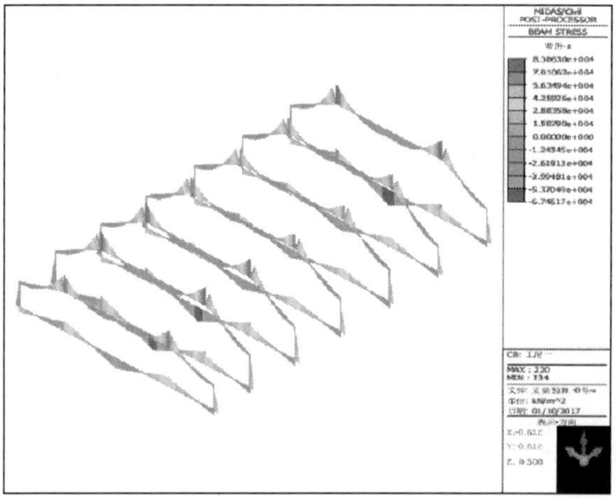

图 3-6　内模钢支撑弯曲应力分布图

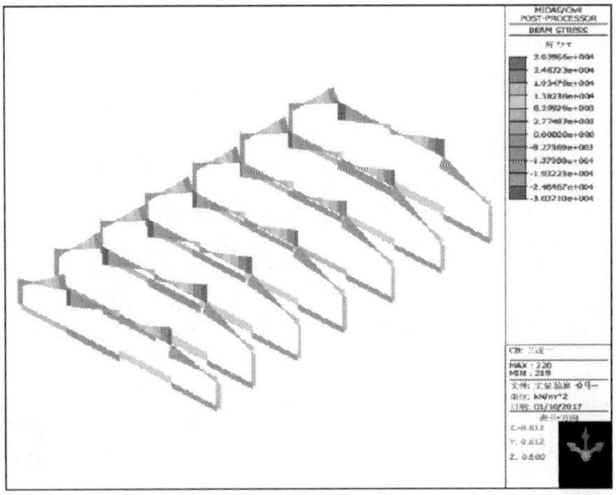

图 3-7　内模钢支撑剪应力分布图

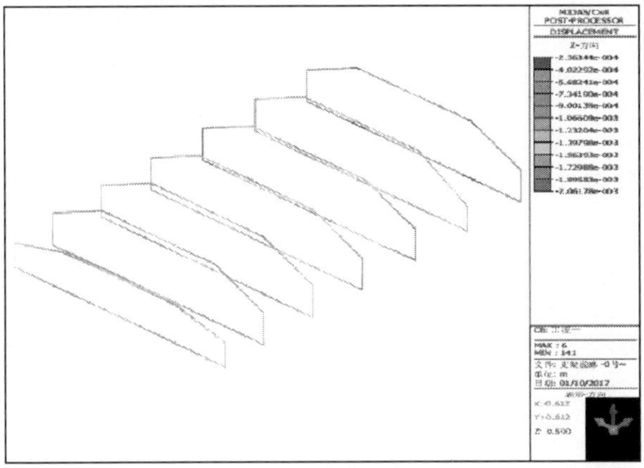

图 3-8　内模钢支撑挠度分布图

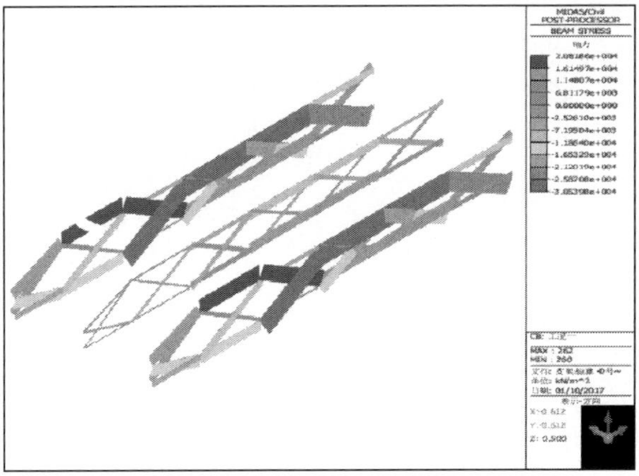

图 3-9　内模钢剪刀撑正应力分布图

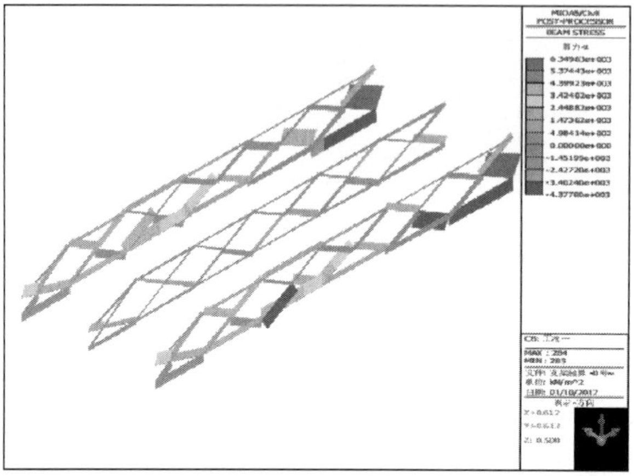

图 3-10　内模钢剪刀撑剪应力分布图

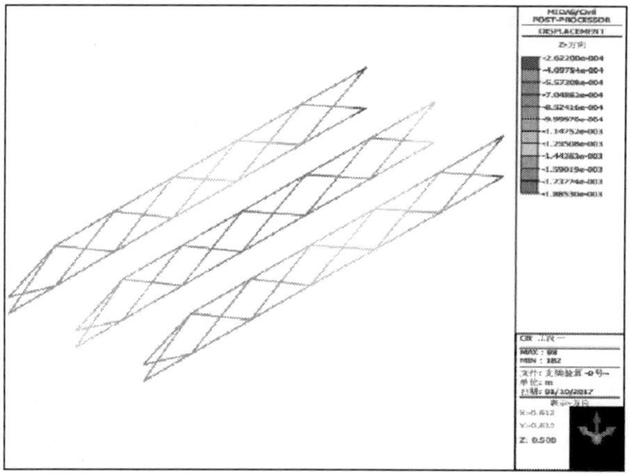

图 3-11　内模钢剪刀撑挠度分布图

σ_{smax}=30.54MPa＜[σ_s]=135MPa，满足规范要求。

τ_{max} =6.35MPa＜[τ]=80MPa，满足规范要求。

f_{max}=1.88mm＜L/400=4500mm/400=11.25mm，满足规范要求。

3. 纵梁(32 号工字钢)验算

纵梁的弯曲应力、剪应力、挠度计算结果如图 3-12～图 3-14 所示，可知 σ_{wmax}、τ_{max}、f_{max} 值，验算过程如下：

σ_{wmax}=56.75MPa＜[σ_w]=140MPa，满足规范要求。

τ_{max} =25.22MPa＜[τ]=80MPa，满足规范要求。

f_{max}=1.32mm＜L/400=3600mm/400=9mm，满足规范要求。

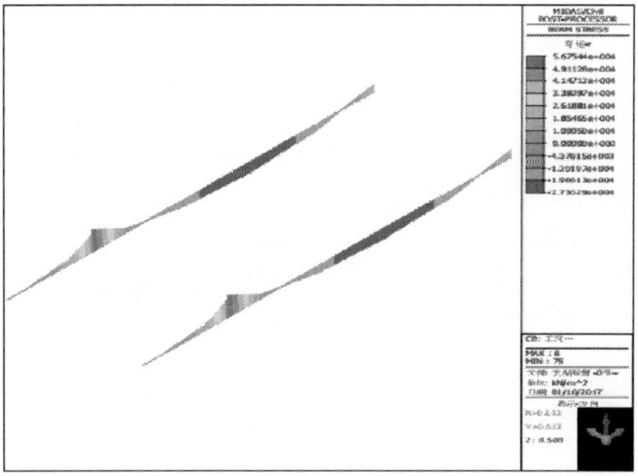

图 3-12　内模纵梁弯曲应力分布图

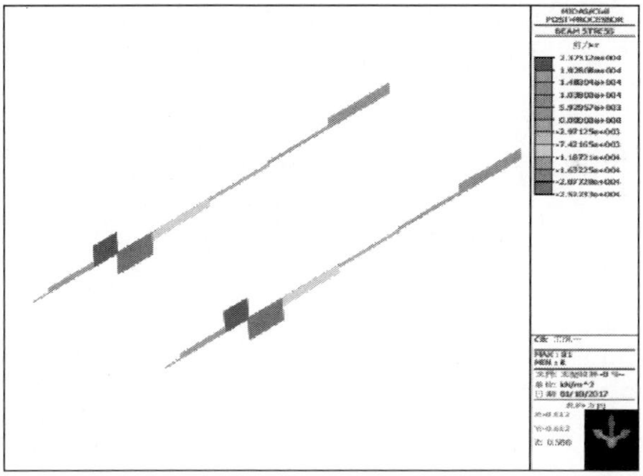

图 3-13　内模纵梁剪应力分布图

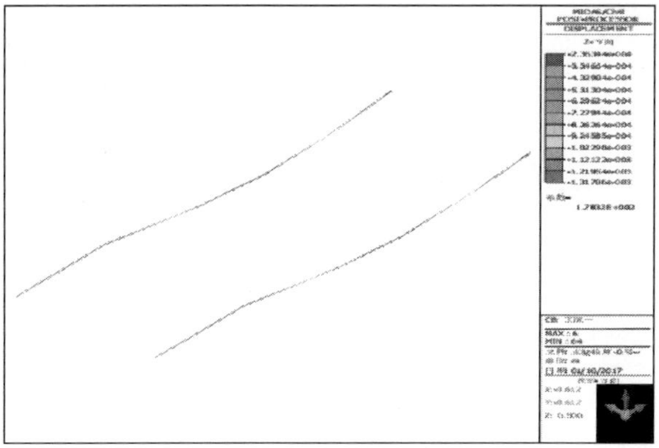

图 3-14　内模纵梁挠度分布图

4. 支架稳定性验算

钢支撑(10 号槽钢)的轴力计算结果如图 3-15 所示，由图可知 N_{max}=48.83kN。按照两端铰接进行验算，取 x 方向计算长度 l_{0x}=0.75m，y 方向计算长度 l_{0y}=0.424m，则回转半径及长细比系数分别为

$$i_x=\sqrt{\frac{I_x}{A}}=\sqrt{\frac{1.983\times10^6\,\text{mm}^4}{1.274\times10^3\,\text{mm}^2}}=39.45\text{mm}$$

$$i_y=\sqrt{\frac{I_y}{A}}=\sqrt{\frac{2.56\times10^5\,\text{mm}^4}{1.274\times10^3\,\text{mm}^2}}=14.18\text{mm}$$

$$\lambda_x=l_{0x}/i_x=750\text{mm}/39.45\text{mm}=19.01<[\lambda]=150$$

$$\lambda_y=l_{0y}/i_y=424\text{mm}/14.18\text{mm}=29.90<[\lambda]=150$$

式中，I_x、I_y 分别为 x、y 方向的惯性矩；i_x、i_y 分别为 x、y 方向的回转半径，mm；λ_x、λ_y 分别为 x、y 方向的长细比系数，$[\lambda]$为长细比系数容许值；N 为轴向压力，kN；A 轴向受压面积，mm^2。查得轴心受压折减系数 φ=0.933，则

$$\sigma_{max}=N_{max}/(\varphi A)=48.83\text{kN}/(0.933\times1.274\times10^3\text{mm}^2)=41.08\text{MPa}<[\sigma_s]=135\text{MPa}$$

满足规范要求。

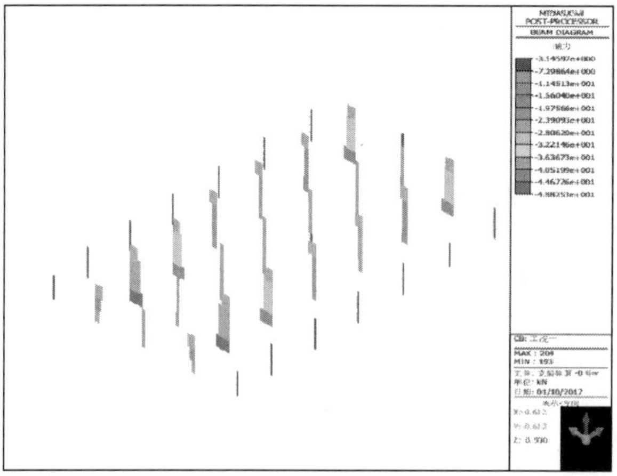

图 3-15　内模钢支撑轴力图

立柱(双拼 25 号槽钢)的轴力计算结果如图 3-16 所示，由图可知 N_{max}=160.54kN。按照两端铰接进行验算，取 l_{0x}=2m，l_{0y}=1.9m，则回转半径及长细比系数分别为

$$i_x=\sqrt{\frac{I_x}{A}}=\sqrt{\frac{6.718\times10^7\,\mathrm{mm}^4}{6.982\times10^3\,\mathrm{mm}^2}}=90.1\mathrm{mm}$$

$$i_y=\sqrt{\frac{I_y}{A}}=\sqrt{\frac{8.328\times10^5\,\mathrm{mm}^4}{6.982\times10^3\,\mathrm{mm}^2}}=10.92\mathrm{mm}$$

$$\lambda_x=l_{0x}/i_x=2000\mathrm{mm}/90.1\mathrm{mm}=22.2<[\lambda]=150$$

$$\lambda_y=l_{0y}/i_y=1900\mathrm{mm}/10.92\mathrm{mm}=174>[\lambda]=150$$

调整侧向支撑位置，依据$[\lambda]=150$，可得沿 y 方向的允许计算长度为 $l_{0y}=150\times10.92\mathrm{mm}=1638\mathrm{mm}$，取 $l_{0y}=1600\mathrm{mm}$，即沿 y 方向布置间距 1.6m 的侧向支撑，则 $\lambda_y=l_{0y}/i_y=1500\mathrm{mm}/10.92\mathrm{mm}=137.36<[\lambda]=150$（$l_{0y}=1600\mathrm{mm}$ 不满足要求，这里改为 1500mm），查得 $\varphi=0.352$，则

$$\sigma_{\max}=N_{\max}/(\varphi A)=160.54\mathrm{kN}/(0.352\times6.982\times10^3\,\mathrm{mm}^2)=65.32\mathrm{MPa}<[\sigma_{\mathrm{s}}]=135\mathrm{MPa}$$

满足规范要求。

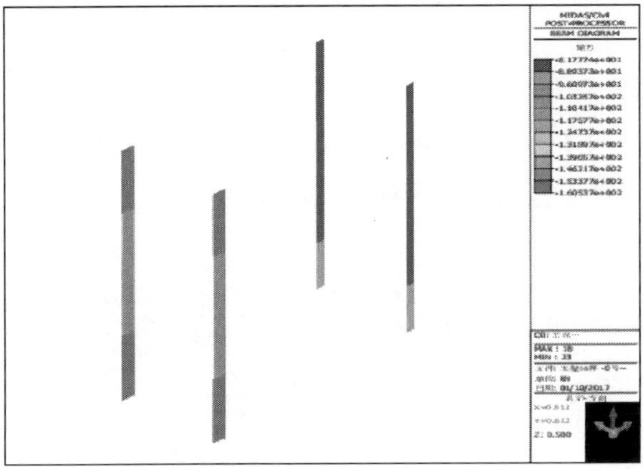

图 3-16　内模立柱轴力图

5. 底板承压能力验算

内模立柱支撑在底板台上，在底板上预埋 30cm×30cm×1cm 钢板。由有限元计算得知，支座最大反力为 160.5kN，如图 3-17 所示。

钢板最大剪应力为

$$\tau_{\max}=Q_{\max}/A=160.5\mathrm{kN}/(1096\times10)\mathrm{mm}^2=14.64\mathrm{MPa}<[\tau]=80\mathrm{MPa}$$

式中，$Q_{\max}$ 为最大剪应力，kN。满足规范要求。

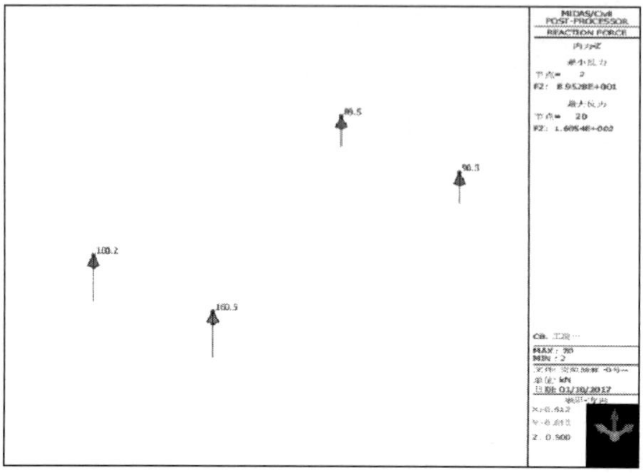

图 3-17　内模钢管竖向反力图

底板为 C50 混凝土，其最大压应力为

$$\sigma_{max} = N_{max}/A=160.5\text{kN}/(300\times300)\text{mm}^2=1.78\text{MPa}<[\sigma_s]=23.1\text{MPa}$$

式中，N_{max} 为最大轴力，kN。满足规范要求。

3.2.4　侧模支架结构验算

依据上述设计方案及材料参数，具体设计参数详见 2.2.2 节。采用大型有限元软件 Midas 建立侧模支架有限元模型，如图 3-18 所示。

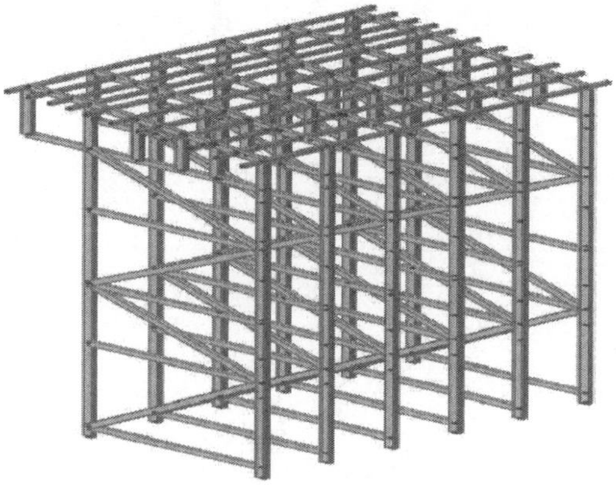

图 3-18　侧模支架有限元模型

翼缘区荷载计算如下：

墩外一端箱梁翼缘区混凝土体积：

$$2\times(0.228+0.643)\text{m}\times2.9\text{m}\times0.5\times4.25\text{m}=10.74\text{m}^3$$

恒载：

$$q=\frac{10.75\text{m}^3\times 26\text{kN}/\text{m}^3\times 1.2}{2\times 11\times 4.25\text{m}}=3.59\text{kN}/\text{m}$$

活载：

$$q_1=\frac{1.4\times(2.5+2+2)\text{kN}/\text{m}^2\times(2.9\text{m}\times 4.25\text{m}\times 2)}{2\times 11\times 4.25\text{m}}=2.40\text{kN}/\text{m}$$

$$q_2=\frac{1.4\times(2.5+2+2+0.18)\text{kN}/\text{m}^2\times(2.9\text{m}\times 4.25\text{m}\times 2)}{2\times 11\times 4.25\text{m}}=2.47\text{kN}/\text{m}$$

1. 纵梁(槽钢 6.3)验算

纵梁的弯曲应力、剪应力、挠度计算结果如图 3-19～图 3-21 所示，由图可知 σ_{wmax}、$\tau_{\max}$、$f_{\max}$ 值，验算过程如下：

σ_{wmax}=34.72MPa＜[σ_{w}]=140MPa，满足规范要求。

$\tau_{\max}$=13.03MPa＜[τ]=80MPa，满足规范要求。

$f_{\max}$=1.8mm＜L/400=750mm/400=1.875mm，满足规范要求。

2. 横梁(10 号槽钢)验算

横梁的弯曲应力、剪应力、挠度计算结果如图 3-22～图 3-24 所示。可知 σ_{wmax}、$\tau_{\max}$、$f_{\max}$ 值，验算过程如下：

$\sigma_{\text{w}\max}=74.32<[\sigma_{\text{w}}]=140\text{MPa}$，满足规范要求。

$\tau_{\max}=23.73<[\tau]=80\text{MPa}$，满足规范要求。

$f_{\max}=1.8\text{mm}<L/400=890\text{mm}/400=2.225\text{mm}$，满足规范要求。

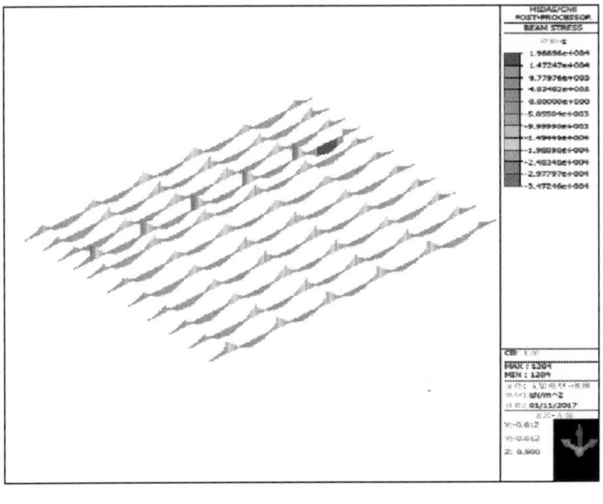

图 3-19　侧模纵梁弯曲应力分布图

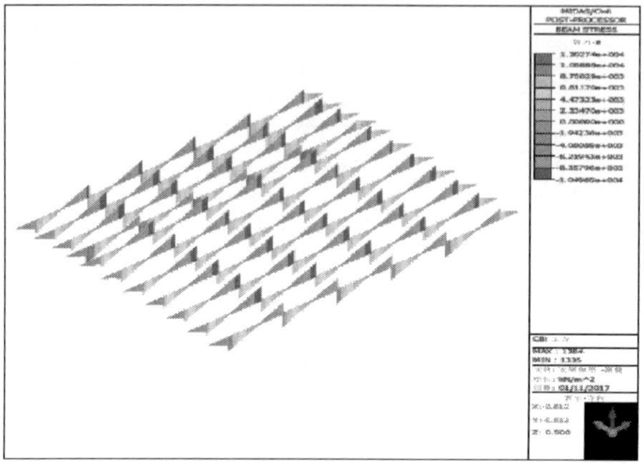

图 3-20　侧模纵梁剪应力分布图

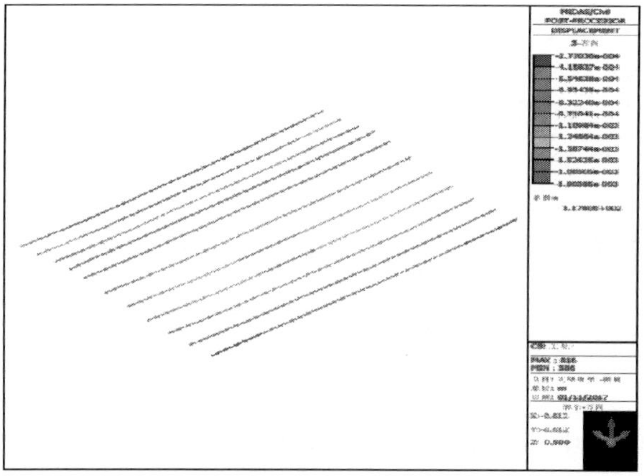

图 3-21　侧模纵梁挠度分布图

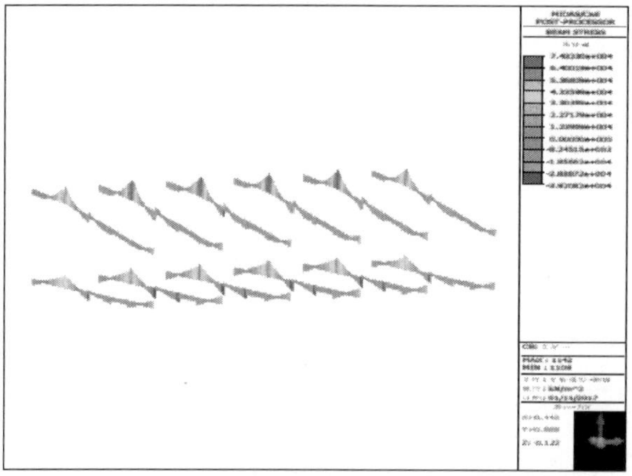

图 3-22　侧模横梁弯曲应力分布图

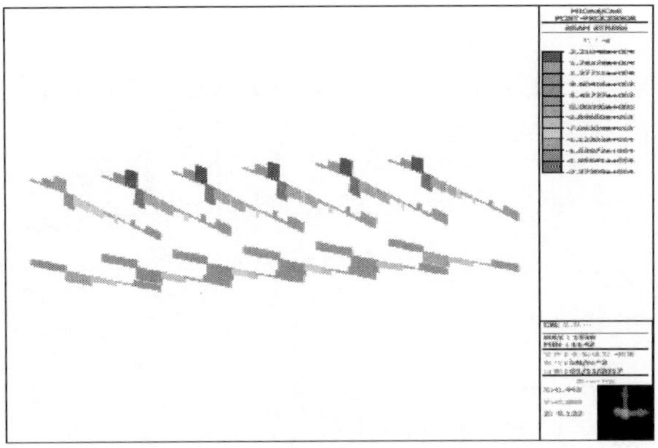

图 3-23　侧模横梁剪应力分布图

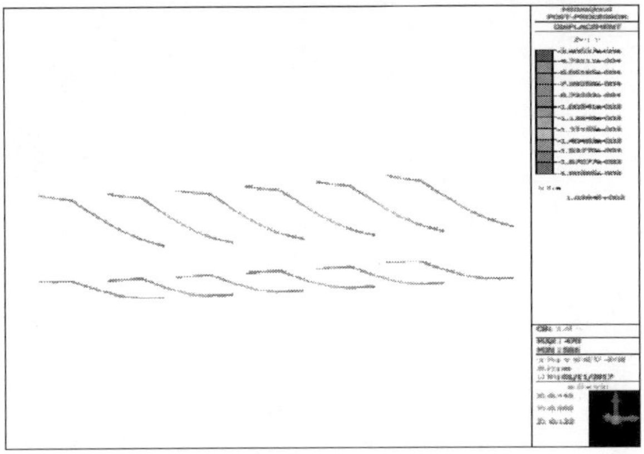

图 3-24　侧模横梁挠度分布图

3. 支撑桁架稳定性验算

钢支撑的轴力计算结果如图 3-25 所示，由图可知 $N_{\max}$=25.59kN。按照两端铰接，取 $l_{0x}=l_{0y}=0.9\text{m}$，则回转半径及长细比系数分别为

$$i_x=\sqrt{\frac{I_x}{A}}=\sqrt{\frac{1.983\times10^6\text{mm}^4}{1.274\times10^3\text{mm}^2}}=39.45\text{mm}$$

$$i_y=\sqrt{\frac{I_y}{A}}=\sqrt{\frac{2.56\times10^5\text{mm}^4}{1.274\times10^3\text{mm}^2}}=14.18\text{mm}$$

$$\lambda_x=\frac{l_{0x}}{i_x}=900\text{mm}/39.45\text{mm}=22.81<[\lambda]=150$$

$$\lambda_y=\frac{l_{0y}}{i_y}=900\text{mm}/14.18\text{mm}=63.47<[\lambda]=150$$

查得 φ=0.782，则

$$\sigma_{\max}=N_{\max}/(\varphi A)=25.59\text{kN}/(0.782\times1.274\times10^{3})\text{mm}^{2}=25.69\text{MPa}<[\sigma_{\text{s}}]=135\text{MPa}$$

满足规范要求。

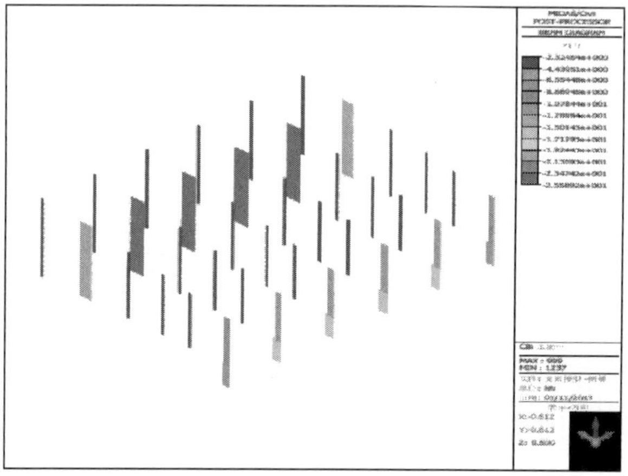

图 3-25　侧模钢支撑轴力图

钢桁架的轴力计算结果如图 3-26 所示，由图可知 $N_{\max}$=36.77kN。按照两端铰接，取 $l_{0x}=1.71\text{m}$，$l_{0y}=5.65\text{m}$，则回转半径及长细比系数分别为

$$i_x=\sqrt{\frac{I_x}{A}}=\sqrt{\frac{1.983\times10^{6}\text{mm}^{4}}{1.274\times10^{3}\text{mm}^{2}}}=39.45\text{mm}$$

$$i_y=\sqrt{\frac{I_y}{A}}=\sqrt{\frac{2.56\times10^{5}\text{mm}^{4}}{1.274\times10^{3}\text{mm}^{2}}}=14.18\text{mm}$$

$$\lambda_x=\frac{l_{0x}}{i_x}=1710\text{mm}/39.45\text{mm}=43.35<[\lambda]=150$$

$$\lambda_x=\frac{l_{0y}}{i_y}=5650\text{mm}/14.18\text{mm}=398.4>[\lambda]=150$$

需调整侧向支撑位置，依据 $[\lambda]=150$，可得沿 y 方向的允许计算长度为 l_{0y}=150×14.18=2127mm，取 l_{0y}=2000mm，即需要沿桁架竖向间距 2m 设置侧向支撑；则 $\lambda_y=l_{0y}/i_y=2000\text{mm}/14.18\text{mm}=141.04<[\lambda]=150$，查得 φ=0.337，则

$$\sigma_{\max}=N_{\max}/(\varphi A)=36.77\text{kN}/(0.337\times1.274\times10^{3})\text{mm}^{2}=85.64\text{MPa}>[\sigma_{\text{s}}]=135\text{MPa}$$

满足规范要求。

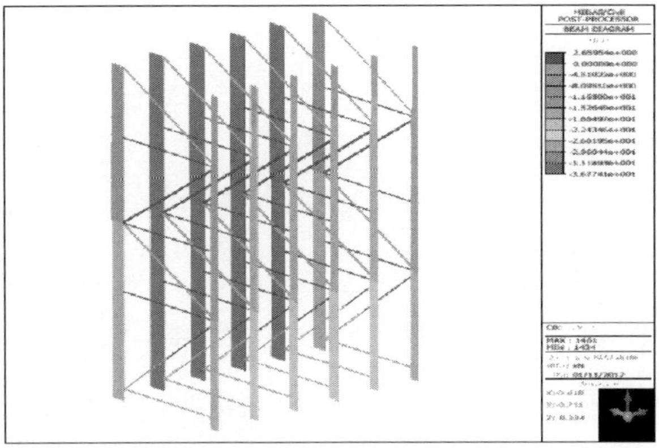

图 3-26　侧模钢桁架轴力图

3.2.5　支架结构检算

依据设计参数，采用大型有限元软件 Midas 建立支架有限元模型，如图 3-27 所示。

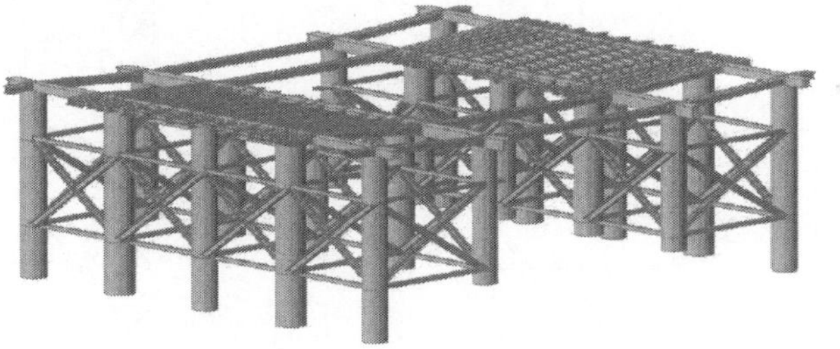

图 3-27　支架有限元模型

1. 底模(10 号工字钢)验算

底模(10 号工字钢)的弯曲应力、剪应力、挠度计算结果如图 3-28～图 3-30 所示，由图可知 σ_{wmax}、τ_{max}、f_{max} 值，验算过程如下：

σ_{wmax}=31.53MPa＜[σ_w]=140MPa，满足规范要求。

τ_{max}=49.48MPa＜[τ]=80MPa，满足规范要求。

f_{max}=3.09mm＜L/400=2650mm/400=6.625mm，满足规范要求。

2. 纵梁(32b 工字钢)验算

翼缘、腹板、底板区纵梁的弯曲应力、剪应力、挠度计算结果如图 3-31～图 3-33 所示，由图可知 σ_{wmax}、τ_{max}、f_{max} 值，验算过程如下：

σ_{wmax}=75.22MPa＜[σ_w]=140MPa，满足规范求。

τ_{max}=37.63MPa＜[τ]=80MPa，满足规范求。

f_{max}=3.11mm＜L/400=3250mm/400=8.125mm，满足规范要求。

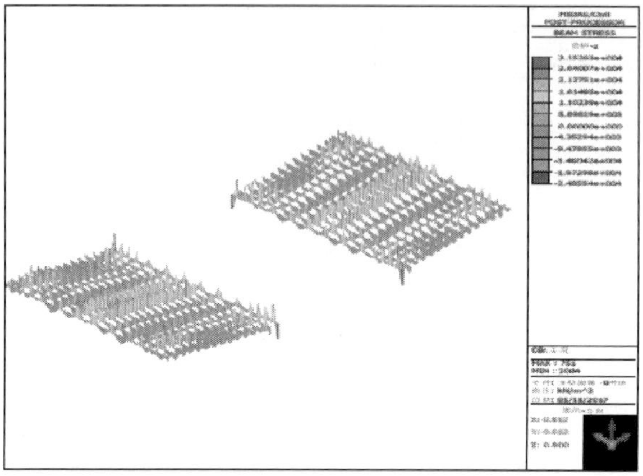

图 3-28　支架底模横梁弯曲应力分布图

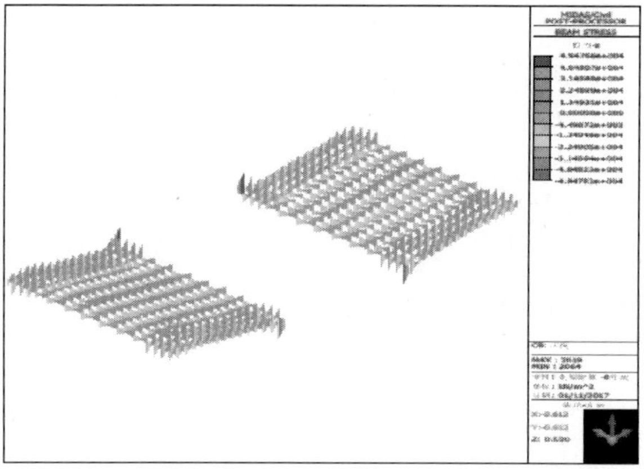

图 3-29　支架底模横梁剪应力分布图

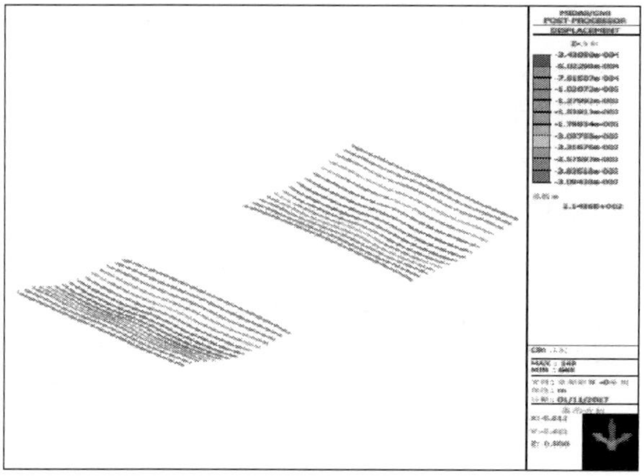

图 3-30　支架底模横梁挠度分布图

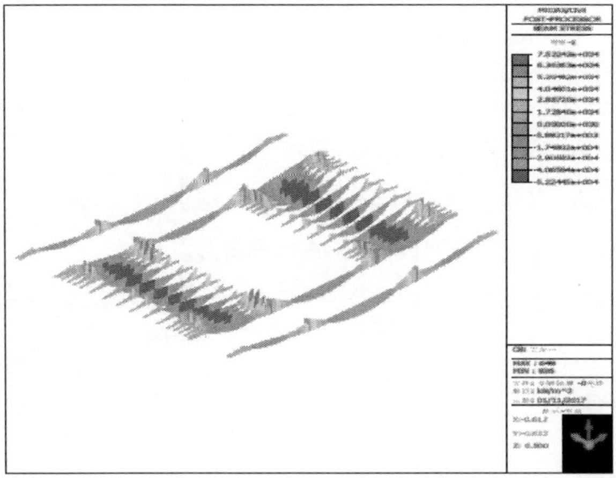

图 3-31　支架纵梁弯曲应力分布图

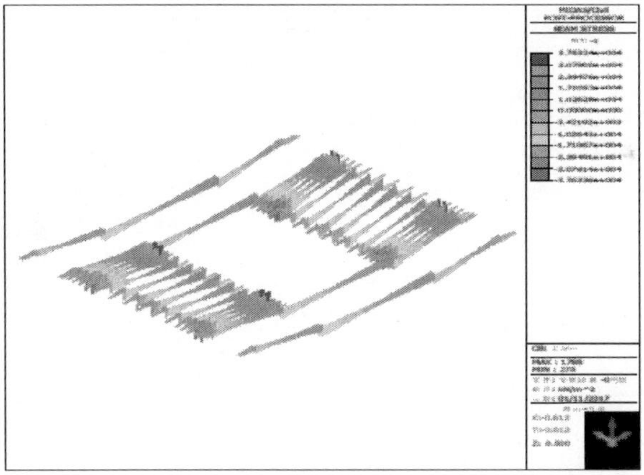

图 3-32　支架纵梁剪应力分布图

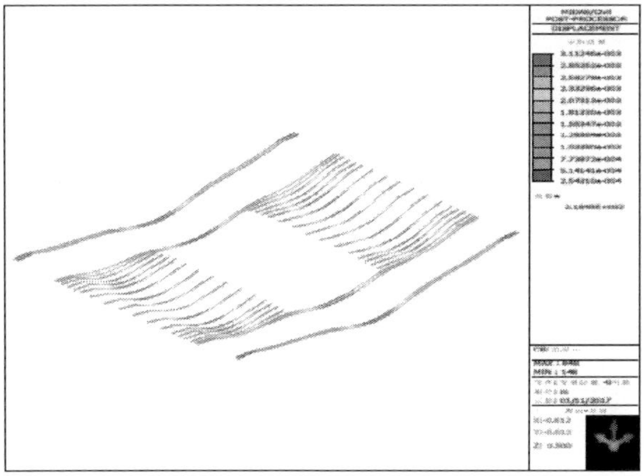

图 3-33　支架纵梁挠度分布图

3. 横梁(56b、40b 工字钢双根布置)验算

横梁的弯曲应力、剪应力、挠度计算结果如图 3-34～图 3-36 所示，由图可知 σ_{wmax}、τ_{max}、f_{max} 值，验算过程如下：

σ_{wmax}=44.28MPa＜[σ_w]=140MPa，满足规范要求。

τ_{max}=39.18MPa＜[τ]=80MPa，满足规范要求。

f_{max}=1.8mm＜L/400=2650mm/400=6.625mm，满足规范要求。

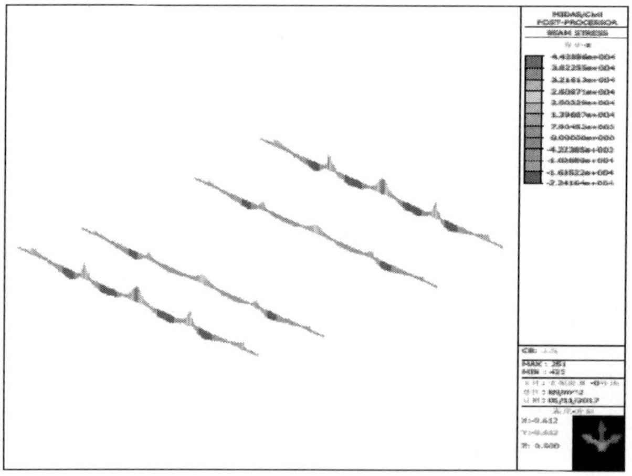

图 3-34　支架横梁弯曲应力分布图

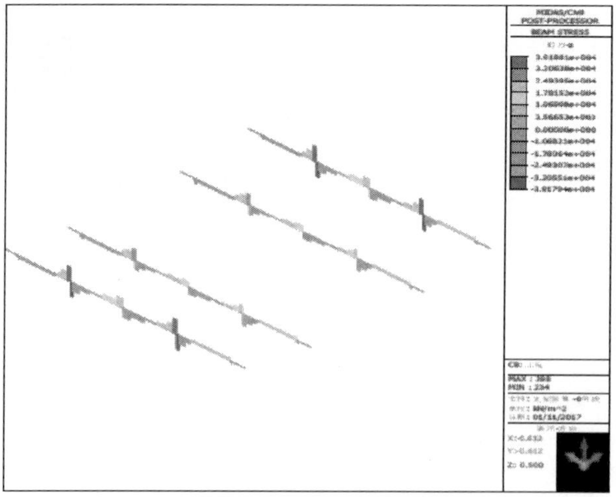

图 3-35　支架横梁剪应力分布图

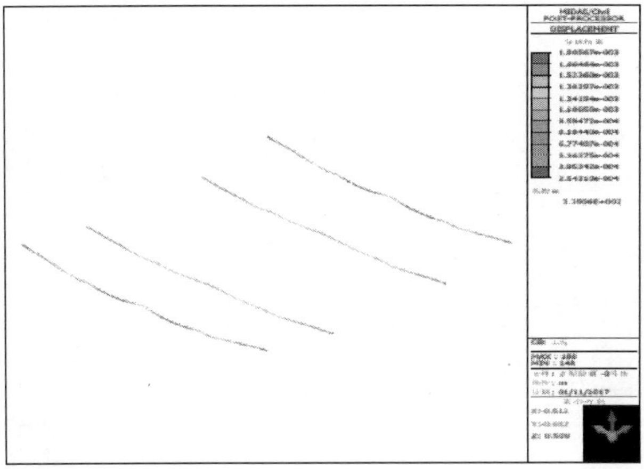

图 3-36　支架横梁挠度分布图

4. 钢管(630、530)稳定性验算

钢管的轴力计算结果如图 3-37 所示，由图可知 N_{max}=726.03kN。按照两端铰支进行验算，取 $l_{0x}=l_{0y}$=4.4m，回转半径及长细比系数分别为

$$i_x = i_y = \sqrt{\frac{I}{A}} = \sqrt{\frac{9.362\times10^8\text{mm}^4}{1.948\times10^4\text{mm}^2}} = 219.2\text{mm}$$

$$\lambda = l_{0x} / i_x = l_{0y} / i_y = 4400 / 219.2 = 20.07 < [\lambda] = 150$$

查得 $\varphi = 0.966$，则

$$\sigma_{max} = N_{max} / (\varphi A) = 726.03\text{kN} / (0.966\times1.948\times10^4)\text{mm}^2 = 38.58\text{MPa} < [\sigma] = 135\text{MPa}$$

满足规范要求。

5. 承台抗压承载力验算

0 号块钢管支撑在承台上，在承台上预埋 70cm×70cm×1cm 钢板，计算结果如图 3-38 所示，可知支座最大反力为 713.1kN，板抗剪承载力验算如下：

$\tau_{max} = Q_{max} / A$=713.1kN/(630×π×10)mm^2=36.05MPa＜[τ]=80MPa，满足规范要求。

承台为 C30 混凝土，其最大压应力为

$$\sigma_{max} = N_{max} / A = 713.1\text{kN}/(700\times700)\text{mm}^2 = 1.46\text{MPa} < [\sigma_c] = 14.3\text{MPa}\text{（C30 混凝土容许压应力）}$$

满足规范要求。

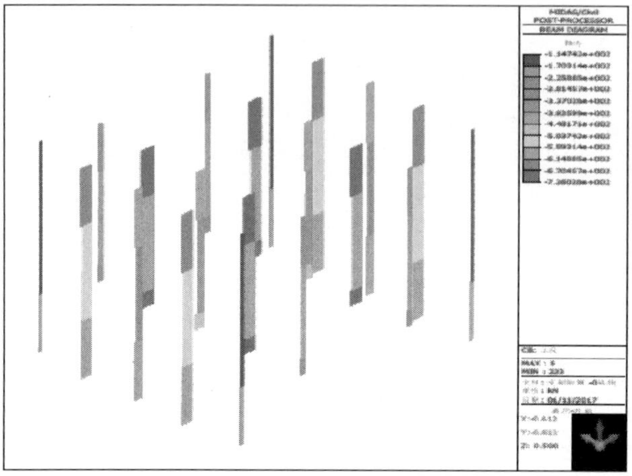

图 3-37　支架钢管轴力图

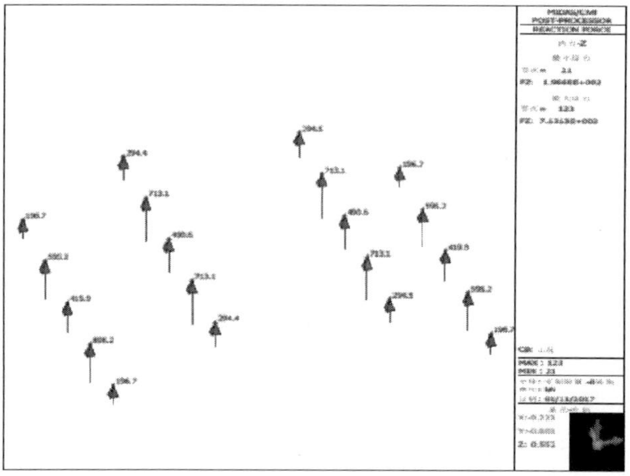

图 3-38　支架钢管竖向反力图

3.3　挂篮设计与验算

3.3.1　挂篮材料及设计参数

1. 挂篮材料

根据施工方所提供的参数，混凝土容重为 26kN/m^3；钢材的弹性模量 E=2.1×10^{5}MPa; Q235 钢，[σ_s]=135MPa，[σ_w]=140MPa，[τ]=80MPa; Q345 钢，[σ_s]=200MPa，[σ_w]=210MPa，[τ]=120MPa。工程概况这里不再赘述，详见 2.2.3 节。

2. 荷载计算

1）荷载系数

依据相关技术规范，支架结构恒载分项系数取 1.2，活载分项系数取 1.4。混凝土容重取 26kN/m^3，施工人员、材料及施工机具设备荷载取 2.5kN/m^2。

振捣混凝土产生的荷载，水平面模板取 2.0kN/m^2，浇筑混凝土产生的冲击荷载取 2.0kN/m^2，挂篮结构本身以自重的 1.2 倍来考虑。依据施工单位提供的参数，风荷载取 0.18kN/m^2。依据施工方案，采用挂篮施工时 1 号块质量最大，故选用 1 号块进行验算。浇筑混凝土和挂篮行走的抗倾覆稳定系数取 2.0。

2）挂篮承受的主梁荷载

(1) 外导梁均布荷载计算。

外导梁内侧恒载：

$$q=\frac{5.544\text{m}^3\times 26\text{kN}/\text{m}^3\times 1.2}{2\times 5\times 3\text{m}}=5.77\text{kN}/\text{m}$$

外导梁外侧活载：

$$q_1=\frac{1.4\times(2.5+2+2)\text{kN}/\text{m}^2\times(0.8\text{m}\times 3\text{m}\times 2)}{2\times 5\times 3\text{m}}=1.46\text{kN}/\text{m}$$

$$q_2=\frac{1.4\times(2.5+2+2+0.18)\text{kN}/\text{m}^2\times(0.8\text{m}\times 3\text{m}\times 2)}{2\times 5\times 3\text{m}}=1.5\text{kN}/\text{m}$$

外导梁内侧活载：

$$q_1=\frac{1.4\times(2.5+2+2)\text{kN}/\text{m}^2\times(2.1\text{m}\times 3\text{m}\times 2)}{2\times 6\times 3\text{m}}=3.19\text{kN}/\text{m}$$

$$q_2=\frac{1.4\times(2.5+2+2+0.18)\text{kN}/\text{m}^2\times(2.1\text{m}\times 3\text{m}\times 2)}{2\times 6\times 3\text{m}}=3.27\text{kN}/\text{m}$$

(2) 腹板区均布荷载计算。

恒载：

$$q=\frac{42.42\text{m}^3\times 26\text{kN}/\text{m}^3\times 1.2}{2\times 1.1\text{m}\times 11}=54.69\text{kN}/\text{m}$$

活载：

$$q_1=\frac{1.4\times(2.5+2+2)\text{kN}/\text{m}^2\times(1.1\text{m}\times 3\text{m}\times 2)}{2\times 1.1\text{m}\times 11}=2.48\text{kN}/\text{m}$$

$$q_2=\frac{1.4\times(2.5+2+2+0.18)\text{kN}/\text{m}^2\times(1.1\text{m}\times 3\text{m}\times 2)}{2\times 1.1\text{m}\times 11}=2.55\text{kN}/\text{m}$$

(3)顶板区均布荷载计算。

恒载：

$$q=\frac{7.488\text{m}^3\times 26\text{kN}/\text{m}^3\times 1.2}{5\times 4.2}=11.13\text{kN}/\text{m}$$

活载：

$$q_1=\frac{1.4\times(2.5+2+2)\text{kN}/\text{m}^2\times(4.2\text{m}\times 3\text{m})}{5\times 4.2\text{m}}=5.46\text{kN}/\text{m}$$

(4)底板区均布荷载计算。

$$q_2=\frac{1.4\times(2.5+2+2+0.18)\text{kN}/\text{m}^2\times(4.2\text{m}\times 3\text{m})}{5\times 4.2\text{m}}=5.61\text{kN}/\text{m}$$

恒载：

$$q=\frac{11.502\text{m}^3\times 26\text{kN}/\text{m}^3\times 1.2}{4.2\text{m}\times 11}=7.77\text{kN}/\text{m}$$

活载：

$$q_1=\frac{1.4\times(2.5+2+2)\text{kN}/\text{m}^2\times(4.2\text{m}\times 3\text{m})}{4.2\text{m}\times 11}=2.48\text{kN}/\text{m}$$

$$q_2=\frac{1.4\times(2.5+2+2+0.18)\text{kN}/\text{m}^2\times(4.2\text{m}\times 3\text{m})}{4.2\text{m}\times 11}=2.55\text{kN}/\text{m}$$

3.3.2 挂篮结构施工状态验算

依据设计方案及挂篮设计参数，采用大型有限元软件 Midas 建立挂篮有限元模型，如图 3-39 所示。

图 3-39　挂篮有限元模型

1. 挂篮主桁构件强度及稳定性验算

(1)强度验算。主桁构件的正应力、剪应力、挠度计算结果如图 3-40～图 3-42

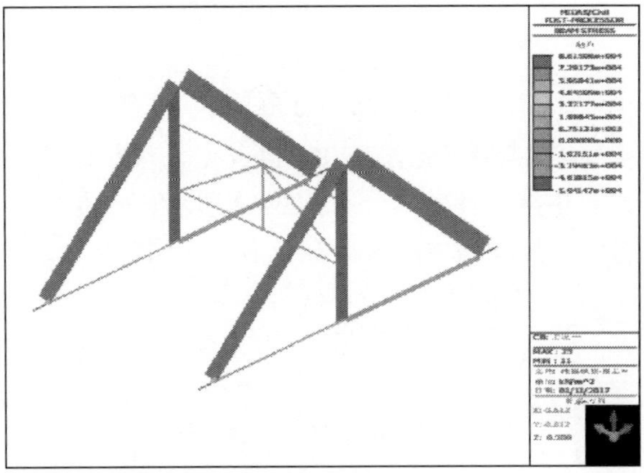

图 3-40　主桁构件正应力分布图

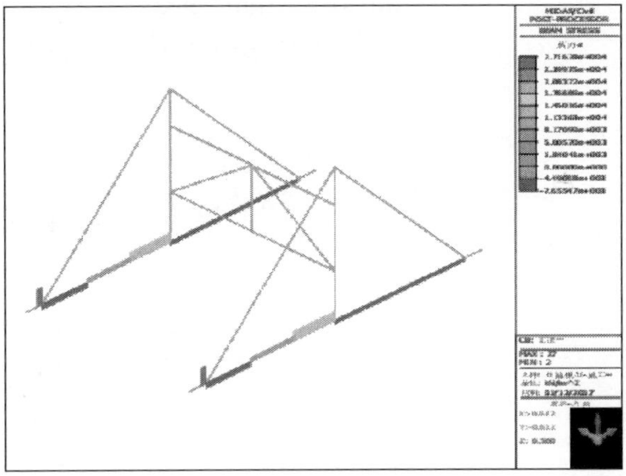

图 3-41　主桁构件剪应力分布图

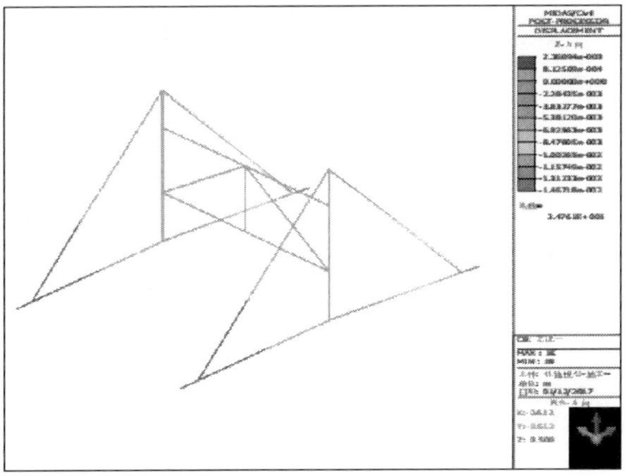

图 3-42　主桁构件挠度分布图

所示，由图可知 σ_{smax}、τ_{max}、f_{max} 值，验算过程如下：

σ_{smax}=86.15MPa＜$[\sigma_s]$=135MPa，满足规范要求。

τ_{max}=27.16MPa＜$[\tau]$=80MPa，满足规范要求。

f_{max}=13.1mm＜L/400=4500mm×2/400=24.5mm，满足规范要求。

(2) 稳定性验算。主桁构件轴力分布图 3-43 所示，可知 N_{max}=977.02kN。按照两端铰接进行稳定性验算，取 l_{0x}=4.5m，l_{0y}=1.94m，回转半径及长细比系数分别为

$$i_x = \sqrt{\frac{I_x}{A}} = \sqrt{\frac{3.686\times10^8\,\text{mm}^4}{1.644\times10^4\,\text{mm}^2}} = 149.7\text{mm}$$

$$i_y = \sqrt{\frac{I_y}{A}} = \sqrt{\frac{1.09\times10^8\,\text{mm}^4}{1.644\times10^4\,\text{mm}^2}} = 81.43\text{mm}$$

$$\lambda_x = l_{0x} / i_x = 4500\text{mm} / 149.7\text{mm} = 30.06 < [\lambda] = 150$$

$$\lambda_y = l_{0y} / i_x = 1940\text{mm} / 81.43\text{mm} = 23.82 < [\lambda] = 150$$

查得 $\varphi = 0.932$，则

$$\sigma_{max} = \frac{977.02\text{kN}}{(0.932\times0.01644)\text{m}^2} = 63.77\text{MPa} < [\sigma] = 135\text{MPa}$$

满足规范要求。

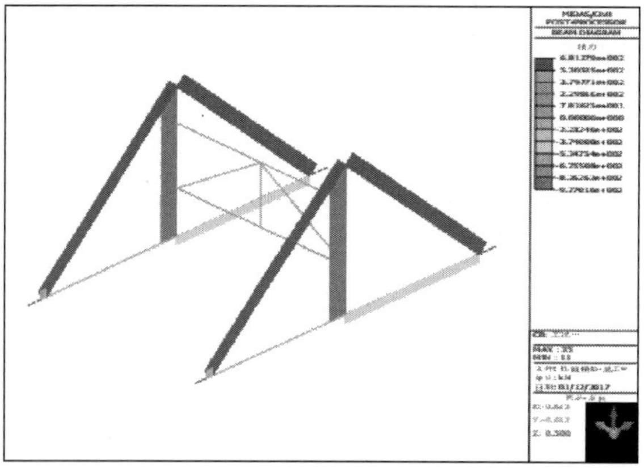

图 3-43　主桁构件轴力分布图

2. 前横梁强度与挠度验算

前横梁的弯曲应力、剪应力、挠度计算结果如图 3-44～图 3-46 所示，由图可知 σ_{wmax}、τ_{max}、f_{max} 值，验算过程如下：

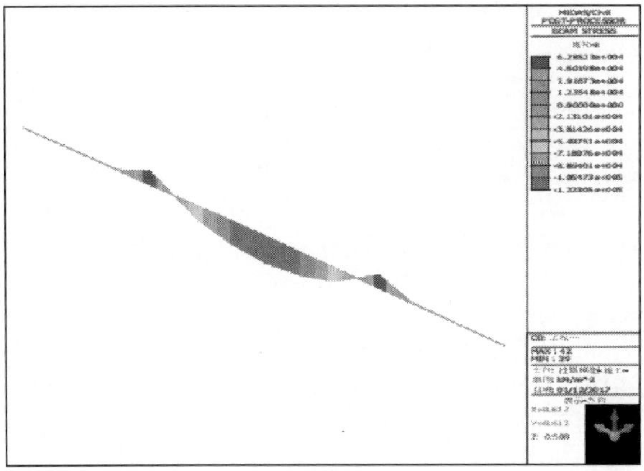

图 3-44　前横梁弯曲应力分布图

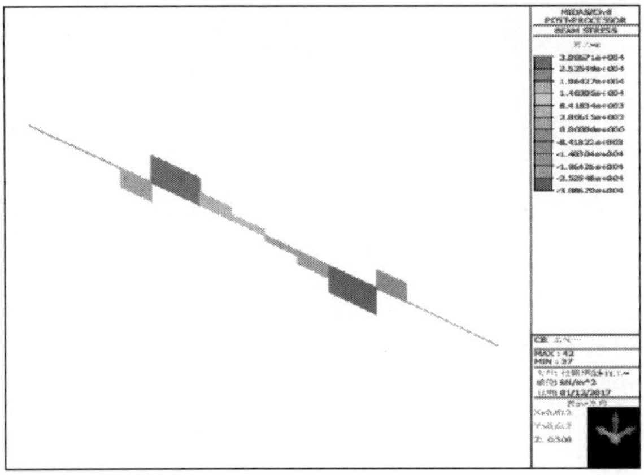

图 3-45　前横梁剪应力分布图

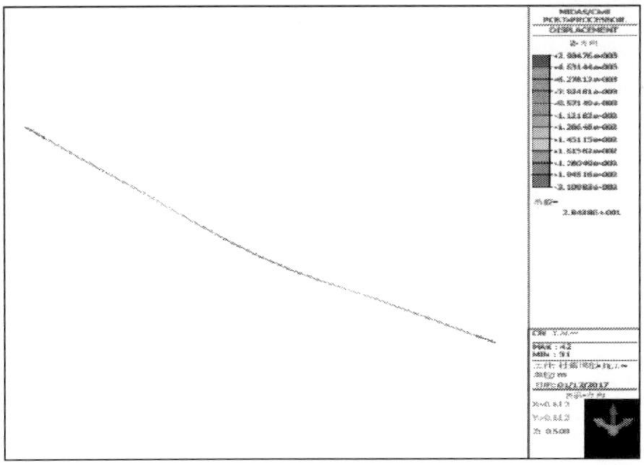

图 3-46　前横梁挠度分布图

σ_{wmax}=122.3MPa<[σ_w]=140MPa，满足规范要求。

τ_{max} =30.87MPa<[τ]=80MPa，满足规范要求。

f_{max}=2.1mm<L/400=5730mm/400=14.325mm，满足规范要求。

3. 吊杆的强度与伸长量验算

吊杆的拉应力、伸长量计算结果如图 3-47 和图 3-48 所示，由图可知 σ_{max}、f_{max} 值，验算过程如下：

σ_{max}=459.6MPa<[σ]=687MPa，满足规范要求。

f_{max}=2.64mm<[f]=7652mm×3.5%=267.82mm，满足规范要求。

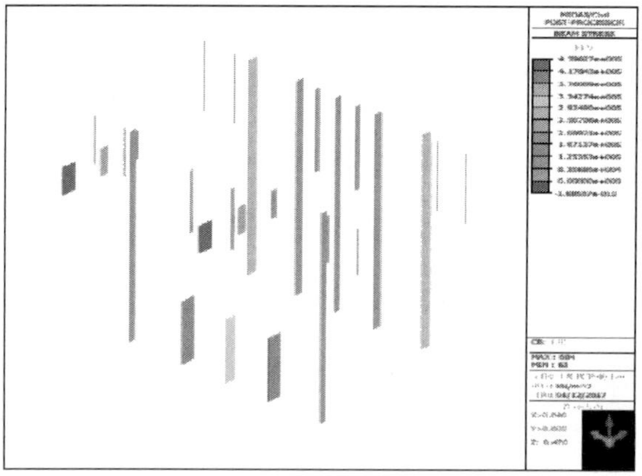

图 3-47　吊杆拉应力云图

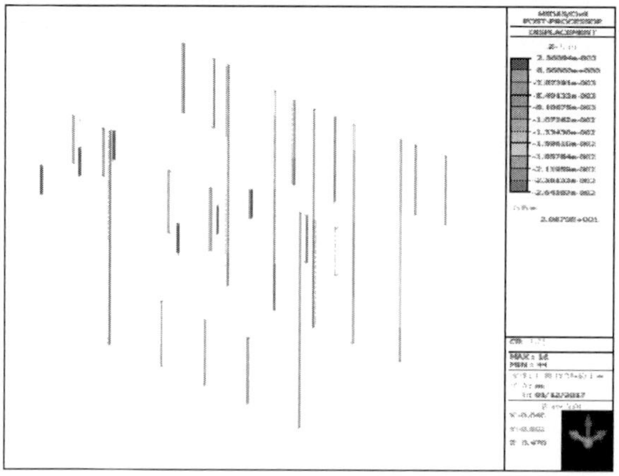

图 3-48　吊杆伸长量云图

4. 内、外导梁强度与挠度验算

外导梁的弯曲应力、剪应力、挠度计算结果如图 3-49～图 3-51 所示，由图可

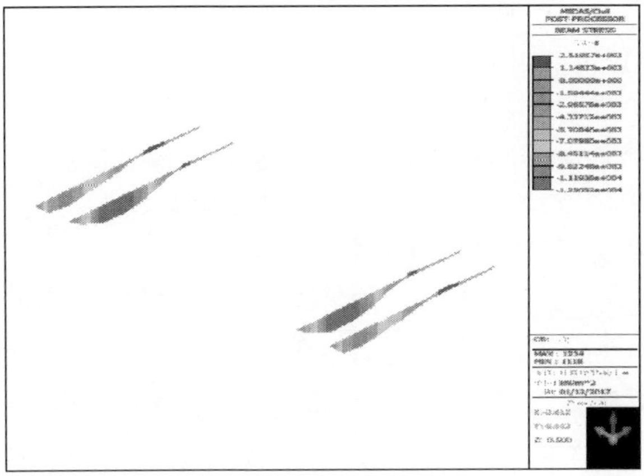

图 3-49　外导梁弯曲应力分布图

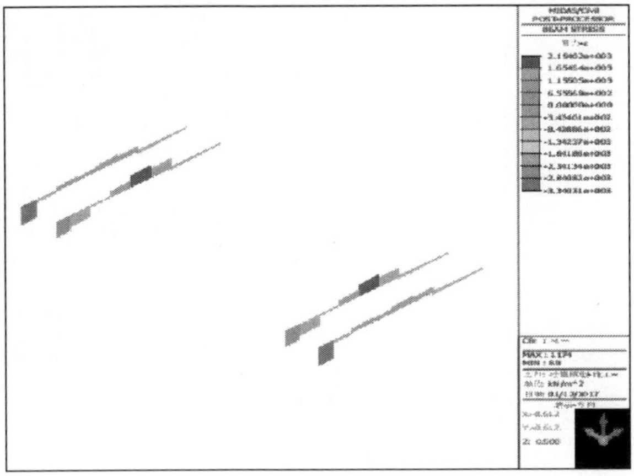

图 3-50　外导梁剪应力分布图

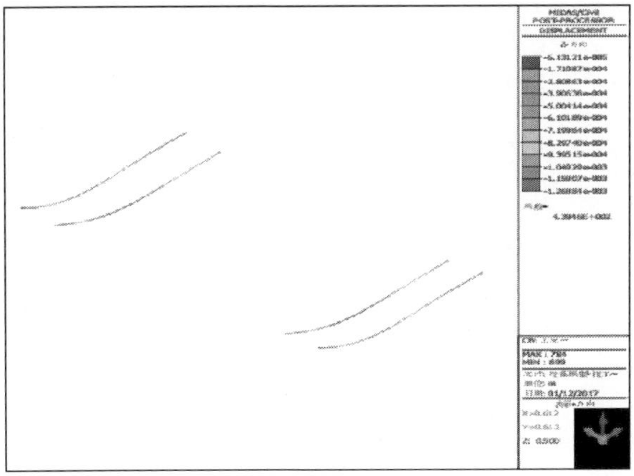

图 3-51　外导梁挠度分布图

知 σ_{wmax}、τ_{max}、f_{max} 值，验算过程如下：

σ_{wmax}=12.56MPa＜[σ_w]=140MPa，满足规范求。

τ_{max}=3.34MPa＜[τ]=80MPa，满足规范要求。

f_{max}=1.26mm＜L/400=4890mm/400=12.225mm，满足规范要求。

内导梁的弯曲应力、剪应力、挠度计算结果如图 3-52～图 3-54 所示，由图可知 σ_{wmax}、τ_{max}、f_{max} 值，验算过程如下：

σ_{wmax}=106MPa＜[σ_w]=140MPa，满足规范要求。

τ_{max}=27.09MPa＜[τ]=80MPa，满足规范要求。

f_{max}=2.25mm＜L/400=4890mm/400=12.225mm，满足规范要求。

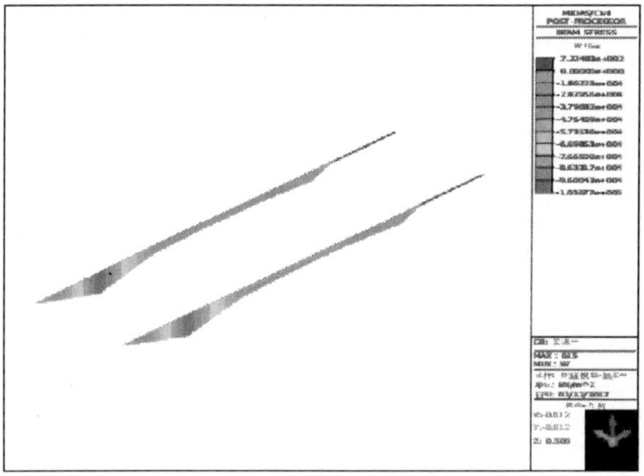

图 3-52　内导梁弯曲应力分布图

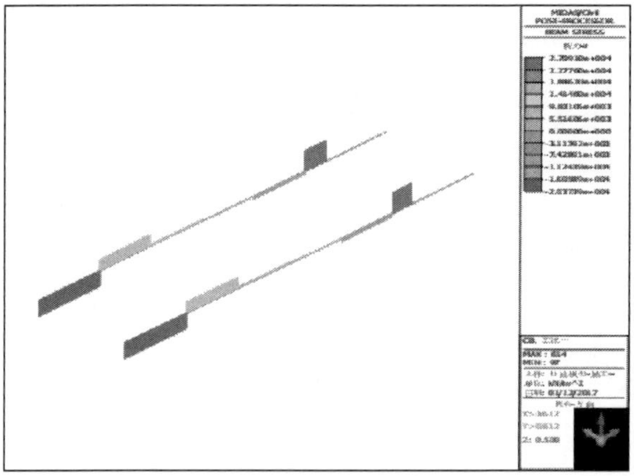

图 3-53　内导梁剪应力分布

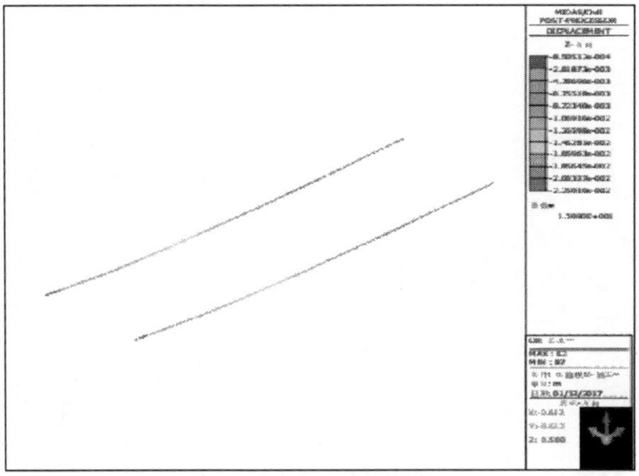

图 3-54　内导梁挠度分布图

5. 下横梁强度与挠度验算

下横梁的弯曲应力、剪应力、挠度计算结果如图 3-55～图 3-57 所示，由图可知 σ_{wmax}、τ_{max}、f_{max} 值，验算过程如下：

σ_{wmax}=63.85MPa＜[σ_w]=140MPa，满足规范要求。

τ_{max}=24.64MPa＜[τ]=80MPa，满足规范要求。

f_{max}=2.64mm＜L/400=7300mm/400=18.25mm，满足规范要求。

6. 底模纵梁强度与挠度验算

底模纵梁的弯曲应力、剪应力、挠度计算结果如图 3-58～图 3-60 所示，由图可知 σ_{wmax}、τ_{max}、f_{max} 值，验算过程如下：

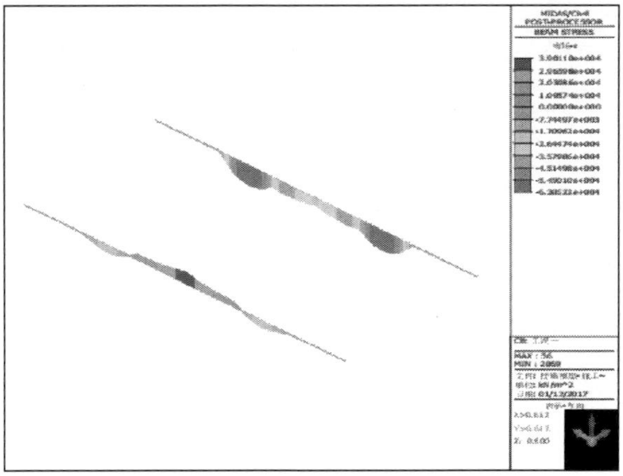

图 3-55　下横梁弯曲应力分布图

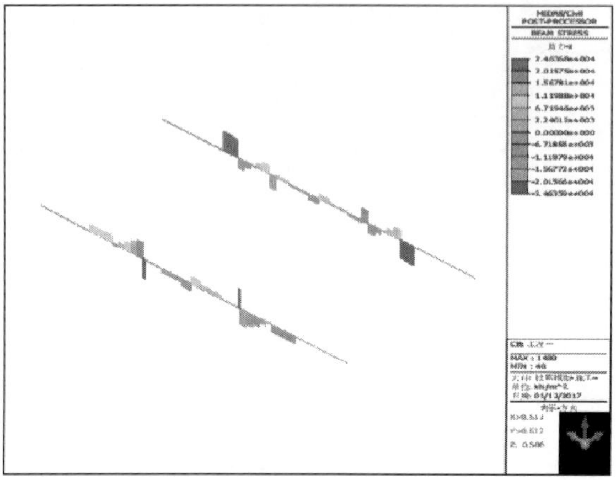

图 3-56　下横梁剪应力分布图

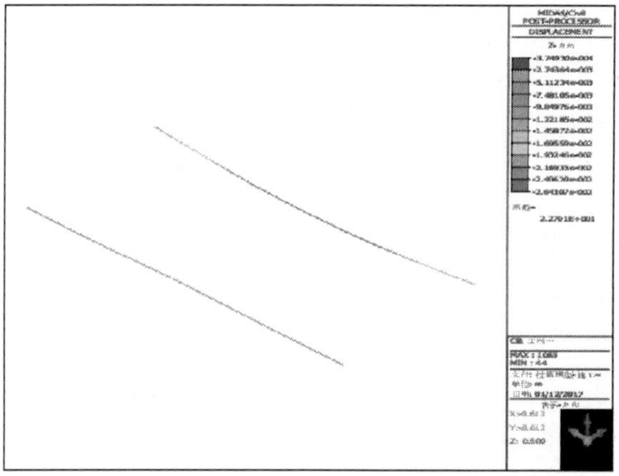

图 3-57　下横梁挠度分布图

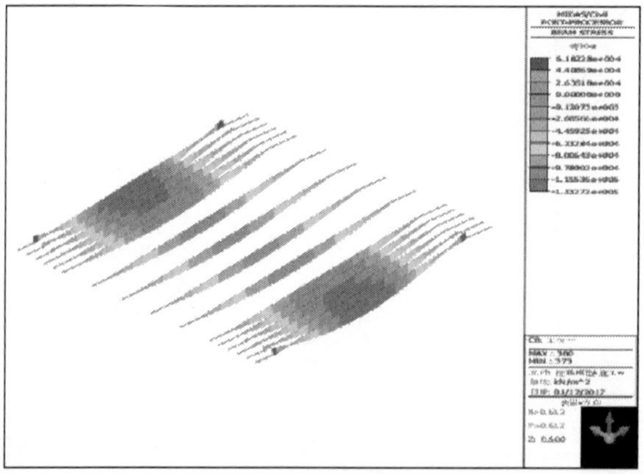

图 3-58　底模纵梁弯曲应力分布图

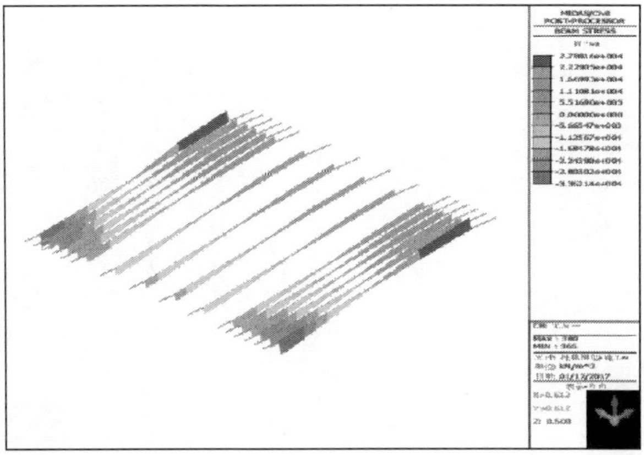

图 3-59　底模纵梁剪应力分布图

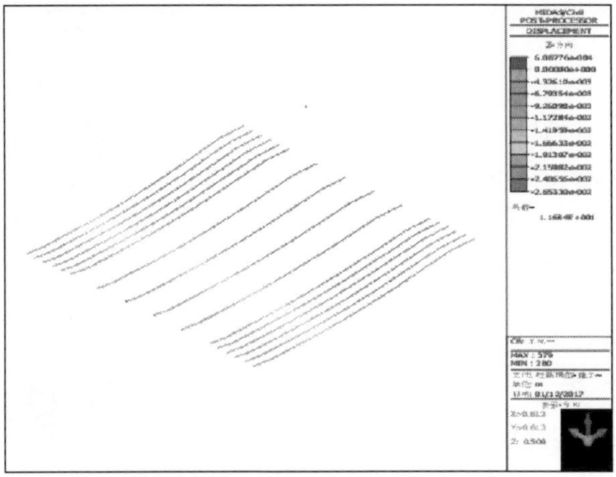

图 3-60　底模纵梁挠度分布图

σ_{wmax}=133.3MPa＜[σ_w]=140MPa，满足规范要求。

τ_{max} =33.6MPa＜[τ]=80MPa，满足规范要求。

f_{max}=2.65mm＜L/400=4890mm/400=12.225mm，满足规范要求。

7. 吊杆的抗倾覆稳定性验算

后锚梁吊杆的拉应力计算结果如图 3-61 所示，由图可知 σ_{max}=460.9MPa，验算过程如下：

σ_{max}=460.9MPa＜[σ]=687MPa，满足规范要求。

依据施工单位提供的图纸，每片主桁架通过 3 根后锚梁和 3 根 JL32mm 精轧螺纹钢筋与桥面锚固。每片主桁架后锚杆受力如图 3-62 所示。

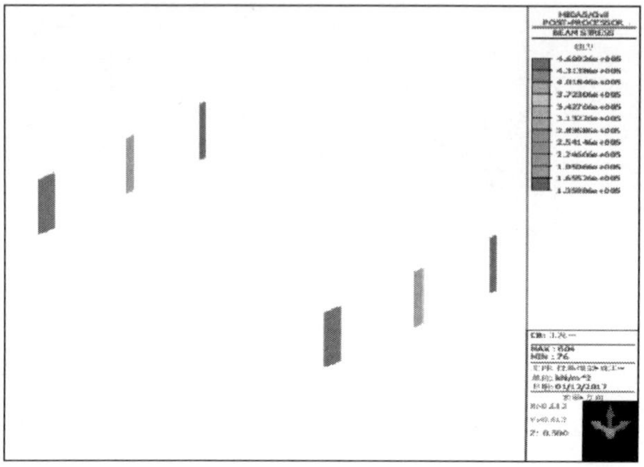

图 3-61　后锚梁吊杆拉应力分布图

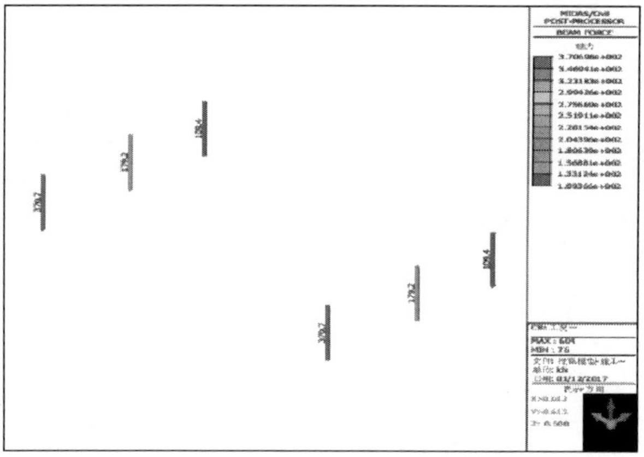

图 3-62　后锚梁吊杆轴力分布图

JL32mm 精轧螺纹钢筋容许拉力为

$$[N]=[\sigma]\times A=687\text{MPa}\times 8.04\times 10^{-4}\text{m}^2=549.6\text{kN}$$

由图 3-62 计算可知最大轴向拉力为

$$N_{\max}=\frac{(370.7+179.2+109.4)\text{kN}\times 2}{2\times 3}=219.77\text{kN}<[N]=549.6\text{kN}$$

安全系数为

$$\frac{[N]}{N_{\max}}=2.5$$

8. 挂篮系统累计伸长量验算

挂篮系统的竖向累计伸长量为

$$\Delta l=13.1\text{mm}+2.64\text{mm}+1.26\text{mm}+2.65\text{mm}=19.65\text{mm}<[\varDelta]=30\text{mm}$$

满足规范要求。

3.3.3 挂篮结构行走状态抗倾覆性稳定验算

行走状态挂篮模型如图 3-63 所示，根据相关规范，考虑施工人员、材料及施工机具，设备荷载取 2.5kN/m^2，风荷载取 0.18kN/m^2，挂篮结构本身以自重的 1.2 倍来考虑。

图 3-63　行走状态的挂篮模型

1. 翼缘区均布荷载计算

外导梁外侧：

$$q_2=\frac{1.4\times(2.5+0.18)\text{kN/m}^2\times(0.8\text{m}\times3\text{m}\times2)}{2\times5\times3\text{m}}=0.6\text{kN/m}$$

外导梁内侧：

$$q_2=\frac{1.4\times(2.5+0.18)\text{kN/m}^2\times(2.1\text{m}\times3\text{m}\times2)}{2\times6\times3\text{m}}=1.31\text{kN/m}$$

2. 腹板区均布荷载计算

活载：

$$q_2=\frac{1.4\times(2.5+0.18)\text{kN/m}^2\times(1.1\text{m}\times3\text{m}\times2)}{2\times1.1\times11\text{m}}=1.02\text{kN/m}$$

3. 顶板区均布荷载计算

活载：

$$\frac{1.4\times(2.5+0.18)\text{kN}/\text{m}^2\times(4.2\text{m}\times3\text{m})}{4.2\times11\text{m}}=1.02\text{kN}/\text{m}$$

4. 底板区均布荷载计算

活载：

$$q_2=\frac{1.4\times(2.5+0.18)\text{kN}/\text{m}^2\times(4.2\text{m}\times3\text{m})}{5\times4.2\text{m}}=2.25\text{kN}/\text{m}$$

如图 3-63 所示，从 1 号块位置前移 3m(2 号块纵向长度)时的状态进行验算。前移反压轮吊杆的拉应力计算结果如图 3-64 所示，验算过程如下：

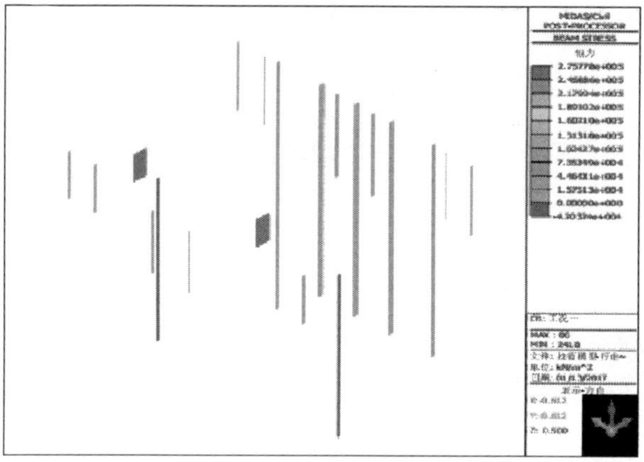

图 3-64　前移反压轮吊杆拉应力分布图

$\sigma_{\max}$=275.8MPa＜[σ]=687MPa，满足规范要求。

依据施工单位提供的图纸，每片主桁架通过 1 个前移反压轮和 1 根 JL32mm 精轧螺纹钢筋与桥面锚固。每片主桁架后锚杆受力如图 3-65 所示。JL32mm 精轧螺纹钢筋容许拉力为

$$[N]=[\sigma]\times A=687\text{MPa}\times8.04\times10^{-4}\text{m}^2=549.6\text{kN}$$

由图 3-65 可知最大轴力为

$$N_{\max}=221.8\text{kN}<[N]=549.6\text{kN}$$

安全系数为

$$\frac{[N]}{N_{\max}}=2.48$$

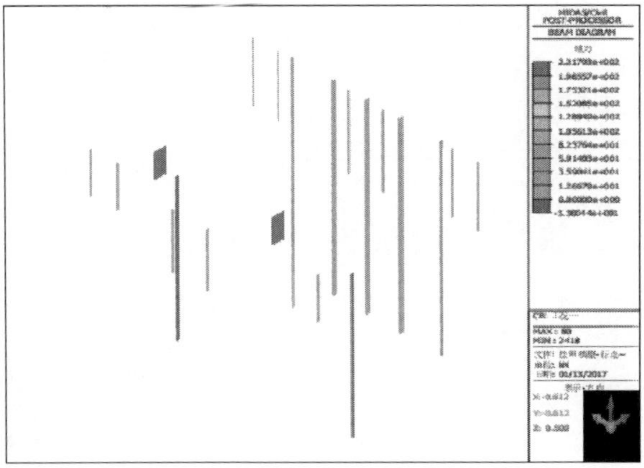

图 3-65　主桁架后锚杆轴力分布图

3.4　边跨支架设计与验算

3.4.1　边跨支架材料及设计参数

1. 边跨支架材料参数

混凝土容重为 26kN/m^3；钢材的弹性模量 E=2.1×10^5MPa。

Q235：$[\sigma_s]$=135MPa，$[\sigma_w]$=140MPa，$[\tau]$=80MPa。

Q345：$[\sigma_s]$=200MPa，$[\sigma_w]$=210MPa，$[\tau]$=120MPa。

2. 边跨支架设计参数

边跨支架断面图如图 3-66 和图 3-67 所示。主分配梁(2 片 40b 工字钢)横向分别设置于钢管支架上，跨度 L=(2.65×4)m；次分配梁(32b 工字钢)纵向设置于主分配梁上，腹板下间距为 30cm，每侧腹板下设置 4 根，底板下间距为 77cm，设置 5 根，翼缘下间距为 200cm，每侧翼缘下设置 2 根，跨度 L=(3.26+3.26)m。

(1)托架立柱组成：腹板下面各布置一根ϕ530mm×8mm 钢管，底板下面布置一排ϕ530mm×8mm 钢管，翼缘板下面各布置一排ϕ530mm×8mm 钢管，共布置 15 根 530 钢管，横向间距(2.65×4)m，纵向间距(3.26+3.26)m，全部支撑在承台预埋 60cm×60cm×1cm 板上。

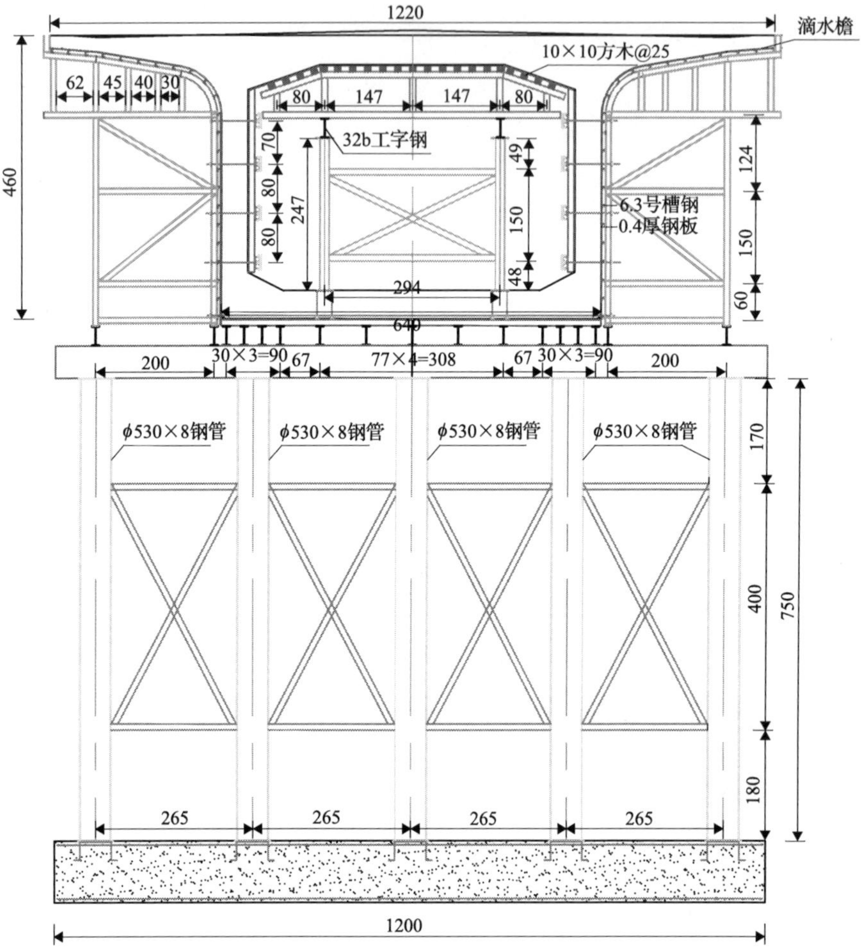

图 3-66　边跨支架横断面图

图中除钢管、钢筋尺寸以 mm 计，其余均为 cm

⑵横垫梁：采用 2 片 40b 工字钢，跨度 L=(2.65×4) m。

⑶纵梁组成：采用 32b 工字钢，腹板下间距为 30cm，每侧腹板下设置 3 根，底板下间距为 77cm，设置 7 根，翼缘下间距为 200cm，每侧翼缘下设置 2 根，跨度 L=(3.26+3.26) m。

⑷边跨支架布置情况：承载现浇段长度为 7.95m，梁高度为 4.6m，有一排支架在 282 号墩或 285 号墩承台上，另外两排支架采用 12m×1.5m×1m 条形基础，条形基础里设置两层 15cm×15cm 的ϕ12mm 钢筋网片，上下保护层厚度为 5cm。

⑸截面尺寸变化情况：沿桥纵向，边跨截面高度 4.6m，腹板厚度为 45cm，底板厚度 46cm～76cm～106cm 渐变，顶板厚度 48cm～78cm～108cm 渐变；沿横向，底板厚度为 46cm～76cm 渐变，顶板厚度 48cm～88cm 渐变。

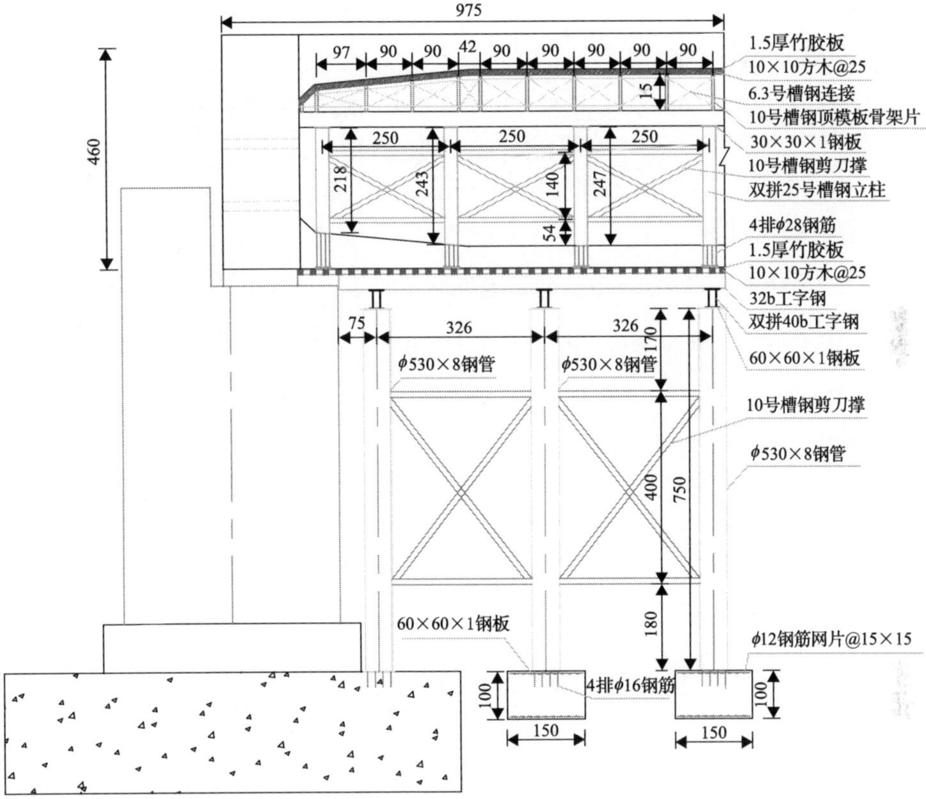

图 3-67　边跨支架纵断面图

图中除钢管、钢筋尺寸以 mm 计，其余均为 cm

3. 荷载计算

1) 荷载系数

依据相关规范，支架结构恒载分项系数取 1.2，活载分项系数取 1.4。混凝土容重为 $26kN/m^3$，施工人员、材料及施工机具设备荷载为 $2.5kN/m^2$，振捣混凝土产生的荷载在水平面模板取 $2.0kN/m^2$，浇筑混凝土产生的冲击荷载取 $2.0kN/m^2$，支架结构荷载取 $0.18kN/m^2$，其以自重的 1.2 倍来考虑。

2) 边跨支架承担荷载的混凝土体积计算

翼缘区：

$$2\times[(0.228+0.265)\text{m}\times0.8\text{m}\times0.5+(0.265+0.643)\text{m}\times 2.1\text{m}\times0.5]\times7.95\text{m}=18.295\text{m}^3$$

腹板区：

$$2\times4.6\text{m}\times0.45\text{m}\times7.95\text{m}=32.913\text{m}^3$$

顶板区：

$$[2\times(0.48+0.88)\text{m}\times1.2\text{m}\times0.5+0.48\text{m}\times3.1\text{m}]\times4.95\text{m}=15.444\text{m}^3$$

$$[2\times(0.48+0.88)\text{m}\times1.2\text{m}\times0.5+(0.48+0.78)\text{m}\times0.5\times3.1\text{m}]\times3\text{m}=10.755\text{m}^3$$

合计 26.199m^3。

底板区：

$$[2\times(0.46+0.76)\text{m}\times0.6\text{m}\times0.5+0.46\text{m}\times4.3\text{m}]\times4.95\text{m}=13.415\text{m}^3$$

$$[2\times(0.46+0.76)\text{m}\times0.6\text{m}\times0.5+(0.46+0.76)\text{m}\times0.5\times4.3\text{m}]\times3\text{m}=10.065\text{m}^3$$

合计 23.48m^3。

3）翼缘区均布荷载计算

恒载：

$$q=\frac{18.295\text{m}^3\times26\text{kN}/\text{m}^3\times1.2}{2\times2\times7.95\text{m}}=17.95\text{kN}/\text{m}$$

活载：

$$q_1=\frac{1.4\times(2.5+2+2)\text{kN}/\text{m}^2\times(2.9\text{m}\times7.95\text{m}\times2)}{2\times2\times7.95\text{m}}=13.2\text{kN}/\text{m}$$

$$q_2=\frac{1.4\times(2.5+2+2+0.18)\text{kN}/\text{m}^2\times(2.9\text{m}\times7.95\text{m}\times2)}{2\times2\times7.95\text{m}}=13.56\text{kN}/\text{m}$$

4）腹板区均布荷载计算

恒载：

$$q=\frac{32.913\text{m}^3\times26\text{kN}/\text{m}^3\times1.2}{2\times3\times7.95\text{m}}=21.53\text{kN}/\text{m}$$

活载：

$$q_1=\frac{1.4\times(2.5+2+2)\text{kN}/\text{m}^2\times(0.45\text{m}\times7.95\text{m}\times2)}{2\times3\times7.95\text{m}}=1.37\text{kN}/\text{m}$$

$$q_2=\frac{1.4\times(2.5+2+2+0.18)\text{kN}/\text{m}^2\times(0.45\text{m}\times7.95\text{m}\times2)}{2\times3\times7.95\text{m}}=1.4\text{kN}/\text{m}$$

5）底板区、顶板区均布荷载计算

恒载：

$$q=\frac{(26.199\text{m}^3+23.48\text{m}^3)\times26\text{kN}/\text{m}^3\times1.2}{7\times7.95\text{m}}=27.85\text{kN}/\text{m}$$

活载：

$$q_1 = \frac{1.4 \times (2.5 + 2 + 2)\text{kN/m}^2 \times (5.5\text{m} \times 7.95\text{m})}{7 \times 7.95\text{m}} = 7.26\text{kN/m}$$

$$q_2 = \frac{1.4 \times (2.5 + 2 + 2 + 0.18)\text{kN/m}^2 \times (5.5\text{m} \times 7.95\text{m})}{7 \times 7.95\text{m}} = 7.35\text{kN/m}$$

3.4.2 边跨支架内模验算

依据设计方案及设计参数，采用大型有限元软件 Midas 建立边跨支架内模有限元模型，如图 3-68 所示。

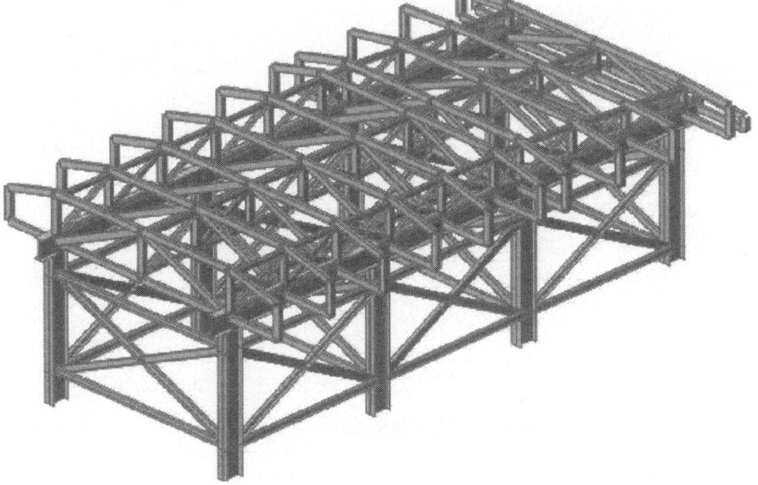

图 3-68　边跨支架内模有限元模型

顶板区均布荷载计算：

恒载：

$$q_1 = \frac{13.22\text{m}^3 \times 26\text{kN/m}^3 \times 1.2}{11 \times 3.1\text{m}} = 12.1\text{kN/m}$$

$$q_2 = \frac{12.97\text{m}^3 \times 26\text{kN/m}^3 \times 1.2}{11 \times 2.4\text{m}} = 15.3\text{kN/m}$$

活载：

$$q_1 = \frac{1.4 \times (2.5 + 2 + 2)\text{kN/m}^2 \times (5.5\text{m} \times 7.95\text{m})}{11 \times 5.5\text{m}} = 6.58\text{kN/m}$$

$$q_2 = \frac{1.4 \times (2.5 + 2 + 2 + 0.18)\text{kN/m}^2 \times (5.5\text{m} \times 7.95\text{m})}{11 \times 5.5\text{m}} = 6.76\text{kN/m}$$

1. 顶模骨架横梁(10 号槽钢)强度与挠度验算

经初步验算，顶模骨架上横梁强度不满足规范要求，需在上横梁与下横梁之间增加 10 号槽钢斜撑。

顶模骨架横梁的弯曲应力、剪应力、挠度计算结果如图 3-69～图 3-71 所示，由图可知 σ_{wmax}、τ_{max}、f_{max} 值，验算过程如下：

σ_{wmax}=113.06MPa＜[σ_w]=140MPa，满足规范要求。

τ_{max}=34.84MPa＜[τ]=80MPa，满足规范要求。

f_{max}=2.4mm＜L/400=2940mm/400=7.35mm，满足规范要求。

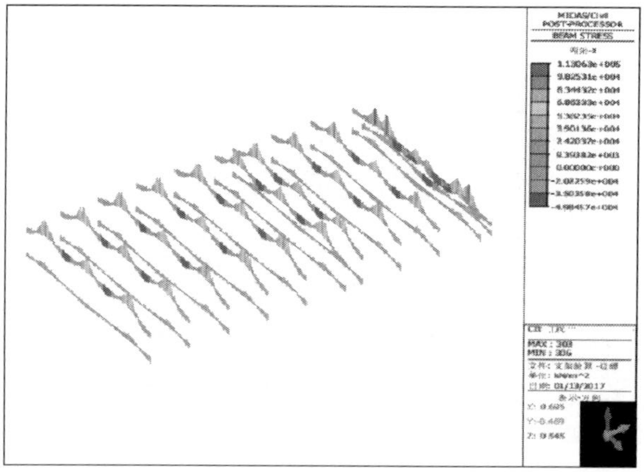

图 3-69　顶模骨架横梁弯曲应力分布图

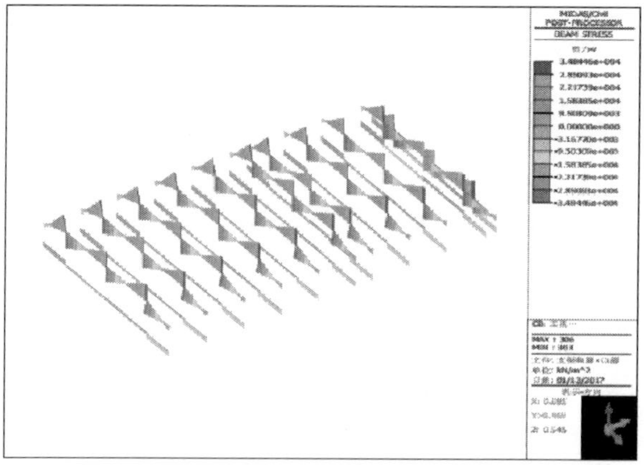

图 3-70　顶模骨架横梁剪应力分布图

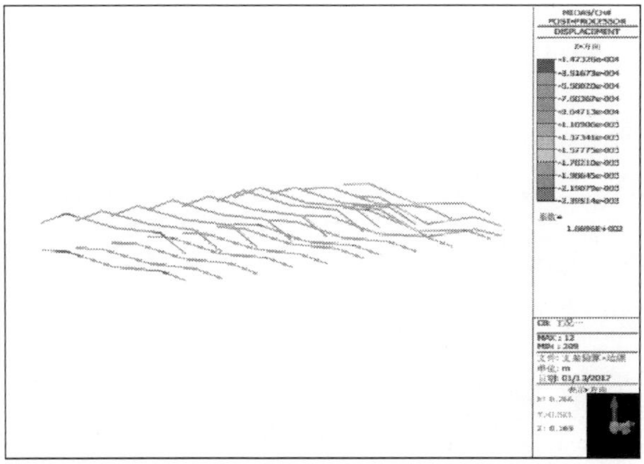

图 3-71　顶模骨架横梁挠度分布图

2. 顶模支撑桁架稳定性验算

顶模支撑桁架的轴力计算结果如图 3-72 所示，由图可知 N_{max}=62.73kN。按照两端铰接，取 l_{0x}=0.75m，l_{0y}=0.56m，则回转半径及长细比系数分别为

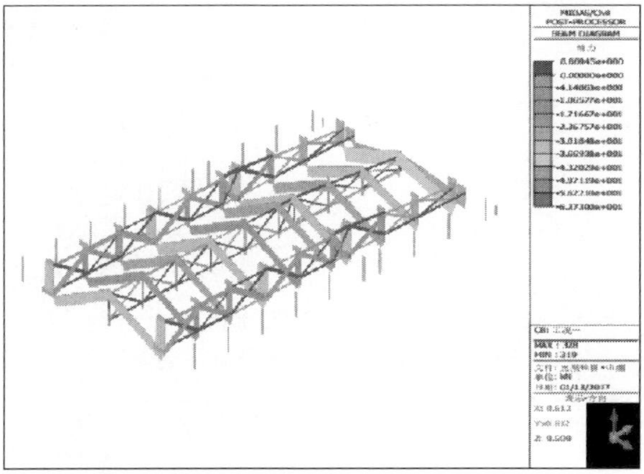

图 3-72　顶模支撑桁架轴力图

$$i_x = \sqrt{\frac{I_x}{A}} = \sqrt{\frac{1.983\times10^6\,\text{mm}^4}{1.274\times10^3\,\text{mm}^2}} = 39.45\text{mm}$$

$$i_y = \sqrt{\frac{I_y}{A}} = \sqrt{\frac{2.56\times10^5\,\text{mm}^4}{1.274\times10^3\,\text{mm}^2}} = 14.18\text{mm}$$

$$\lambda_x = \frac{l_{0x}}{i_x} = 750\text{mm} / 39.45\text{mm} = 19.01 < [\lambda] = 150$$

$$\lambda_y = \frac{l_{0y}}{i_y} = 560\text{mm} / 14.18\text{mm} = 39.49 < [\lambda] = 150$$

查得 $\varphi = 0.897$，则

$$\sigma_{\max} = N_{\max} / (\varphi A) = 62.73\text{kN} / (0.897 \times 1.274 \times 10^3)\text{mm}^2 = 54.89\text{MPa} < [\sigma_s] = 135\text{MPa}$$

满足规范要求。

3. 边跨支架内模纵梁(32b 工字钢)强度与挠度验算

边跨支架内模纵梁的弯曲应力、剪应力、挠度计算结果如图 3-73～图 3-75 所示，由图可知 σ_{wmax}、$\tau_{\max}$、$f_{\max}$ 值，验算过程如下：

σ_{wmax}=39.6MPa＜[σ_{w}]=140MPa，满足规范要求。

$\tau_{\max}$=39.0MPa＜[τ]=80MPa，满足规范要求。

$f_{\max}$=0.5mm＜L/400=2500mm/400=6.25mm，满足规范要求。

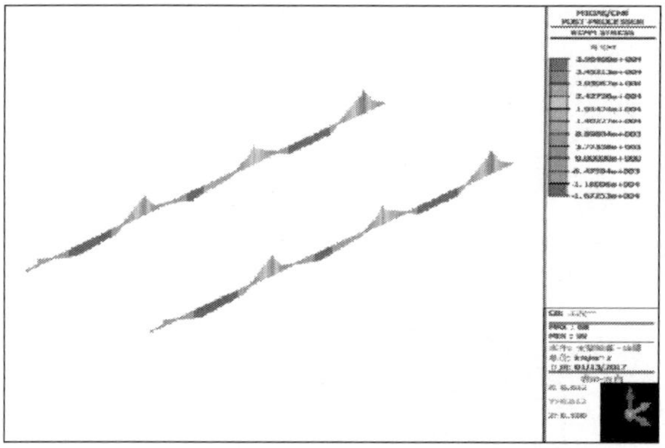

图 3-73　边跨支架内模纵梁弯曲应力分布图

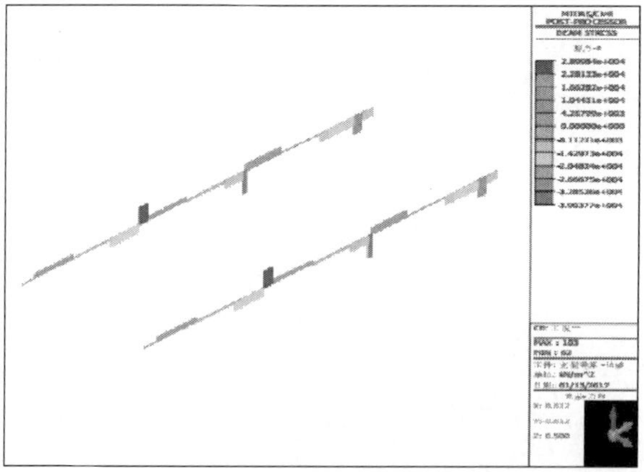

图 3-74　边跨支架内模纵梁剪应力分布图

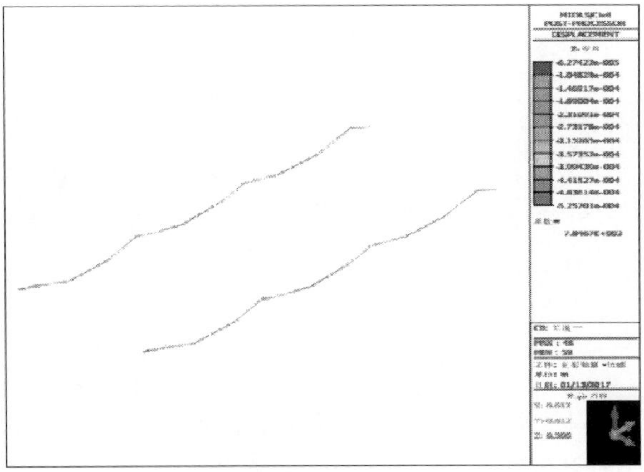

图 3-75　边跨支架内模纵梁挠度分布图

4. 立柱稳定性验算

立柱采用双拼 25 号槽钢，其轴力计算结果如图 3-76 所示，由图可知 $N_{\max}$=160.19kN。按照两端铰接，取 l_{0x}=l_{0y}=1.4m，回转半径及长细比系数分别为

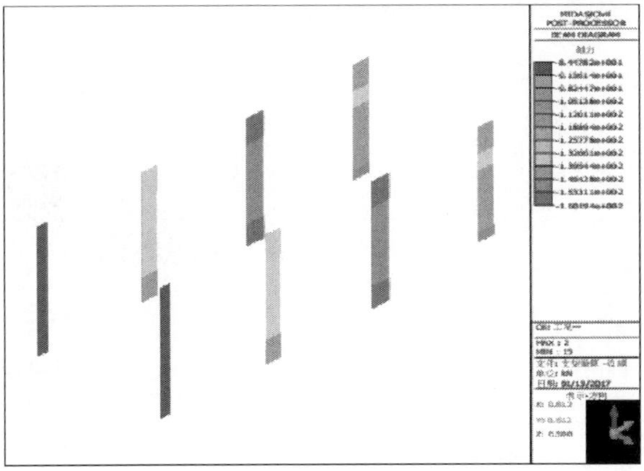

图 3-76　边跨支架内模立柱轴力分布图

$$i_x=\sqrt{\frac{I_x}{A}}=\sqrt{\frac{6.718\times10^7\,\text{mm}^4}{6.982\times10^3\,\text{mm}^2}}=90.1\text{mm}$$

$$i_y=\sqrt{\frac{I_y}{A}}=\sqrt{\frac{8.328\times10^5\,\text{mm}^4}{6.982\times10^3\,\text{mm}^2}}=10.92\text{mm}$$

$$\lambda_x=\frac{l_{0x}}{i_x}=1400\text{mm}/90.1\text{mm}=15.54<[\lambda]=150$$

$$\lambda_y = \frac{l_{0y}}{i_y} = 1400\text{mm} / 10.92\text{mm} = 128.2 < [\lambda] = 150$$

查得 $\varphi = 0.392$，则

$$\sigma_{\max} = N_{\max} / (\varphi A) = 160.19\text{kN} / (0.392 \times 6.982 \times 10^3)\text{mm}^2 = 58.53\text{MPa} < [\sigma_s] = 135\text{MPa}$$

满足规范要求。

5. 底板承压能力验算

立柱支撑在底板上，在底板上预埋 30cm×30cm×1cm 钢板。由图 3-77 可知，支座最大反力为 160.2kN。

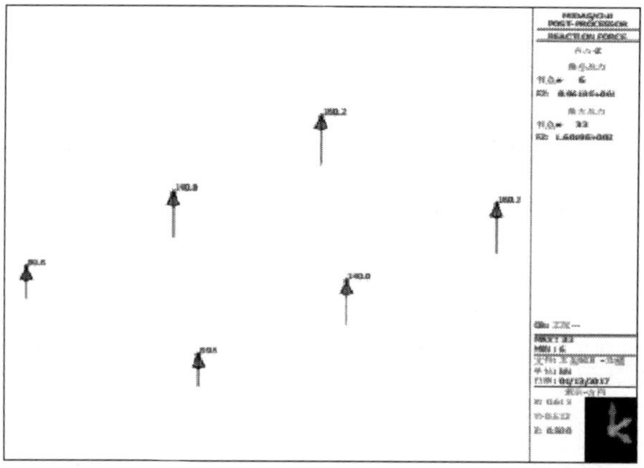

图 3-77　边跨支架内模立柱竖向反力图

板抗剪承载力为

$\tau_{\max} = Q_{\max} / A$=160.2kN/（1096×10）mm^2=14.62MPa＜[τ]=80MPa，满足规范要求。

底板为 C50 混凝土，其承压应力为

$\sigma_{\max} = N_{\max} / A$=160.2kN/（300×300）mm^2=1.78MPa＜[σ]=23.1MPa，满足规范要求。

3.4.3　边跨支架验算

依据设计方案及相关参数，采用大型有限元软件 Midas 建立边跨支架有限元模型，如图 3-78 所示。

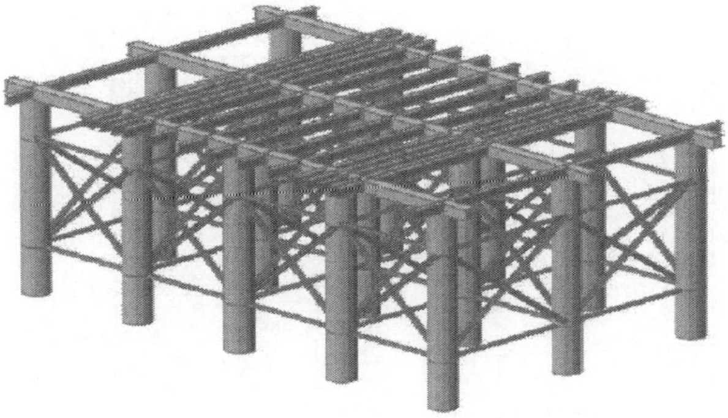

图 3-78　边跨支架有限元模型

1. 纵梁(32b 工字钢)强度与挠度验算

边跨支架纵梁的弯曲应力、剪应力、挠度计算结果如图 3-79～图 3-81 所示，由图可知 σ_{wmax}、τ_{max}、f_{max} 值，验算过程如下：

σ_{wmax}=50.04MPa＜[σ_s]=140MPa，满足规范要求。

τ_{max}=21.28MPa＜[τ]=80MPa，满足规范要求。

f_{max}=2.54mm＜L/400=3260mm/400=8.15mm，满足规范要求。

2. 横梁强度与挠度验算

边跨支架横梁的弯曲应力、剪应力、挠度计算结果如图 3-82～图 3-84 所示，由图可知 σ_{wmax}、τ_{max}、f_{max} 值，验算过程如下：

σ_{wmax}=50.87MPa＜[σ_w]=140MPa，满足规范要求。

τ_{max}=34.13MPa＜[τ]=80MPa，满足规范要求。

f_{max}=1.86mm＜L/400=2650mm/400=6.625mm，满足规范要求。

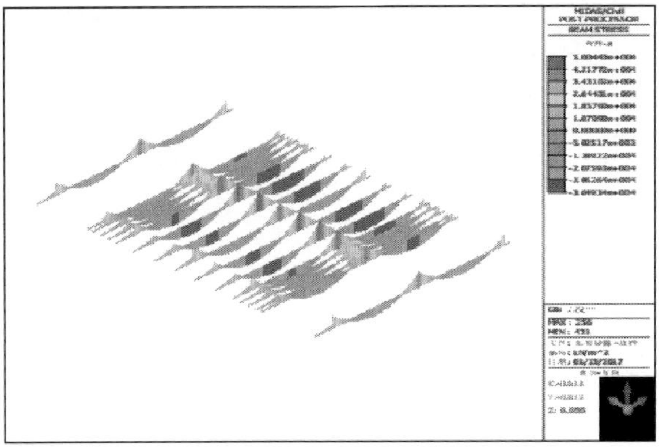

图 3-79　边跨支架纵梁弯曲应力分布图

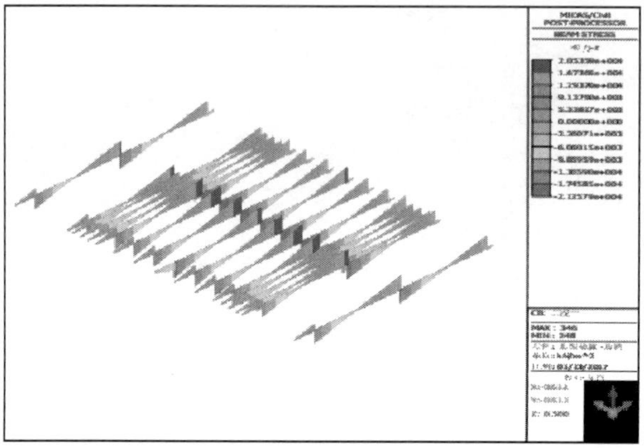

图 3-80　边跨支架纵梁剪应力分布图

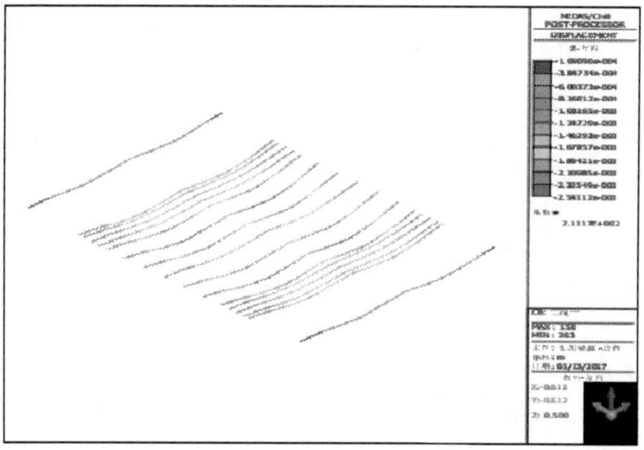

图 3-81　边跨支架纵梁挠度分布图

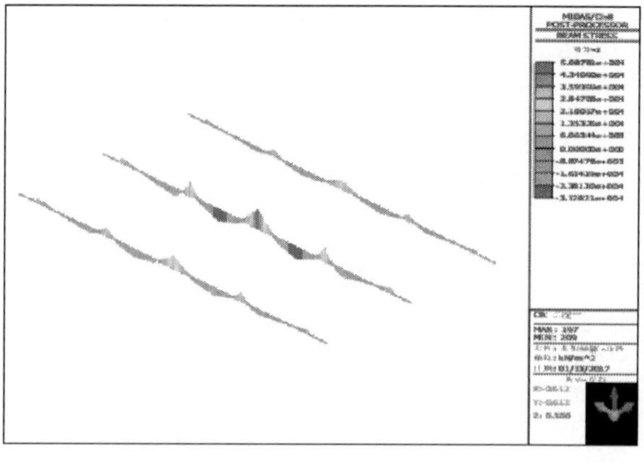

图 3-82　边跨支架横梁弯曲应力分布图

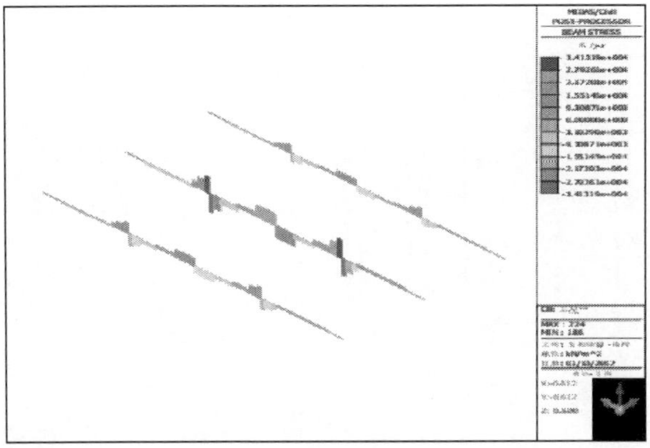

图 3-83　边跨支架横梁剪应力分布图

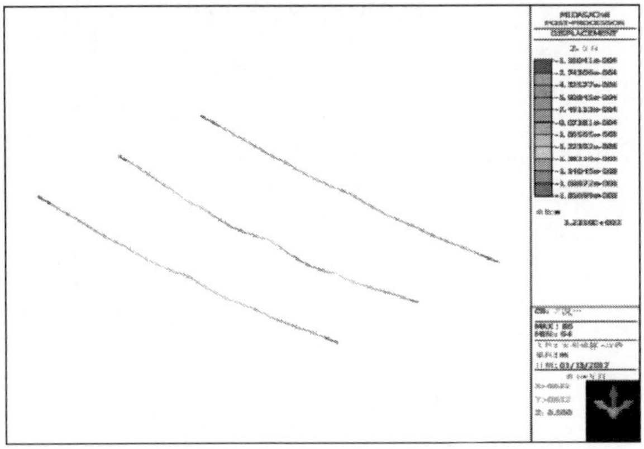

图 3-84　边跨支架横梁挠度分布图

3. 钢管柱(530)稳定性验算

钢管柱的轴力计算结果如图 3-85 所示，由图可知 $N_{\max}$=544.5kN，按照两端铰支，取 $l_{0x}=l_{0y}=4.0\text{m}$，回转半径及长细比系数分别为

$$i_x=i_y=\sqrt{\frac{I}{A}}=\sqrt{\frac{4.469\times10^8\text{mm}^4}{1.312\times10^4\text{mm}^2}}=184.58\text{mm}$$

$$\lambda=\frac{l_{0x}}{i_x}=\frac{l_{0y}}{i_y}=4000\text{mm}/184.58\text{mm}=21.67<[\lambda]=150$$

查得 $\varphi=0.961$，则

$$\sigma_{\max}=N_{\max}/(\varphi A)=544.5\text{kN}/(0.961\times1.312\times10^4)\text{mm}^2=43.19\text{MPa}<[\sigma]=135\text{MPa}$$

满足规范要求。

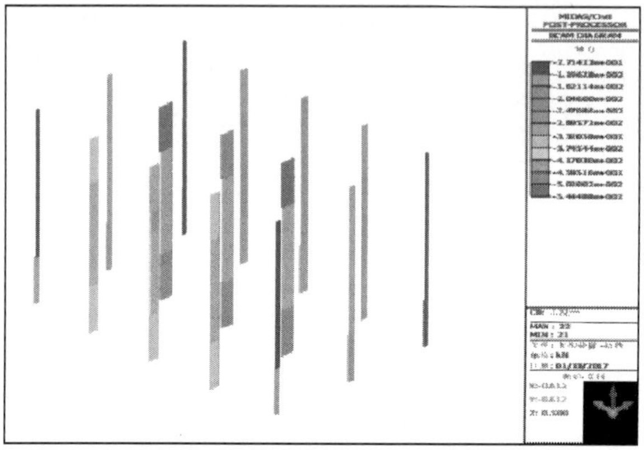

图 3-85　钢管柱轴力分布图

4. 承台抗压承载力验算

钢管部分支撑在承台上，部分支撑在条形基础上，在承台和条形基础上预埋 60cm×60cm×1cm 钢板。钢管竖向反力如图 3-86 所示，可知支座最大反力为 481.6kN。

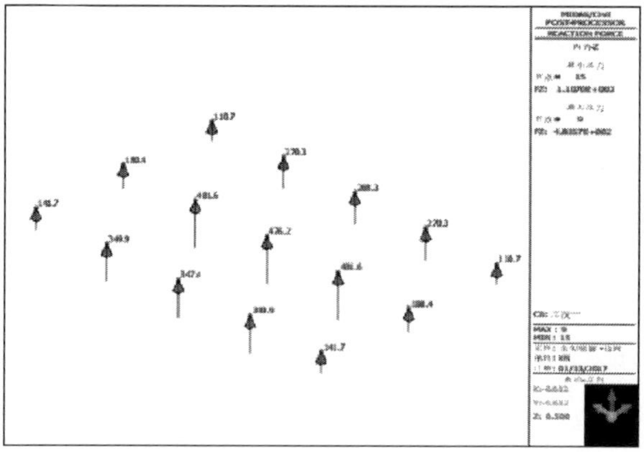

图 3-86　钢管竖向反力图

板抗剪承载力为

$$\tau_{max}=Q_{max}/A=481.6\text{kN}/(530\times\pi\times10)\text{mm}^2=28.94\text{MPa}<[\tau]=80\text{MPa}$$

满足规范要求。

承台、条形基础为 C30 混凝土，其承压应力为

$$\sigma_{max}=N_{max}/A=481.6\text{kN}/(600\times600)\text{mm}^2=1.34\text{MPa}<[\sigma]=14.3\text{MPa}$$

满足规范要求。

基底所需承载力为

$$p=\frac{\sum F_k}{bL}=\frac{(180.4+481.6+476.2+481.6+180.4)\text{kN}}{1.5\text{m}\times 12\text{m}}=100.01\text{kN}/\text{m}^2$$

取反力最大的柱端节点，其所需承载力为

$$p=\frac{F_{\max}}{bL_1}=\frac{481.6\text{kN}}{1.5\text{m}\times\frac{2.65+2.65}{2}\text{m}}=121.16\text{kN}/\text{m}^2$$

边跨支架条形基础的地基承载力需要依据基地所需承载力确定。

3.5　模 板 验 算

混凝土侧压力(取两式中较小值)可由下式计算：

$$F=0.22\times\gamma_{\text{c}}\times t_0\times\beta_1\times\beta_2\times\sqrt{V}$$

式中，F 为新浇筑混凝土对模板的最大侧压力，kN；γ_{c} 为混凝土的容重(26kN/m^3)；t_0 为初凝时间，取 t_0=8h；β_1 为外加剂修正系数(不加外加剂时 β_1=1)；β_2 为坍落度修正系数(坍落度在 110～150mm 时 β_2=1.15)；V 为浇筑速度，一般箱梁分段筑(底板-腹板)，按常规取 1m/h。

$$F=0.22\times 26\text{kN}/\text{m}^3\times 8\text{h}\times 1\times 1.15\times\sqrt{1}\text{m}/\text{h}=52.6\text{kN}/\text{m}^2$$

考虑到混凝土浇筑时，振捣和倾倒混凝土对模板产生的侧压力为 4kN/m^2，则总侧压力为

$$F=52.6\text{kN/m}^2+4\text{kN/m}^2=56.6\text{kN/m}^2$$

$$q_1=1.4\times(52.6+4)\text{kN/m}^2=79.24\text{kN/m}^2$$

$$q_2=52.6\text{kN/m}^2$$

1. 支架、挂篮翼缘底模板

翼缘底模板采用 4mm 厚钢板，翼缘区均布荷载计算如下：
恒载：

$$q=\frac{32.84\text{m}^3\times 26\text{kN}/\text{m}^3\times 1.2}{2\times 2.9\text{m}\times 13\text{m}}=13.59\text{kN}/\text{m}^2$$

活载：

$$q_2 = \frac{1.4 \times (2.5 + 2 + 2)\ \text{kN} / \text{m}^2 \times (2.9\text{m} \times 13\text{m} \times 2)}{2 \times 2.9\text{m} \times 13\text{m}} = 9.1\text{kN} / \text{m}^2$$

$$q_2 = \frac{1.4 \times (2.5 + 2 + 2 + 0.18)\ \text{kN} / \text{m}^2 \times (2.9\text{m} \times 13\text{m} \times 2)}{2 \times 2.9\text{m} \times 13\text{m}} = 9.35\text{kN} / \text{m}^2$$

验算支架、挂篮翼缘底模板的强度和挠度，模板弯曲应力、剪应力、挠度计算结果如图 3-87～图 3-89 所示，由图可知 σ_{wmax}、τ_{max}、f_{max} 值，验算过程如下：

σ_{wmax}=15.9MPa＜[σ_w]=140MPa，满足规范要求。

τ_{max}=2.5MPa＜[τ]=80MPa，满足规范要求。

f_{max}=1.6mm＜L/400=750mm/400=1.875mm，满足规范要求。

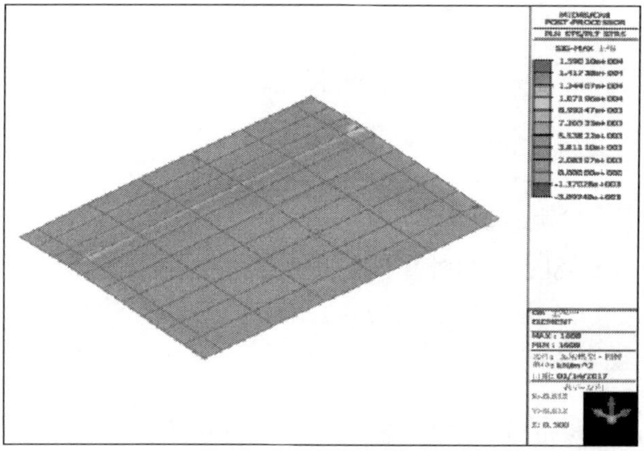

图 3-87　支架、挂篮底模板弯曲应力分布图

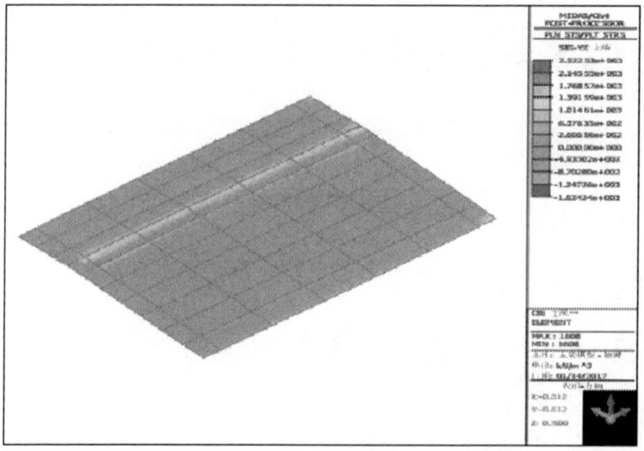

图 3-88　支架、挂篮底模板剪应力分布图

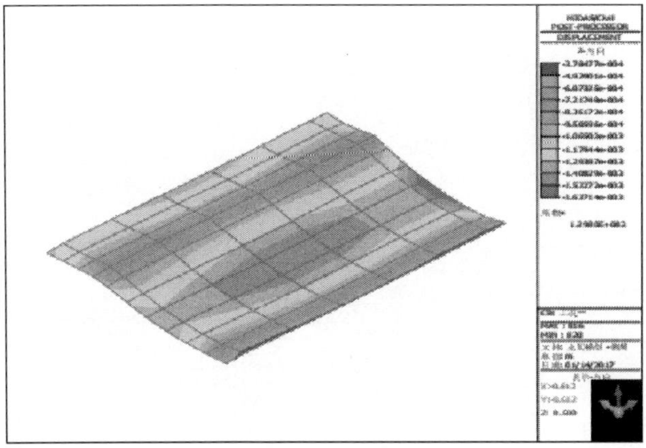

图 3-89　支架、挂篮底模板挠度分布图

2. 支架、挂篮外侧模板

支架、挂篮外侧模板采用 4mm 厚钢板，支架外侧模板均布荷载为

$$q_1 = 1.4 \times (52.6 + 4)\text{kN} / \text{m}^2 = 79.24\text{kN} / \text{m}^2$$

验算支架、挂篮外侧模板的强度和挠度，模板弯曲应力、剪应力、挠度计算结果如图 3-90～图 3-92 所示，由图可知 σ_{wmax}、$\tau_{\max}$、$f_{\max}$ 值，验算过程如下：

σ_{wmax}=116.6MPa＜[σ_{w}]=140MPa，满足规范要求。

$\tau_{\max}$=1.8MPa＜[τ]=80MPa，满足规范要求。

$f_{\max}$=1.6mm＜L/400=750mm/400=1.875mm，满足规范要求。

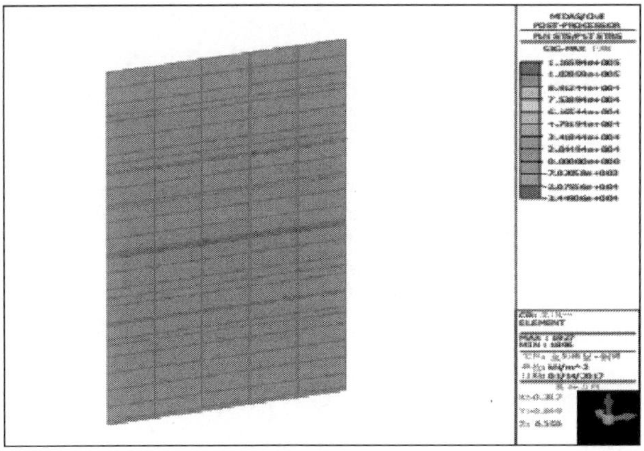

图 3-90　支架、挂篮外侧模板弯曲应力分布图

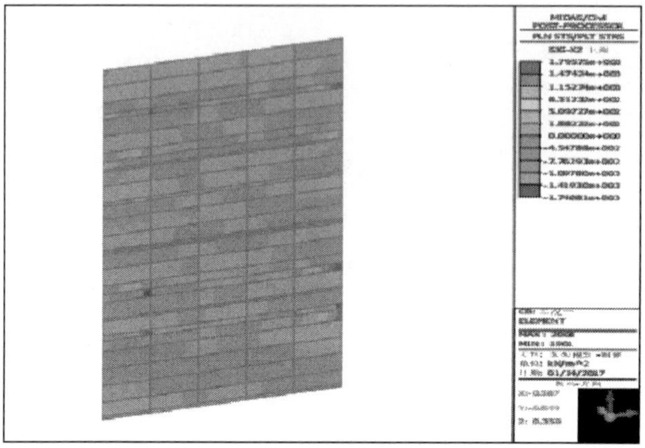

图 3-91　支架、挂篮外侧模板剪应力分布图

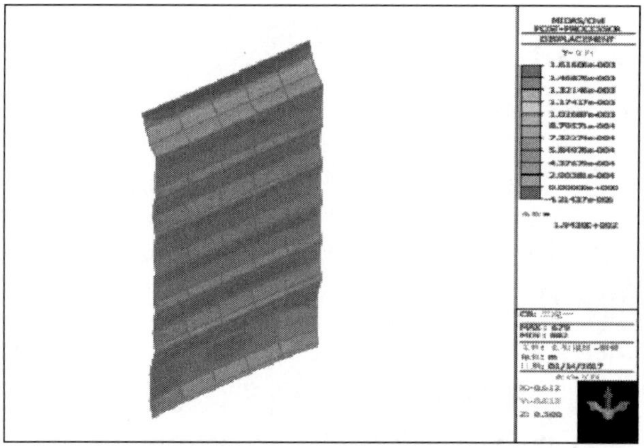

图 3-92　支架、挂篮外侧模板挠度分布图

3. 模板纵肋(6.3 号槽钢)的强度和挠度验算

外侧模板纵肋弯曲应力、剪应力、挠度计算结果如图 3-93～图 3-95 所示，由图可知 σ_{wmax}、τ_{max}、f_{max} 值，验算过程如下：

σ_{wmax}=43.65MPa＜[σ_w]=140MPa，满足规范要求。

τ_{max}=10.2MPa＜[τ]=80MPa，满足规范要求。

f_{max}=1.6mm＜L/400=750mm/400=1.875mm，满足规范要求。

4. 钢桁架(10 号槽钢)验算

钢桁架弯曲应力、剪应力、挠度计算结果如图 3-96～图 3-98 所示，由图可知 σ_{wmax}、τ_{max}、f_{max} 值，验算过程如下：

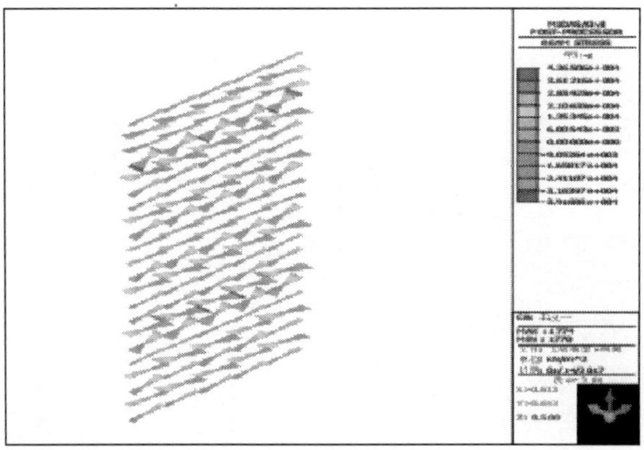

图 3-93　外侧模板纵肋弯曲应力分布图

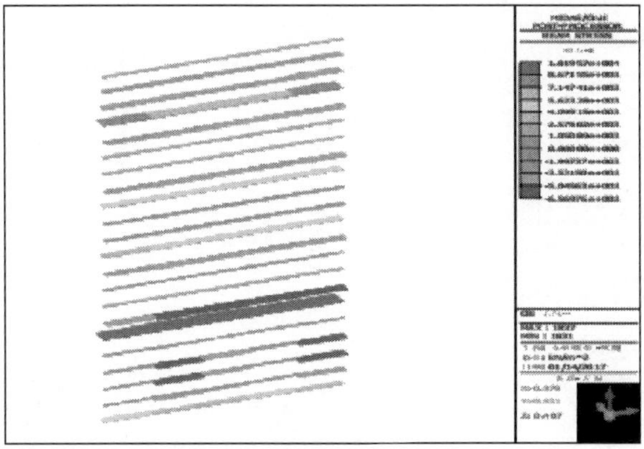

图 3-94　外侧模板纵肋剪应力分布图

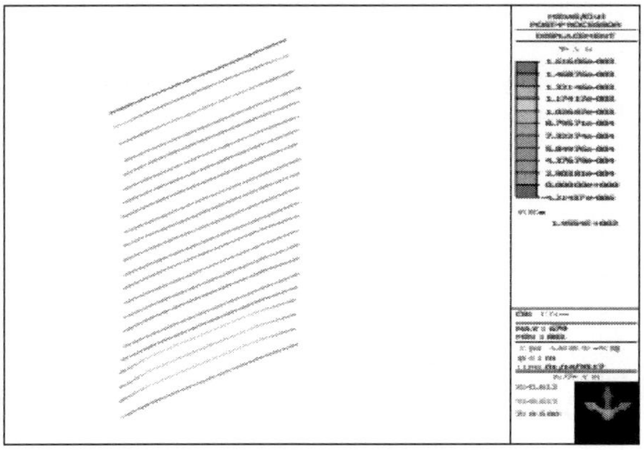

图 3-95　外侧模板纵肋挠度分布图

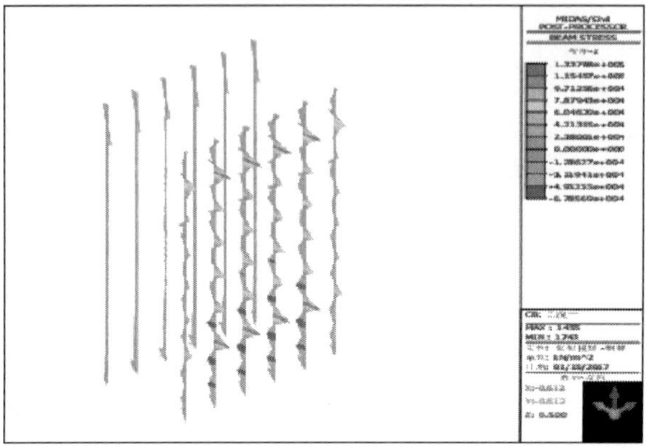

图 3-96　钢桁架(10 号槽钢)弯曲应力分布图

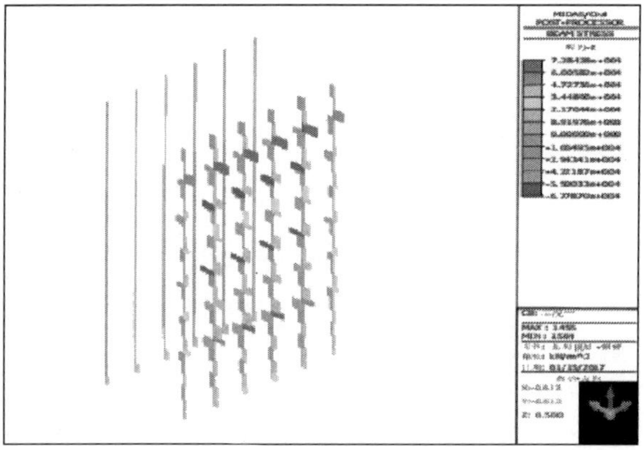

图 3-97　钢桁架(10 号槽钢)剪应力分布图

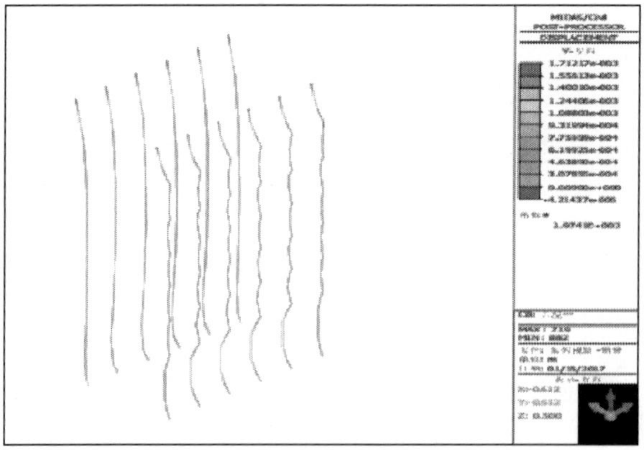

图 3-98　钢桁架(10 号槽钢)挠度分布图

σ_{wmax}=133.8MPa＜[σ_w]=140MPa，满足规范要求。

τ_{max}=72.8MPa＜[τ]=80MPa，满足规范要求。

f_{max}=1.7mm＜L/400=1710mm/400=4.275mm，满足规范要求。

5. 对拉螺杆(M26)验算

对拉螺栓轴力计算结果如图 3-99 所示，由图可知 N_{max}= 67.6kN，验算如下：

$$\sigma_{max} = \frac{67.6\text{kN}}{531\text{mm}^2} = 127.3\text{MPa} < [\sigma] = 135\text{MPa}$$

满足规范要求。

$$\Delta l = \frac{Fl}{EA} = \frac{67.6\times10^3\text{N}\times1490\text{mm}}{2.1\times10^5\text{MPa}\times531\text{mm}^2} = 0.9\text{mm}$$

满足规范要求。其中，F 为对拉螺栓受到的拉力，kN；l 为对拉螺栓的长度，mm；E 为对拉螺栓的弹性模量，MPa；A 为对拉螺栓的面积，mm^2。

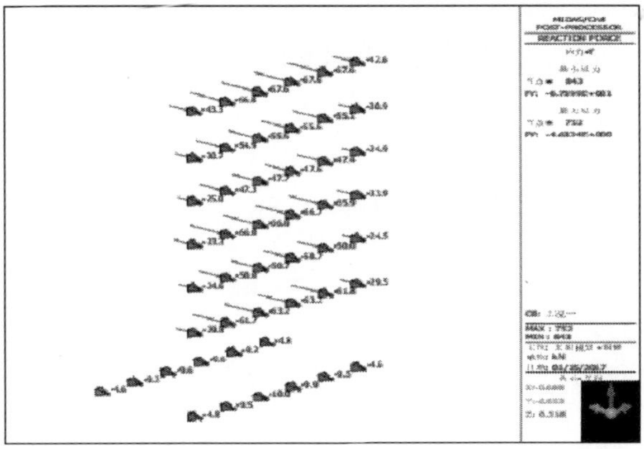

图 3-99　对拉螺栓轴力分布图

6. 支架、挂板内侧模板

支架内侧模面板由 15mm 厚竹胶板和 10cm×5cm 方木及ϕ48mm×3mm 钢管组成，方木横向布置，纵向水平间距 20cm，纵向水平方向由两根ϕ48mm 钢管通过 M26 对拉螺杆和外模板加以固定，纵向水平间距 75cm，竖向间距 80cm。

木材(A-2 杉木)容许弯曲应力[σ]=13MPa，容许剪应力[τ]=2MPa，弹性模量 E=10^{4}MPa。根据《路桥施工计算手册》，并综合考虑浸水时间，竹胶板的力学指标取[σ]=12MPa，[τ]=1.3MPa，E=5×10^{3}MPa。

1) 支架侧模竹胶板强度与挠度验算

$$q = 1.4 \times (52.6 + 4)\mathrm{kN/m^2} = 79.24\mathrm{kN/m^2}$$

取板宽 b=10cm，对 15cm 厚竹胶板进行强度及挠度检算。

荷载集度：

$$q_1 = 79.24\mathrm{kN/m^2} \times 0.1\mathrm{m} = 7.924\mathrm{kN/m}$$
$$q_2 = 52.6\mathrm{kN/m^2} \times 0.1\mathrm{m} = 5.26\mathrm{kN/m}$$

弯矩：

$$M = ql^2/8 = 7.924\mathrm{kN/m} \times (0.2\mathrm{m})^2/8 = 0.04\mathrm{kN \cdot m}$$

截面抵抗矩：

$$W = bh^2/6 = 0.1\mathrm{m} \times (0.015\mathrm{m})^2/6 = 3.75 \times 10^{-6}\mathrm{m^3}$$

截面抗弯惯性矩：

$$I = bh^3/12 = 0.1\mathrm{m} \times (0.015\mathrm{m})^3/12 = 2.81 \times 10^{-8}\mathrm{m^4}$$

弯曲应力：

$$\sigma_\mathrm{w} = M/W = 0.04\mathrm{kN \cdot m}/3.75 \times 10^{-6}\mathrm{m^3} = 10.7\mathrm{MPa} < [\sigma] = 12\mathrm{MPa}$$

满足规范要求。

剪应力：

$$\tau = N/A = 0.5 \times 7.924\mathrm{kN/m} \times 0.2\mathrm{m}/(0.1\mathrm{m} \times 0.015\mathrm{m}) = 0.53\mathrm{MPa} < [\tau] = 1.3\mathrm{MPa}$$

满足规范要求。

挠度：

$$\begin{aligned} f &= 5ql^4/(384EI) = 5 \times 5.26\mathrm{kN/m} \times (0.2\mathrm{m})^4/(384 \times 5 \times 10^3\mathrm{MPa} \times 2.81 \times 10^{-8}\mathrm{m^4}) \\ &= 0.78\mathrm{mm} > L/400 = 0.5\mathrm{mm} \end{aligned}$$

不满足规范要求。

2) 10cm×5cm 方木强度及挠度验算

荷载集度：

$$q_1 = 79.24\mathrm{kN/m^2} \times 0.8\mathrm{m} \times 0.2\mathrm{m}/0.8\mathrm{m} = 15.85\mathrm{kN/m}$$
$$q_2 = 52.6\mathrm{kN/m^2} \times 0.8\mathrm{m} \times 0.2\mathrm{m}/0.8\mathrm{m} = 10.52\mathrm{kN/m}$$

弯矩：

$$M = ql^2/8 = 15.85\text{kN}/\text{m} \times (0.8\text{m})^2/8 = 1.27\text{kN}\cdot\text{m}$$

截面抵抗矩：

$$W = bh^2/6 = 0.05\text{m} \times (0.1\text{m})^2/6 = 8.3 \times 10^{-5}\text{m}^3$$

截面抗弯惯性矩：

$$I = bh^3/12 = 0.05\text{m} \times (0.1\text{m})^3/12 = 4.17 \times 10^{-6}\text{m}^4$$

弯曲应力：

$$\sigma_{\text{w}} = M/W = 1.27\text{kN}\cdot\text{m}/(8.3 \times 10^{-5}\text{m}^3) = 15.3\text{MPa} > [\sigma] = 13\text{MPa}$$

不满足规范要求。

剪应力：

$$\tau = N/A = 0.5 \times 15.85\text{kN}/\text{m} \times 0.8\text{m}/(0.1\text{m} \times 0.05\text{m}) = 1.268\text{MPa} < [\tau] = 2\text{MPa}$$

满足规范要求。

挠度：

$$f = 5ql^4/(384EI) = 5 \times 10.52\text{kN}/\text{m} \times (0.8\text{m})^4/(384 \times 1 \times 10^4\text{MPa} \times 4.17 \times 10^{-6}\text{m}^4)$$
$$= 1.3\text{mm} < L/400 = 800\text{mm}/400 = 2\text{mm}$$

满足规范要求。

7. 中跨支架、挂篮顶模

支架顶模面板采用 15mm 厚竹胶板和 10cm×10cm 方木组成，方木纵向布置，方木间距 20cm，纵向支撑间距 80cm。

木材（A-2 红杉木）容许弯曲应力[σ]=13MPa，容许剪应力[τ]=2.0MPa，弹性模量 E=10^4Mpa。根据《路桥施工计算手册》和《建筑技术》，并综合考虑浸水时间，竹胶板的力学指标取[σ]=12MPa，[τ]=1.3MPa，E=5×10^3MPa。

1）10cm×15mm 竹胶板强度及挠度计算

荷载集度：

$$q_1 = (46.44 + 9.35)\text{kN}/\text{m}^2 \times 0.1\text{m} = 5.58\text{kN}/\text{m}$$
$$q_2 = (46.44/1.2)\text{kN}/\text{m}^2 \times 0.1\text{m} = 3.87\text{kN}/\text{m}$$

弯矩：

$$M = q_1 l^2 / 8 = 5.58\text{kN} / \text{m} \times (0.2\text{m})^2 / 8 = 0.0279\text{kN} \cdot \text{m}$$

截面抵抗矩：

$$W = bh^2 / 6 = 0.1\text{m} \times (0.015\text{m})^2 / 6 = 3.75 \times 10^{-6}\text{m}^3$$

截面抗弯惯性矩：

$$I = bh^3 / 12 = 0.1\text{m} \times (0.015\text{m})^3 / 12 = 2.81 \times 10^{-8}\text{m}^4$$

弯曲应力：

$$\sigma_\text{w} = \frac{M}{W} = 0.0279\text{kN} \cdot \text{m} / (3.75 \times 10^{-6}\text{m}^3) = 7.44\text{MPa} < [\sigma] = 12\text{MPa}$$

满足规范要求。

剪应力：

$$\tau = N / A = 0.5 \times 5.58\text{kN} / \text{m} \times 0.2\text{m} / (0.1\text{m} \times 0.015\text{m}) = 0.372\text{MPa} < [\tau] = 1.3\text{MPa}$$

满足规范要求。

挠度：

$$\begin{aligned} f &= 5q_2 l^4 / (384EI) = 5 \times 3.87\text{kN} / \text{m} \times (0.2\text{m})^4 / (384 \times 5 \times 10^3\text{MPa} \times 2.81 \times 10^{-8}\text{m}^4) \\ &= 0.57\text{mm} > L / 400 = 200\text{mm} / 400 = 0.5\text{mm} \end{aligned}$$

不满足规范要求。

2) 10cm×10cm 方木强度及挠度验算

荷载集度：

$$q_1 = 55.79\text{kN} / \text{m}^2 \times 0.8\text{m} \times 0.2\text{m} / 0.8\text{m} = 11.16\text{kN} / \text{m}$$

$$q_2 = 38.7\text{kN} / \text{m}^2 \times 0.8\text{m} \times 0.2\text{m} / 0.8\text{m} = 7.74\text{kN} / \text{m}$$

弯矩：

$$M = ql^2 / 8 = 11.16\text{kN} / \text{m} \times (0.8\text{m})^2 / 8 = 0.89\text{kN} \cdot \text{m}$$

截面抵抗矩：

$$W = bh^2 / 6 = 0.1\text{m} \times (0.1\text{m})^2 / 6 = 1.7 \times 10^{-4}\text{m}^3$$

截面抗弯惯性矩：

$$I = bh^3 / 12 = 0.1\text{m} \times (0.1\text{m})^3 = 8.3 \times 10^{-6}\text{m}^4$$

弯曲应力：

$$\sigma_\text{w} = M / W = 0.89\text{kN} \cdot \text{m} / 1.7 \times 10^{-4}\text{m}^3 = 5.24\text{MPa} < [\sigma] = 13\text{MPa}$$

满足规范要求。

剪应力：

$$\tau = N / A = 0.5 \times 11.6\text{kN} / \text{m} \times 0.8\text{m} / (0.1\text{m} \times 0.1\text{m}) = 0.46\text{MPa} < [\tau] = 2\text{MPa}$$

满足规范要求。

挠度：

$$\begin{aligned} f &= 5ql^4 / (384EI) = 5 \times 7.74\text{kN} / \text{m} \times (0.8\text{m})^4 / (384 \times 1 \times 10^4\text{MPa} \times 8.3 \times 10^{-6}\text{m}^4) \\ &= 0.5\text{mm} < L / 400 = 800\text{mm} / 400 = 2\text{mm} \end{aligned}$$

满足规范要求。

8. 边跨支架顶模

边跨支架顶模面板采用 15mm 厚竹胶板和 10cm×10cm 方木组成，方木纵向布置，方木间距 25cm，纵向支撑间距为 90cm。

木材(A-2 红杉木)容许弯曲应力[σ]=13MPa，容许剪应力[τ]=2.0MPa，弹性模量 E=10^{4}Mpa。根据《路桥施工计算手册》和《建筑技术》，并综合考虑浸水，竹胶模板的力学指标取[σ]=12MPa，[τ]=1.3MPa，E=5×10^{3}MPa。

1) 10cm×15mm 竹胶板强度及挠度计算

荷载集度：

$$q_1 = (18.69 + 9.35)\text{kN} / \text{m}^2 \times 0.1\text{m} = 2.8\text{kN} / \text{m}$$
$$q_2 = (18.69 / 1.2)\text{kN} / \text{m}^2 \times 0.1\text{m} = 1.56\text{kN} / \text{m}$$

弯矩：

$$M = q_1 l^2 / 8 = 2.8\text{kN} / \text{m} \times (0.25\text{m})^2 / 8 = 0.022\text{kN} \cdot \text{m}$$

截面抵抗矩：

$$W = bh^2 / 6 = 0.1\text{m} \times (0.015\text{m})^2 / 6 = 3.75 \times 10^{-6}\text{m}^3$$

截面抗弯惯性矩：

$$I = bh^3 / 12 = 0.1\text{m} \times (0.015\text{m})^3 / 12 = 2.81 \times 10^{-8}\text{m}^4$$

弯曲正应力：

$$\sigma = M / W = 0.022\text{kN} \cdot \text{m} / 3.75 \times 10^{-6}\text{m}^3 = 5.87\text{MPa} < [\sigma] = 12\text{MPa}$$

满足规范要求。

剪应力：

$$\tau = N / A = 0.5 \times 2.8\text{kN} / \text{m} \times 0.25\text{m} / (0.1\text{m} \times 0.015\text{m}) = 0.23\text{MPa} < [\tau] = 1.3\text{MPa}$$

满足规范要求。

挠度：

$$\begin{aligned} f &= 5q_2l^4 / (384EI) = 5 \times 1.56\text{kN} / \text{m} \times (0.25\text{m})^4 / (384 \times 5 \times 10^3\text{MPa} \times 2.81 \times 10^{-8}\text{m}^4) \\ &= 0.56\text{mm} < L / 400 = 250\text{mm} / 400 = 0.625\text{mm} \end{aligned}$$

满足规范要求。

2) 10cm×10cm 方木强度及挠度验算

荷载集度：

$$q_1 = 28.04\text{kN} / \text{m}^2 \times 0.9\text{m} \times 0.25\text{m} / 0.9\text{m} = 7.01\text{kN} / \text{m}$$
$$q_2 = 15.6\text{kN} / \text{m}^2 \times 0.9\text{m} \times 0.25\text{m} / 0.9\text{m} = 3.9\text{kN} / \text{m}$$

弯矩：

$$M = ql^2 / 8 = 7.07\text{kN} / \text{m} \times (0.9\text{m})^2 / 8 = 0.72\text{kN} \cdot \text{m}$$

截面抵抗矩：

$$W = bh^2 / 6 = 0.1\text{m} \times (0.1\text{m})^2 / 6 = 1.7 \times 10^{-4}\text{m}^3$$

截面抗弯惯性矩：

$$I = bh^3 / 12 = 0.1\text{m} \times (0.1\text{m})^3 = 8.3 \times 10^{-6}\text{m}^4$$

弯曲应力：

$$\sigma_\text{w} = M / W = 0.72\text{kN} \cdot \text{m} / 1.7 \times 10^{-4}\text{m}^3 = 4.24\text{MPa} < [\sigma] = 13\text{MPa}$$

满足规范要求。

剪应力：

$$\tau = N / A = 0.5 \times 7.01\text{kN/m} \times 0.9\text{m} / (0.1\text{m} \times 0.1\text{m}) = 0.32\text{MPa} < [\tau] = 2\text{MPa}$$

满足规范要求。

挠度：

$$f = 5q_2 l^4 / (384EI) = 5 \times 3.9\text{kN/m} \times (0.9\text{m})^4 / (384 \times 1 \times 10^4 \text{MPa} \times 8.3 \times 10^{-6} \text{m}^4)$$
$$= 0.4\text{mm} < L/400 = 900\text{mm}/400 = 2.25\text{mm}$$

满足规范要求。

3.6　临时支座验算

1. 支座参数

对称浇筑施工，最大不平衡重为 20t。在 0 号块施工时布置临时支座抵抗不平衡重弯矩，临时支座距主墩永久支座中心 180.5cm，临时支座内设置 3 层钢筋网片，主墩每侧设置 20 根临时ϕ32mm 精轧螺纹钢筋，临时支座混凝土等级为 C50，如图 3-100 和图 3-101 所示。

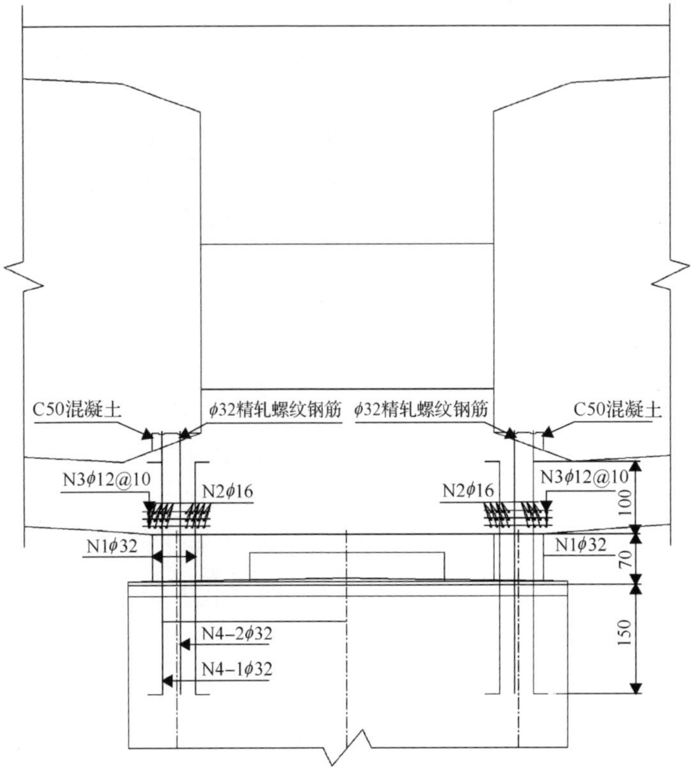

图 3-100　临时支座立面图(单位：cm)

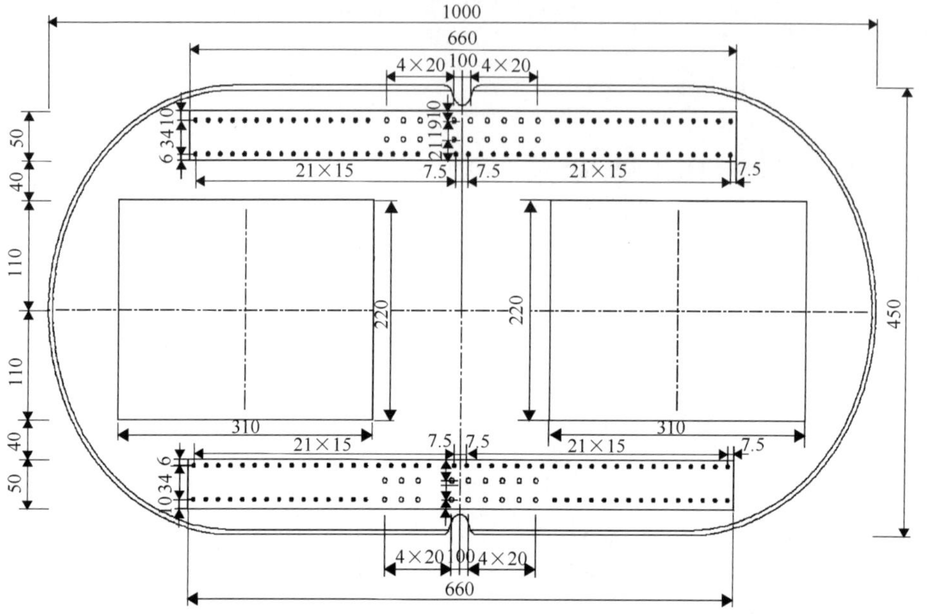

图 3-101 临时支座平面图(单位：cm)

2. 临时支座稳定性验算

依据设计单位提供的临时锚固措施应能承受中支点处最大不平衡弯矩为 52655kN·m，相应竖向支反力为 51842kN。依据图 3-102，主墩墩顶混凝土临时支座在自重、不平衡弯矩作用下，临时支座最大轴力为 40965.3kN(压力)，最小轴力为 10876.7kN(压力)，未出现负反力。

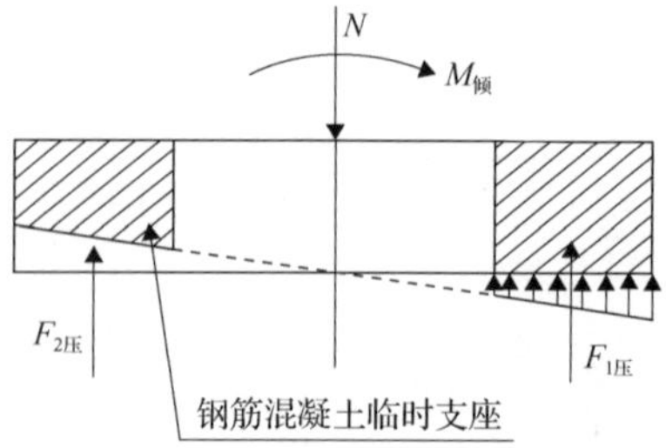

图 3-102 临时支座轴力计算简图

1) 不平衡弯矩验算

ϕ32mm 精轧螺纹钢采用锚下控制应力 489MPa。单侧 20 根临时ϕ32mm JL830 精轧螺纹钢筋的受力中心即临时支座中心距 0 号块中支点中心 175cm。承受的不平衡弯矩为

$$\begin{aligned}M_{抗} &= n\pi R^2\sigma_{bs}d + \sigma_{cs}A_c d \\ &= 20\times 3.14\times(0.016\text{m})^2\times 489\times 10^3\text{kPa}\times 1.75\text{m} + 16.8\times 10^3\text{kPa}\times 3.3\text{m}^2\times 1.75\text{m} \\ &= 110777.7\text{kN}\cdot\text{m} > 52655\text{kN}\cdot\text{m}\end{aligned}$$

$$K = \frac{M_{抗}}{M_{倾}} = \frac{110777.7}{52655} = 2.1$$

满足规范抗倾覆要求。

2) 竖向支反力验算

每个临时支座尺寸为 0.5m×6.6m=3.3m^2，C5 混凝土轴心容许抗压强度为 16.8MPa，每个支座承受支座反力为

$$F = 3.3\text{m}^2\times 2\times 16.8\text{MPa}/2 = 55400\text{kN} > 40965.3\text{kN}$$

满足规范要求。

第 4 章　悬臂浇筑连续梁施工监控及计算

一般意义下的桥梁结构分析认为，整个结构施工是一次形成的，即一次落架计算法。整体施工成桥后的结构受力状态与施工过程无关，而悬臂浇筑法这种分段施工中的结构受力状态是逐工况逐阶段累计形成的，其实际施工材料的力学参数及预应力损失等都会与设计有一定差异。节段立模、测量误差以及环境变化等对结构变形的影响因素在设计过程中是无法准确预测的，其最终形成的成桥状态结构受力与整体施工法一次落架的受力状态存在很大的差异。

为保证悬臂现浇施工的连续梁在成桥时的线形状态可知、可控，使成桥线形满足设计要求，通过现场实测、计算分析，使实际施工与设计的误差对结构的影响达到最小，必须进行有效的线形控制。预应力混凝土连续梁桥由于在悬臂施工阶段是静定结构，只要施工过程中主梁截面尺寸(自重)及预应力张拉力满足规范要求的精度，合龙过程中如不施加额外的压重，成桥后内力状态一般不会偏离设计值很多，因此连续梁桥施工过程控制的主要目标是主梁的线形。

4.1　概　　述

悬臂施工监控是保证施工质量的必要措施和有效手段，根据悬臂施工项目的施工特点，应遵循如下监测原则：

(1)根据监控桥梁的实际情况，要做到“目的清楚、合理建网、方案可行、安全经济”。

(2)对桥墩基础承台和墩身施工过程中的稳定性进行全面的分析研究，在明确主要控制因素的基础上，对重点部位、重要因素进行重点监测。

(3)采取“以人工监测为基础，必要时实行联机实时监测”的原则。

(4)监测过程中以外部监测为主，如有必要可进行地基基础内部监测，以便对出现的异常做出具体的分析和正确的判断。

4.1.1　施工监控的目的、意义、依据

1. 施工监控目的及意义

桥梁施工监控也是桥梁建设的安全保证。每座桥梁所采用的施工方法均按预定的程序进行，施工中的每一阶段，结构的内力和变形都是可以预测的，同时可通过监测得到各施工阶段结构的实际内力和变形，从而完全可以跟踪掌握施工进

程和发展情况。当发现施工过程中监测的实际值与计算的预计值相差过大时，就要进行检查和原因分析，而不能再继续施工，否则就可能出现事故。为避免突发事故的出现，按期、安全地建成一座桥梁，施工监控是有力的保证。

桥梁施工是以桥梁结构最终成桥状态的结构受力(包括几何线形和截面内力)达到原定理想状态为目标。对于连续梁，采用整体施工法时，这一目标比较容易实现，即通过设置预拱度来抵消梁桥的挠度，使其一次落架后达到理想状态；但对于悬臂浇筑这类分段施工的连续梁，这一目标的实现要复杂得多，因为要经历多个施工阶段，每个施工阶段的结构受力都将伴随着结构体系、约束条件和荷载作用的变化而变化，而设计只给出最终成桥的目标状态，如果施工时按照设计高程来立模，由于后一施工阶段对前一阶段结构的影响，必然会使结构偏离理想设计状态。为了使结构随施工进展经历一系列复杂的变化之后能够达到设计要求，就必须对关键施工过程进行实时的结构受力状态跟踪分析和实测监视，确定各个施工阶段直至成桥状态的结构受力状况，控制每个节段的预抛高和立模标高，使成桥后的结构受力状态向设计目标靠近。

通过精细化仿真分析，确定成桥目标以及施工各阶段的理论目标，并制定合理的调整措施保证结构无应力合龙以及成桥线形合理；在施工过程中线形调整措施、体系转换都将影响结构的成桥内力，对桥梁结构进行实时监测，根据监测结果评估各主要施工阶段结构主要构件的变形及应力状态是否符合要求，判断施工过程中结构是否安全、是否正常工作，在主梁布置传感器，对关键截面应力进行跟踪观测，是保证全桥施工安全的必要措施；而当出现较大误差或参数发生变化时，及时对施工误差进行分析判断，调整结构计算模型，并对后续施工方案提出调整建议，从而保证成桥时的结构尽量接近理想设计状态，同时也确保施工期间主要构件结构安全，保障施工质量与工期。

2. 施工监控依据

对于铁路连续梁的施工监控，主要采用和遵循下述标准或规范(但不限于下述标准或规范)：《铁路桥涵设计基本规范》(TB 10002.1—2005)、《高速铁路设计规范》(TB 10621—2014)、《铁路桥涵钢筋混凝土和预应力混凝土结构设计规范》(TB 10002.3—2005)、《铁路工程抗震设计规范》(2009 年版)(GB 50111—2006)、《铁路混凝土结构耐久性设计规范》(TB 10005—2010)、《铁路工程抗震设计规范》(2009 年版)(GB 50111—2006)、《铁路预应力混凝土连续梁(刚构)悬臂浇筑施工技术指南》、《铁路综合接地系统》(通号(2009)9301)、《混凝土外加剂应用技术规范》(GB 50119—2003)、《预应力混凝土用钢丝》(GB 5223—2002)、甲方提供的施工图及施工方案。

特别说明：①当上述规范、标准、规程等内容有不一致之处时，按照标准和要求高者执行。②监控单位在工作中使用或参考上述规范、标准之外的技术标准、规范时，应征得参建方的同意。③在施工监控实施过程中，如果国家或有关部门颁布了新的标准或规范，应采用新的标准或规范进行作业。

4.1.2 施工控制标准值

根据铁路施工技术规范及悬臂施工连续梁桥监控的最终目标，使成桥后的线形与设计线形各测点的误差均控制在规范规定和设计要求的范围内。根据这一目标，在施工中制定的误差控制标准如表 4-1 所示。

表 4-1 铁路连续梁桥施工监控控制标准

项目		规定值或允许偏差
混凝土强度		符合设计要求
轴线偏位/mm	L≤100m	10
顶面高程差/mm	L≤100m	±20
	相邻节段高差	10
同跨对称点高程差/mm	L≤100m	20

每个施工循环阶段的分目标为：立模定位标高与预报标高之差控制在±0.5cm 以内；预应力束张拉完后，若梁端测点标高与控制预报标高之差超过±2.0cm，需研究分析误差原因，以确定下一步的调整措施；若有其他异常情况发生而影响到标高和应力控制，其调整方案应经施工监控单位分析研究，提出控制意见。

4.1.3 连续梁桥主梁施工流程及监控计算重点

1. 施工流程

连续梁桥各施工阶段的施工内容不同，监测的重点和内容也不同。了解施工流程和施工内容是做好施工监控的前提。根据此连续梁的方案，确定的施工流程如下：

(1) 主、边墩桩基，承台，边墩墩柱施工。

(2) 主墩墩柱施工，设置临时固结，0 号块支架、模板、混凝土施工，张拉相应预应力钢束，锚固并压浆。

(3) 挂篮安装，预压，1 号块钢筋、模板、混凝土施工，张拉相应预应力钢束。

(4) 循环施工各节段，张拉节段预应力钢束；同时施工边跨现浇段。继续施工至 12 号节段，张拉节段预应力钢束。

(5) 挂篮移至边跨合龙段，边跨合龙；张拉边跨合龙预应力钢束；同时解除主墩支座临时锁定。

(6) 挂篮移至中跨合龙段，解除临时固结，中跨合龙，张拉中跨合龙预应力钢束。
(7) 拆除全桥施工荷载，进行桥面系施工。

2. 监控计算重点

施工监控的主要监控内容和监控特点因桥而异，此连续梁桥主梁采用悬臂浇筑施工，根据该桥结构及施工工艺特点，其施工监控及计算重点如下：

1) 施工过程中主跨预拱度的准确分析计算

就施工监控而言，传统的方法是通过预抛高(预拱度)的准确计算使成桥线形满足设计线形的要求，同时通过应力监测确保施工过程中桥梁结构的安全性。这套方法在技术上已基本成熟，但从多年的实践效果看，始终未能克服大跨径混凝土梁桥长期下挠和开裂的通病。因此，有必要通过对设计、施工方案的优化，提出施工中合理有效的防范措施，以降低问题出现的风险及程度，实现成桥使用阶段的主动控制。

2) 连续体系合龙的控制

预应力混凝土连续梁桥在悬臂施工过程中处于静定状态，结构受力简单明确，合龙过程中发生体系转换，结构受力复杂，合理地组织安排合龙施工工艺是此类桥梁线形控制和保证结构安全的关键点。合龙施工过程中常出现的问题有以下几个方面：确定的合龙顺序不能随施工进度等因素的影响而随意更改；合龙段立模时，普通钢筋对跨中底板混凝土防崩裂的影响；合龙配重、荷载分布及合龙的标高控制；合龙过程中温度的控制；合龙后体系转换。

通过对施工过程的模拟计算分析，对合龙工艺提出合理的优化建议，并在施工过程中进行跟踪观测服务，及时对上述各类施工中常出现的影响合龙的关键问题提出处理措施。

3) 预应力损失的长期效应影响分析

由长期变形计算理论可知，长期挠度计算与两个因素有关，即结构内力状态和徐变特性。对于徐变特性，国内外学者均开展了大量的基础性研究工作，虽然离散性较高，但是各种理论的总体规律基本是一致的，因此计算可信度可以控制在一定的范围内。结构内力状态主要与结构自重、二期恒载、预应力效应以及其他附加作用有关。而根据目前的结构计算理论水平，结构自重、二期恒载以及其他附加作用的内力计算精度具有相当高的可信度，存在疑问的主要是用来平衡结构内力的预应力效应。随着预应力的损失，箱梁每个截面自重和预应力产生的弯矩差会变大，从而使徐变造成的挠度也增大。

因此，建议在施工及使用阶段，对预应力效应进行长期跟踪监测，根据实测的预应力效应判断桥梁的健康状况。

4.2 施工监控控制原理及监控技术体系

4.2.1 施工监控控制原理

根据连续梁的施工特点，主要控制主梁的变形。从控制论的角度，采用自适应控制思路是理想的选择。对于节段施工桥梁，施工中每个工况的受力状态达不到设计所确定的理想目标的重要原因是计算模型的结构图式和计算参数的取值不准确，对于本桥主要是梁段自重、结构几何非线性、环境温度、临时荷载的影响、混凝土的收缩徐变系数。要制定比较准确的控制调整措施，必须先根据施工中实测到的结构反应来修正计算模型及参数取值，以使计算模型在与实际结构磨合一段时间后，自动适应结构的物理力学规律。当计算模型与实际结构相吻合后，再用计算模型来指导以后的施工，这就是自适应控制的基本原理(图 4-1)。

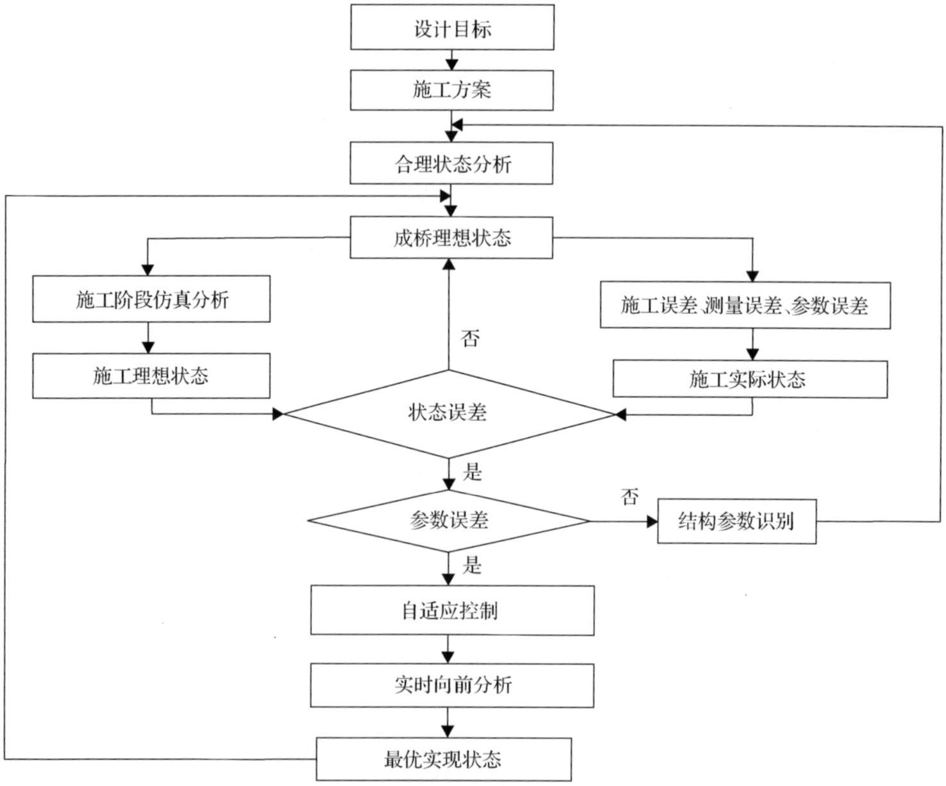

图 4-1 自适应监控控制基本原理

当结构测量到的受力状态与模型计算结果不相符时，通过将误差输入到参数辨识算法中去调节计算模型的参数，使模型的输出结果与实际测量结果一致。得到修正的计算模型参数后，重新计算各施工阶段的理想状态。这样，经过几个工况的反复辨识后，计算模型就基本与实际结构相一致了，在此基础上可以对施工状态进行更好的控制。悬臂施工连续梁桥自适应施工监控简要流程如图 4-2 所示。可见，桥梁的施工控制是一个预告—施工—测量—识别—修正—预告的循环过程。

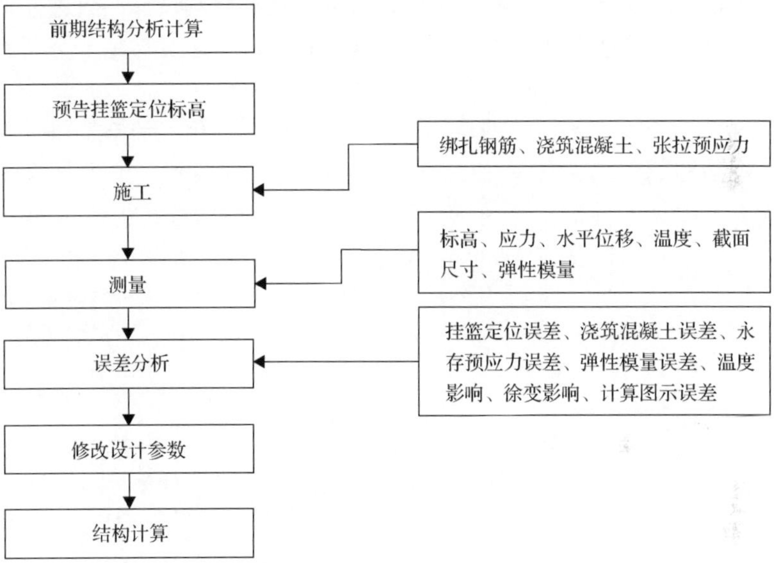

图 4-2　悬臂施工连续梁桥自适应施工监控简要流程

施工控制的要求首先是确保施工中结构的安全，其次是保证结构的内力合理和外形美观。为了达到上述目的，施工过程中必须对桥梁结构内力(如主梁应力)和主梁标高进行双控。采用悬臂浇筑的连续梁桥在悬臂施工过程中是静定结构，只要严格按桥梁施工规范进行操作，内力状态一般能够得到保证，主要问题是施工阶段及长期徐变的挠度控制。

由于连续梁桥在施工过程中及合龙时不具备斜拉桥的索力调整能力，一旦发生线形误差，将永远存在于结构中，因此及时发现误差原因，尽量减小误差发生的可能性是连续梁桥施工控制的关键。对于连续梁桥施工控制系统，除了要求具备常规的结构分析计算手段外，具有在施工现场消除设计与实际不一致的自适应能力就成为关键，只有这样才能及时提供控制标高和控制内力的修正值。

4.2.2　施工监控技术体系

为保证施工过程的顺利实施，根据该桥主桥设计和施工的具体特点，并参考国内同类桥梁的施工监控情况，建立了施工监控技术体系，如图 4-3 所示。其主要包括如下 4 个体系：

(1)现场测试体系：采集结构参数的各类数据信息，包括材料容重、弹性模量、构件截面尺寸、施工临时荷载等。

(2)实时测量体系：对各个重要施工阶段，测量施工控制所关心的结构线形、应力以及温度等物理量。

(3)施工控制计算体系：根据设计参数进行预测计算，给出理论目标值，既用来校核设计结果，也用来比较测量的数据信息，并据此对设计参数进行识别与修正。根据实际参数进行实时计算，确定预测控制值，并通过与施工实测数据的比较，对施工误差做出评价，使成桥后的梁段线形逼近设计状态。

(4)容许误差指标体系：根据设计要求、施工工艺及相关的施工和制造规范制定的误差控制和调整的具体措施。一方面，通过误差控制，预测和调整下阶段的施工状态，以施工控制指令的形式为施工提供反馈信息；另一方面，在施工控制计算、应力和变形测试以及误差分析中，确立施工期间的安全(应力)预警体系。

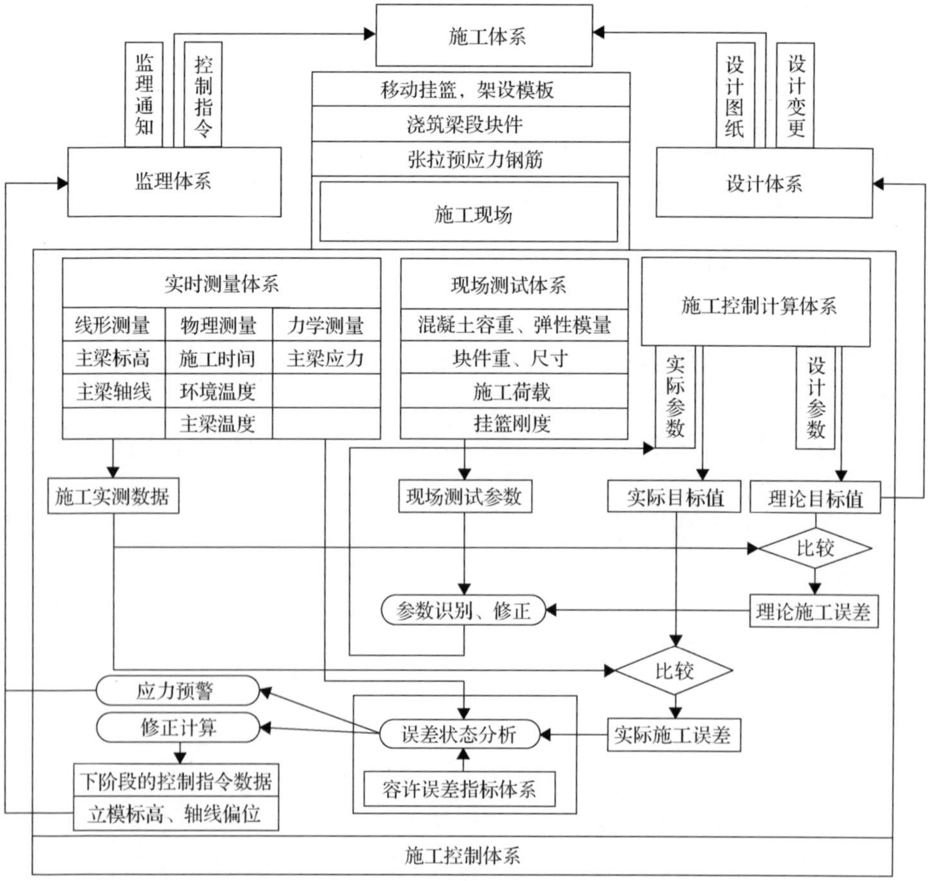

图 4-3 悬臂浇筑连续梁桥施工监控技术体系

从图 4-3 可以看出，桥梁的施工控制是与桥梁设计、施工及监理密切联系的。从信息论的观点看，桥梁的施工控制过程是一个信息采集、信息分析处理和信息反馈的过程。通过实时测量体系和现场测试体系，可以采集到桥梁施工过程中所关心的各类数据信息。借助桥梁施工控制计算体系，对采集的数据信息进行分析，尤其是对施工中各类结构反应数据(如变形、应力)的分析，可以对施工误差做出评价，并根据需要研究制定出精度控制和误差调整的具体措施。最后以施工控制指令的形式为桥梁的施工提供反馈信息。在施工控制计算和误差分析中，通过对施工容许误差指标体系、施工反馈数据(尤其是应力监测数据)、施工控制目标值数据的分析确立施工状态的应力预警体系。

施工控制系统需要有一套完整的、足够精确的标高、位移、应力、温度及其他物理量的测量手段的支持，其中应力、温度测量仪器和传感器主要由施工控制方配备和完成，而标高、位移及混凝土相关物理参数的测量主要由施工方配备和完成。施工控制系统还需要有完备的施工控制专用软件的支持，包括施工全过程模拟结构分析系统、实时监测数据库及其管理程序、施工误差评价分析及调整程序、施工控制报表处理系统等，以提高工作效率，满足实时控制的需要。

为保障施工控制过程中资讯传递准确、高效，在施工控制的具体工作中尚需建立一套合理完善的报表体系。该报表体系由施工控制组根据现场具体情况和施工控制工作的特点来设计。施工方在一个施工阶段完成后的实测数据(结构线形和各项物理力学参数)通过施工控制报表的形式经监理签字核实后，及时传递给施工控制组；施工控制组对施工信息分析处理后得到的施工控制参数也通过报表以指令的形式经监理签字核实后及时反馈给施工方。对各施工阶段的施工结果，采用误差通报的形式及时提供给相关部门(业主、设计方、施工方、监理方)参考。

4.3　监控计算及案例分析

本节主要通过案例分析来阐述监控计算内容及计算过程。

4.3.1　监控计算内容及方法

桥梁施工控制计算应包括设计符合性计算、事前仿真计算和实时仿真计算。

1. 设计符合性计算

设计符合性计算应按照设计图纸提供的材料、结构尺寸、荷载和施工工序等进行，考虑施工过程的总体计算，并与设计单位核对参数取值、边界条件与计算结果等。设计符合性计算主要包括关键施工阶段及成桥状态结构应力及变形、成桥运营阶段承载能力极限状态验算、成桥运营阶段正常使用极限状态验算、结构稳定性验算。

施工阶段具体的计算内容如下：各梁段挂篮前移定位的结构内力、应力和挠度；各梁段浇筑混凝土后的结构内力、应力和挠度；各梁段张拉预应力后的结构内力、应力和挠度；合龙段临时连接后的结构内力、应力和挠度；合龙段浇筑混凝土后(假定为荷载)的结构内力、应力和挠度；合龙段浇筑混凝土后(已成为结构)的结构内力、应力和挠度；合龙段预应力张拉后的结构内力、应力和挠度。除此之外，还包括：

(1) 桥面铺装完成后的结构内力、应力和挠度根据以上计算，进行施工阶段及使用阶段的验算。

(2) 对桥梁结构在施工过程中的应力按规范要求进行验算；对使用阶段桥梁结构的应力、变形以及承载能力进行验算。

(3) 临时结构复核计算。

(4) 主跨预拱度设置计算。

(5) 预应力损失长期效应影响计算。

(6) 从构造方面来检查其预应力钢筋和普通钢筋的布置是否满足规范要求。

2. 事前仿真计算

事前仿真计算应按批准的施工组织设计确定的施工工序，根据设计图纸、规范、相关试验结果，选取合理的参数，进行考虑施工过程的总体计算，以确定合理施工状态，并得到各施工阶段及成桥状态的结构受力和变形等控制计算目标数据。

3. 实时仿真计算

实时仿真计算应根据实测数据、数据分析、反馈控制等得到更新的参数值和施工流程，进行考虑施工过程的总体计算，以确定后续的合理施工状态，并得到后续各施工阶段及成桥的结构受力和变形等控制计算目标数据。

仿真计算结果应包括各施工阶段关键控制截面标高和应力，成桥时的桥面标高和关键控制截面应力，混凝土收缩、徐变影响结束时的桥面标高和关键控制截面应力。

4.3.2　施工控制计算应考虑的主要施工阶段及作用

(1) 桥梁施工控制计算应考虑的主要施工阶段如下：①立模(安装挂篮和模板)；②浇筑各节段混凝土；③张拉各节段预应力；④边、中跨合龙及体系转换；⑤桥面系施工完成；⑥混凝土收缩、徐变影响结束(10 年)。

(2) 桥梁施工控制计算应考虑的主要作用如下：①自重；②预应力；③挂篮和模板重；④施工荷载(人和机具)；⑤二期恒载；⑥活载(汽车和人群)；⑦温度作用(系统温度和梯度温度)；⑧混凝土收缩、徐变。

4.3.3 分段施工分析方法

1. 正装计算法

正装计算法也称正装分析法或前进分析法，是指按照桥梁结构实际施工加载顺序来进行结构受力和变形分析。它能较好地模拟桥梁结构的实际施工历程，能得到各个阶段以及成桥的受力和位移状态。正装计算法在桥梁结构的计算分析中占有重要的位置，对于大跨度桥梁，要想了解桥梁结构在各个施工阶段的位移和受力状态，都必须首先进行正装计算。正装计算法有如下特点：

(1) 桥梁结构在进行正装计算之前，必须制定详细的施工方案，只有按照施工方案中确定的施工加载顺序进行结构分析，才能得到结构中间阶段或最终成桥阶段的实际变形和受力状态。

(2) 在结构分析之初，要确定结构最初实际状态，即以符合设计要求的实际施工结果(如跨径、标高等)倒退到施工的第一阶段作为结构正装计算分析的初始状态。

(3) 本阶段的结构分析必须以前一阶段的计算结果为基础，前一阶段的结构位移是本阶段确定结构轴线的基础，以前各施工阶段结构受力状态是本阶段结构时差、材料非线性计算的基础。

(4) 在各施工阶段中逐步计入混凝土徐变、收缩等时差效应。

(5) 在施工分析过程中严格计入结构几何非线性效应，本阶段结束时的结构受力状态由本阶段荷载作用下的结构受力与以前各阶段结构受力平衡而求得。

2. 倒装计算法

倒装计算法也称倒拆计算法或倒退分析法，是指按照桥梁实际施工加载顺序的逆过程来进行结构分析，其基本思想是：假设 $t=t_0$ 时刻结构内力分布满足正装计算 t_0 时刻的结果，线形满足设计要求。从成桥后的结构状态开始，按照正装分析的逆过程，对结构进行倒拆，分析每次拆除一个施工阶段对剩余结构的影响，在一个阶段内分析得到的结构位移、内力状态便是该阶段结构施工的理想状态。一座大跨度桥梁的设计图只给出桥梁结构最终成桥状态的设计线形和设计标高，但是施工中间各状态的标高并没有明确给出，要想得到桥梁结构施工初始状态和施工中间各阶段的理想状态，就要从设计图纸给出的最终成桥状态开始，逐步地倒拆计算来得到施工中间各阶段的理想状态和初始状态。从理论上来讲，只有严格按照倒装计算所确定的各施工阶段结构理想状态进行施工实践，才能确保结构成桥状态符合设计要求，达到设计目标。

4.3.4 案例分析

1. 工程概况

某桥上部结构为三跨预应力混凝土变截面连续箱梁。桥宽 37m，由左、右分离的两个单箱双室箱形截面通过现浇 100cm 宽湿接头形成双箱双室箱形断面。箱梁根部中心处梁高 4.6m，跨中中心处梁高 2.3m。箱梁顶板宽 18.5m，底板宽 13.5m，翼缘板悬臂长 2.75m(2.25m)。箱梁高度从距墩中心 1m 处到距墩中心 35m 处按二次抛物线变化。主桥立面图、横断面图分别如图 4-4 和图 4-5 所示。

2. 施工方案简介

主桥采用挂篮悬臂浇筑法施工，各单 T 箱梁除 0 号、1 号、1′号块和边跨直线段采用支架现浇外，其余分为 11 对梁段，均采用对称平衡悬臂逐段浇筑。主桥箱梁的施工流程如下：

(1)现浇主墩和辅助墩，在 6 号和 7 号中墩两侧承台上搭设临时支架浇筑 0 号、1 号、1′号块混凝土；在 0 号、1 号、1′号块上安装挂篮(连体)，其立面图如图 4-6 所示。

(2)纵向对称悬臂浇筑 2 号、2′号块混凝土，待混凝土强度达到标准强度的 90%后，张拉预应力束。

(3)连体挂篮解体为两个菱形挂篮(图 4-7)，分别前移，按照 2 号、2′号块施工步骤完成其余悬臂浇筑梁段施工。

(4)搭设支架，并用 100%自重进行预压，待基础沉降稳定后，拆除压重并浇筑边跨现浇梁段。

(5)在两悬臂端加水袋作为配重，安装边跨劲性骨架形成临时锁定。

(6)选择全天温度最低时(浇筑时间一般选在凌晨 1:00～2:00)浇筑边跨合龙段混凝土，同时等量卸载边跨悬臂端配重。

(7)待边跨合龙段混凝土强度达到标准强度的 90%后，按照底板长束、顶板钢束、底板短束的顺序张拉预应力，并拆除劲性骨架。

(8)拆除边跨现浇段支架，解除 0～1 号块临时锚固，完成结构由双悬臂状态到单悬臂状态的体系转换。

(9)按照边跨合龙段同样的顺序完成中跨合龙段施工，拆除所有挂篮和模板，进行桥面铺装和护栏施工。

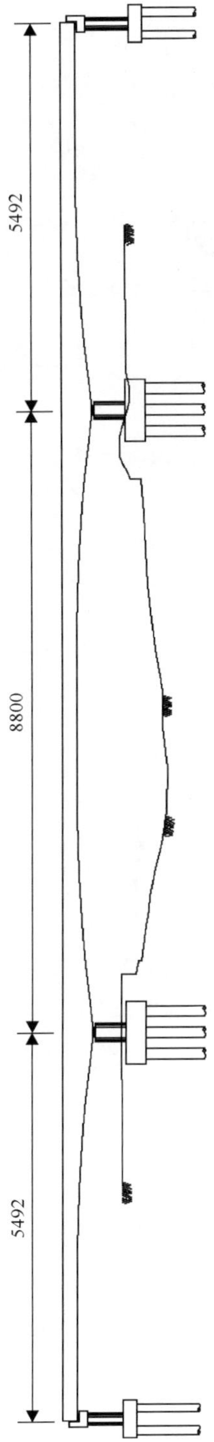

图4-4　主桥立面图(单位：cm)

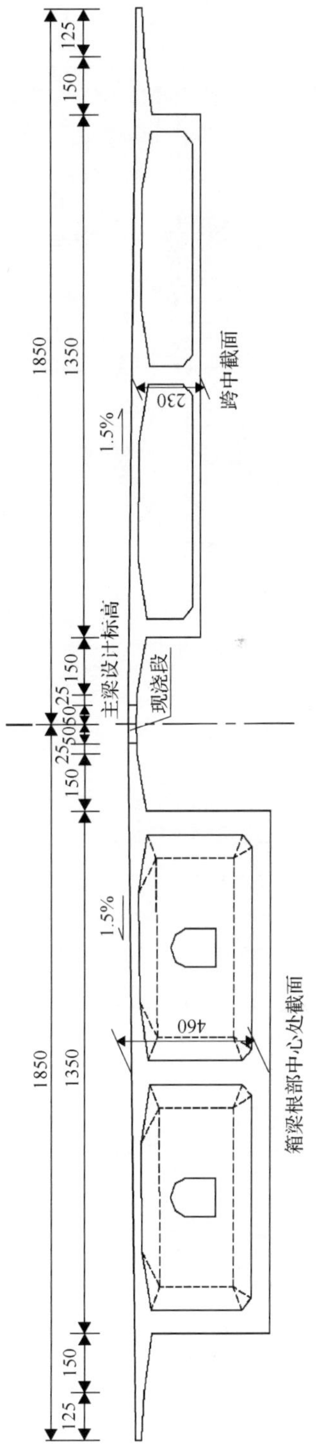

图4-5　主桥箱梁横断面图(单位：cm)

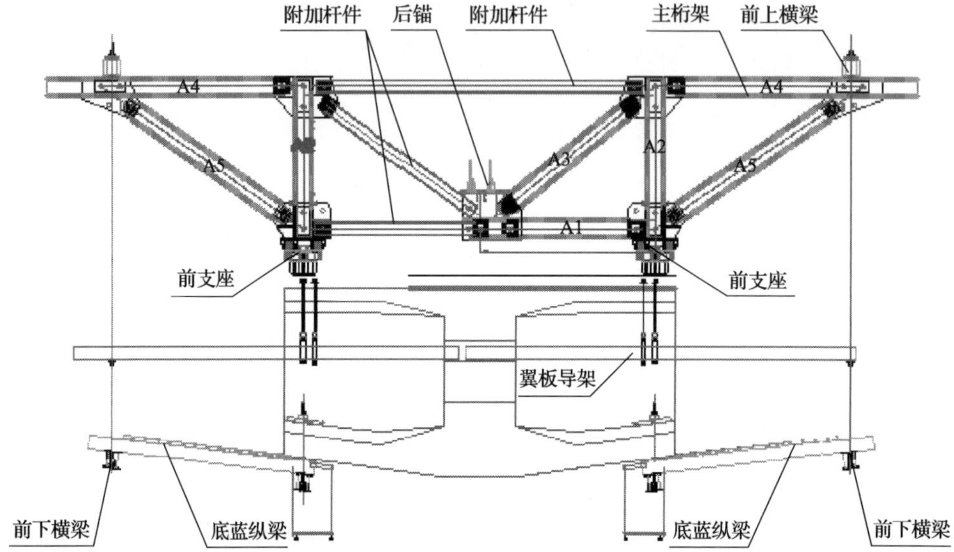

图 4-6　连体挂篮安装立面图

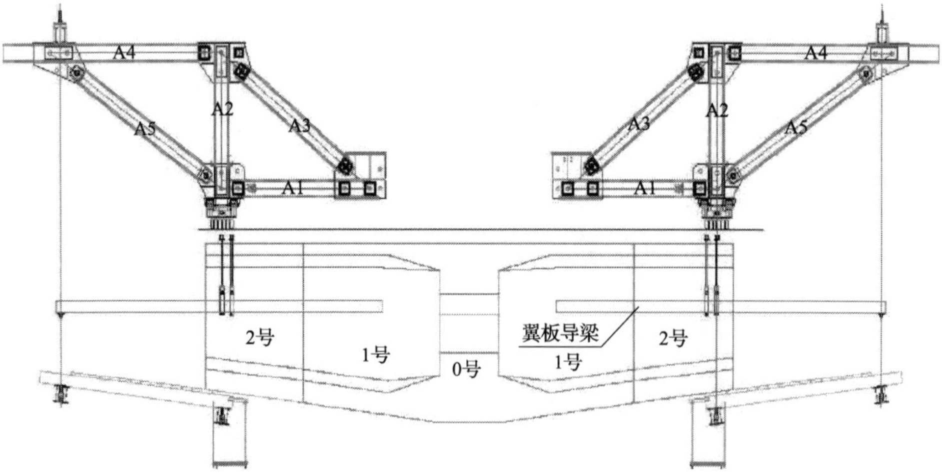

图 4-7　菱形挂篮安装立面图

3. 全桥有限元模型的建立

该工程施工控制分别采用 Midas Civil 建立梁单元模型和 Midas FEA 建立三维实体单元模型进行计算，两种有限元模型及预应力布置如图 4-8 和图 4-9 所示。

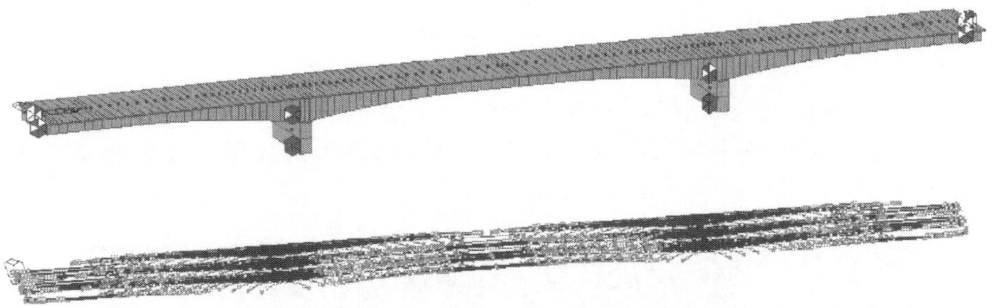

图 4-8　Civil 全桥有限元模型及预应力布置

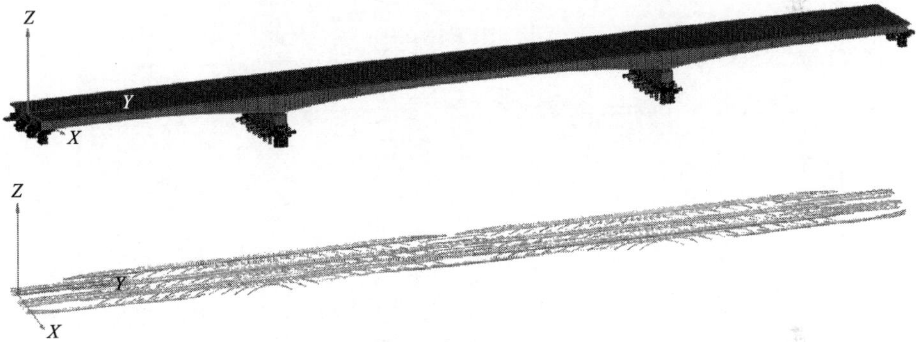

图 4-9　FEA 全桥有限元模型及预应力布置

计算中考虑了结构自重、预应力、挂篮和模板重、施工荷载、混凝土收缩和徐变、桥面铺装、汽车荷载、温度、基础不均匀沉降等作用，采用 Midas 计算软件界面的具体参数的定义方法和取值如下。

1) 材料特性

命令：从主菜单中选择模型→材料和截面特性→材料(图 4-10)。

输入：新建或增加材料特性。

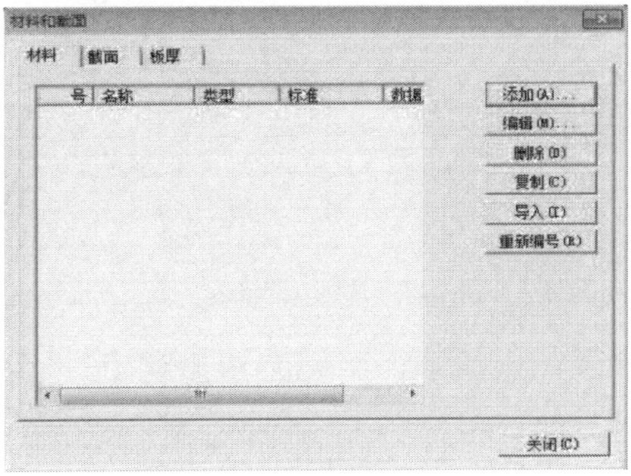

图 4-10　材料特性输入界面

在“材料和截面”对话框单击 添加(A)... ，打开材料数据定义界面，如图 4-11 所示。材料特性定义方式主要有两种：

(1)选择设计类型(钢材、混凝土等)，选择所依据的规范以及材料标号，则程序会自动选择规范中规定的考虑容重、弹性模量、泊松比、线膨胀系数等材料特性。

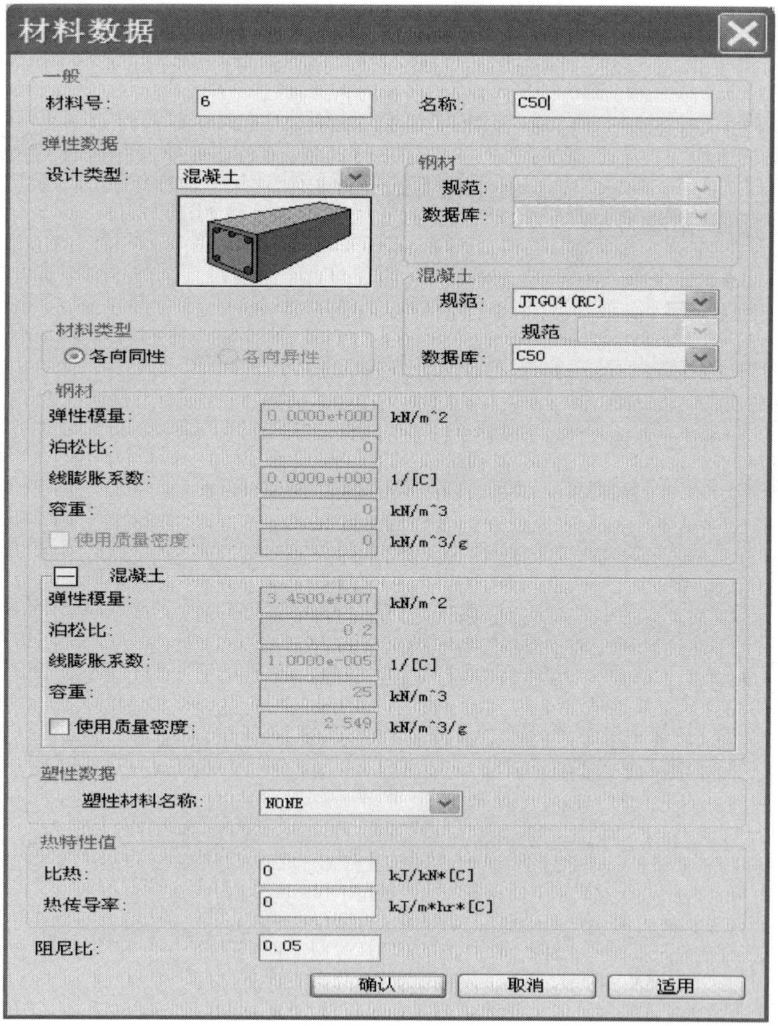

图 4-11　材料参数输入界面

(2)选择设计类型为“用户定义”，然后手动输入各材料特性值，如图 4-12 所示。

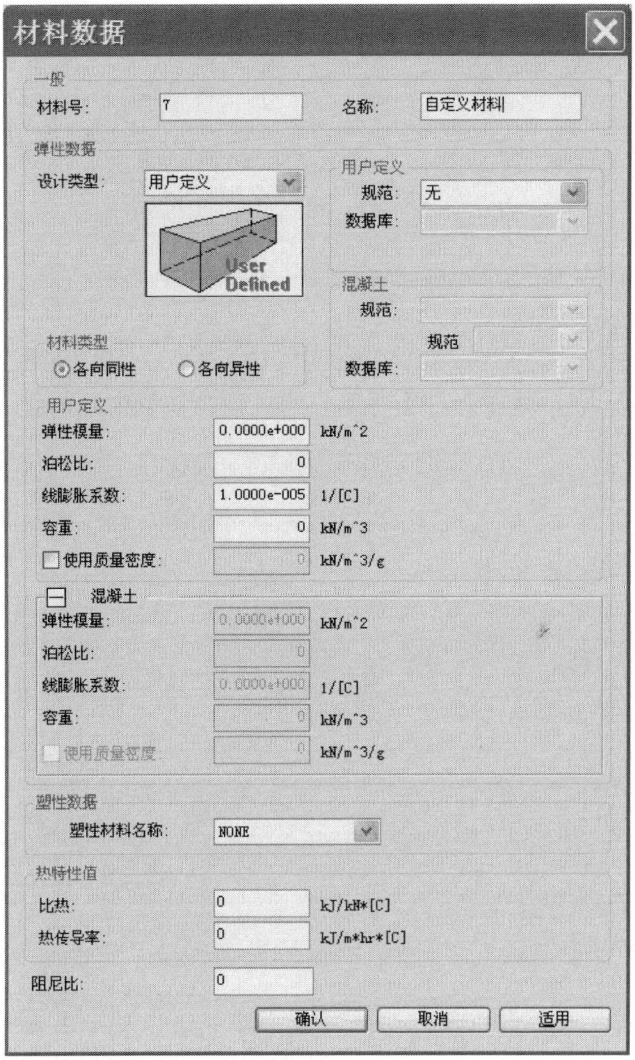

图 4-12　材料参数手动输入界面

该工程中主梁采用 C50 混凝土，依据《公路桥涵设计通用规范》(JTG D60—2015) 中表 4.2.1，预应力混凝土容重为 26kN/m^3，但考虑到现浇混凝土胀模，计算中通常按 26.5kN/m^3 考虑；钢绞线容重取 78.5kN/m^3。程序会自动根据输入的材料容重和建立模型的结构尺寸计算结构自重。

预应力钢束定义步骤如下：

第一步，定义预应力钢束特性值，如图 4-13 所示。

命令：从主菜单中选择荷载→温度/预应力→钢束特性。

输入：新建或添加预应力钢束特性值。

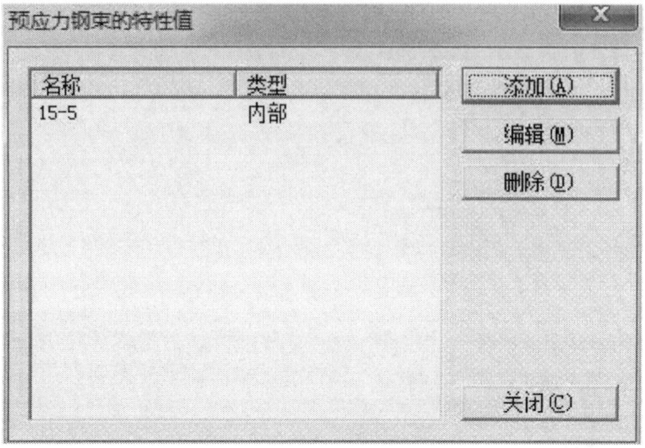

图 4-13　预应力钢束输入界面

在“预应力钢束的特征值”对话框单击 添加(A)... ，输入预应力钢束特性值数据，如图 4-14 所示。

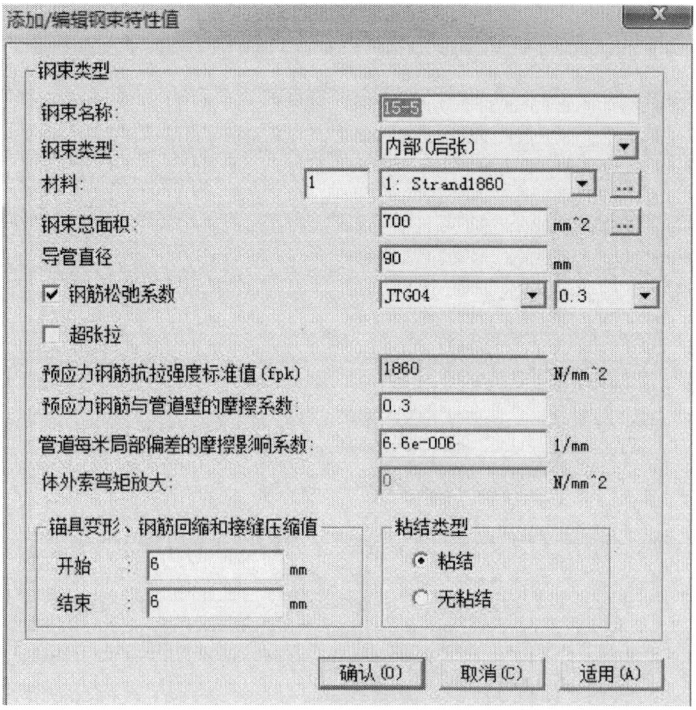

图 4-14　预应力钢束参数输入界面

定义钢束总面积，可以直接定义钢束截面积，也可以单击 ... ，输入钢绞线公称直径和束数，程序将自动计算总面积，如图 4-15 所示。

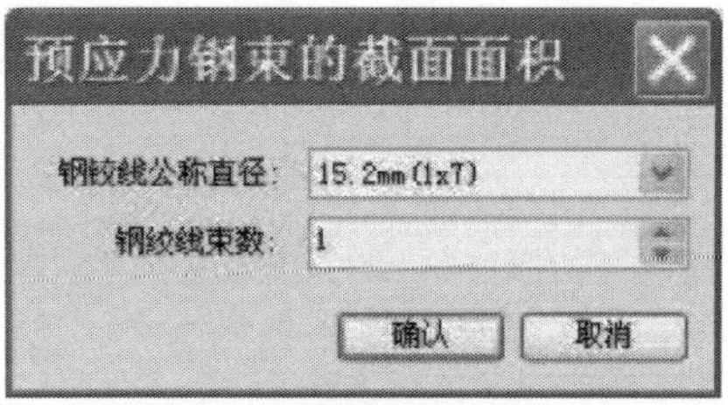

图 4-15　预应力钢束截面面积输入界面

第二步，定义钢束形状。

命令：从主菜单中选择荷载→温度/预应力→钢束布置形状，如图 4-16 所示。

输入：新建或添加钢束形状。

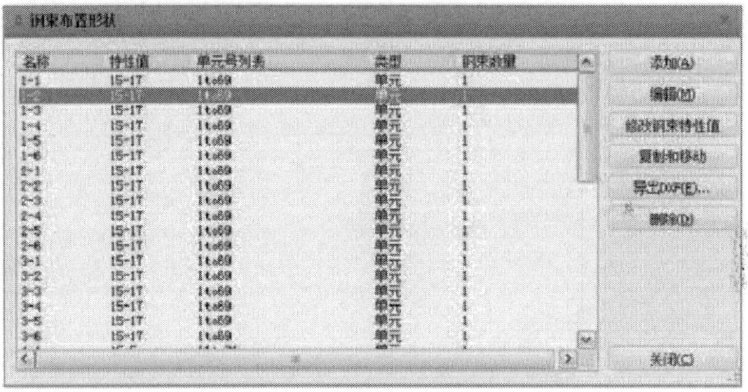

图 4-16　预应力钢束布置形状输入界面

在“钢束布置形状”对话框单击 添加(A) ，添加新的钢束布置形状；单击 编辑(M) ，修改选择的钢束形状设置；单击 删除(D) ，删除选择的钢束形状；单击 修改钢束特性值 ，可同时快速修改多根钢束特性值，如图 4-17 和图 4-18 所示。

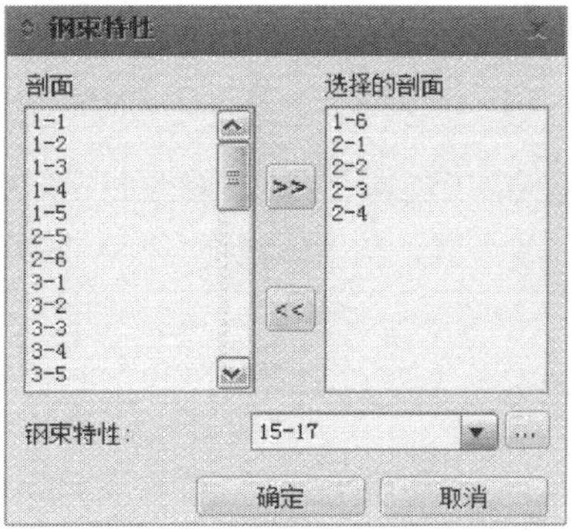

图 4-17　预应力钢束特性修改界面

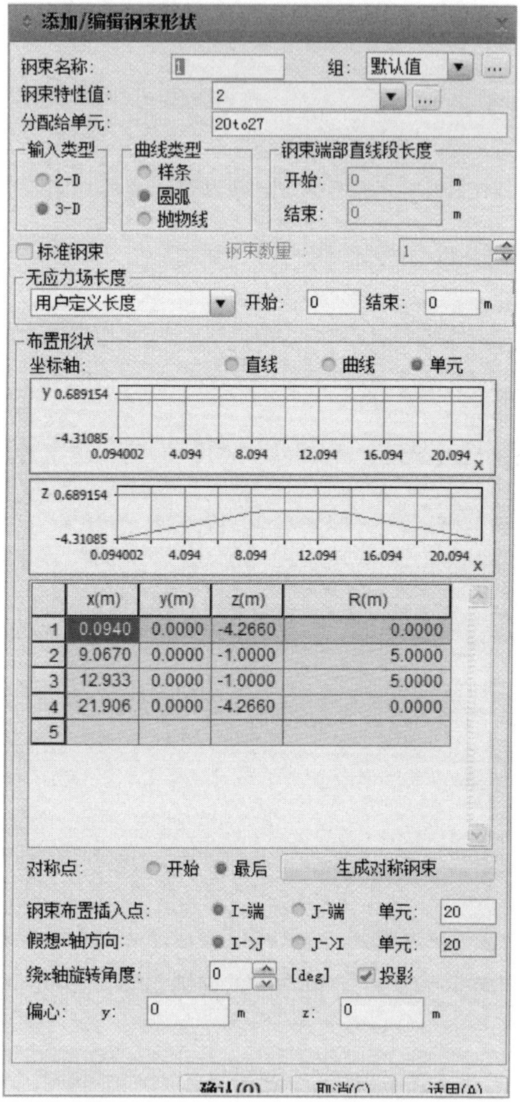

图 4-18　预应力钢束特征添加/编辑界面

(1)选择钢束的特性值名称。当需要新建、修改和删除钢束特性值时，单击 … 。

(2)输入将分配钢束的单元号。在模型窗口选择要分配的单元，相应的单元号自动被输入。

(3)输入类型。2-D 表示在二维平面内按照平弯和竖弯分别输入钢束的形状，3-D 表示在三维空间中输入钢束的形状。

(4)曲线类型。

样条：定义钢束布置的各控制点(最高点、最低点和反弯点)，程序自动生成连接各点的曲线(图 4-19)，生成的方法为使曲线在各位置的曲率半径最小。这是美国、韩国常用的方法。

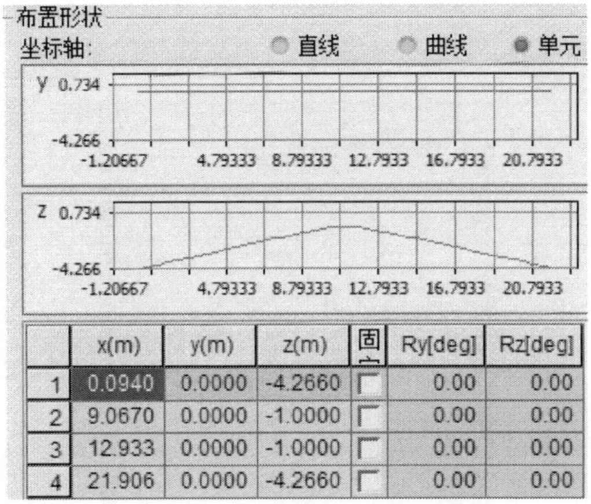

图 4-19　钢束布置形状界面

圆弧：定义钢束布置的各控制点(最高点、最低点和反弯点)，在各点给出钢束曲线的半径，圆弧与两端的直线相切(图 4-20)。这是中国、日本等国常用的方法。

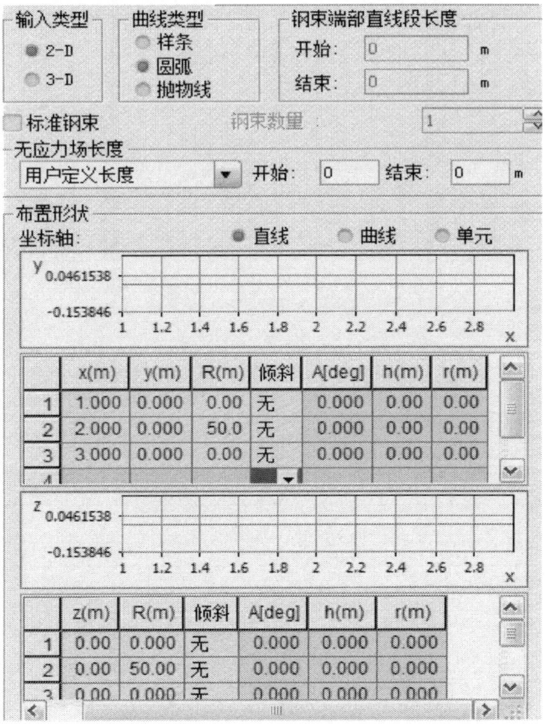

图 4-20　钢束各控制点坐标及半径显示界面

第三步，输入张拉力。

命令：从主菜单中选择→荷载→温度/预应力→钢束预应力荷载(图 4-21)。

输入：张拉力的输入有“应力”和“内力”两种方式，张拉方式可以选择开始点、结束点、两端张拉。

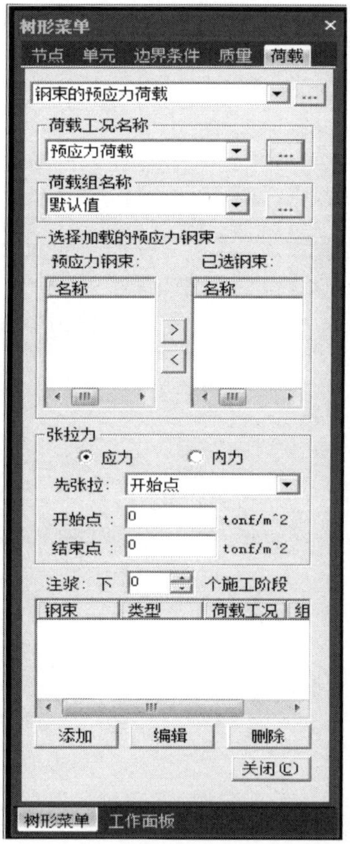

图 4-21　钢束张拉力输入界面

该工程采用 12ϕ^s15.2、15ϕ^s15.2 和 19ϕ^s15.2 三种规格钢绞线，其抗拉强度标准值为 1860MPa。控制张拉应力 σ_{con} 为 1395MPa，管道摩擦系数 μ=0.17，管道偏差系数 k=0.0015m^{-1}，锚具变形、钢筋回缩和接缝压缩值 ΔL=6mm，钢束松弛系数 ζ =0.3。

2)荷载输入

(1)挂篮和模板重。

挂篮、模板自重与新浇筑节段混凝土湿重通过挂篮系统与结构的锚固点作用在结构上。对于这一作用的模拟，梁单元模型将其简化为一个集中力和一个集中力偶作用在结构悬臂端；实体单元模型则是先计算出挂篮对主梁顶板以及模板在主梁底板吊点处的作用力，再按照力的实际作用位置施加在模型结构中。两种单元模型挂篮模拟示意图如图 4-22 所示。

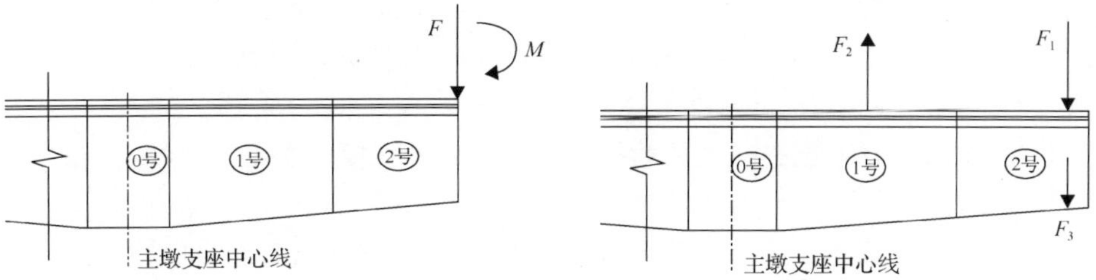

(a) 梁单元模型挂篮模拟　(b) 实体单元模型挂篮模拟

图 4-22　挂篮作用模拟示意图

命令：从主菜单中选择荷载→静力荷载→节点荷载(图 4-23)。

输入：以整体坐标系为基准输入节点集中荷载。其中，FX 为集中荷载在整体坐标系 X 轴方向的分量；FY 为集中荷载在整体坐标系 Y 轴方向的分量；FZ 为集中荷载在整体坐标系 Z 轴方向的分量；MX 为绕整体坐标系 X 轴的节点力矩分量；MY 为绕整体坐标系 Y 轴的节点力矩分量；MZ 为绕整体坐标系 Z 轴的节点力矩分量。

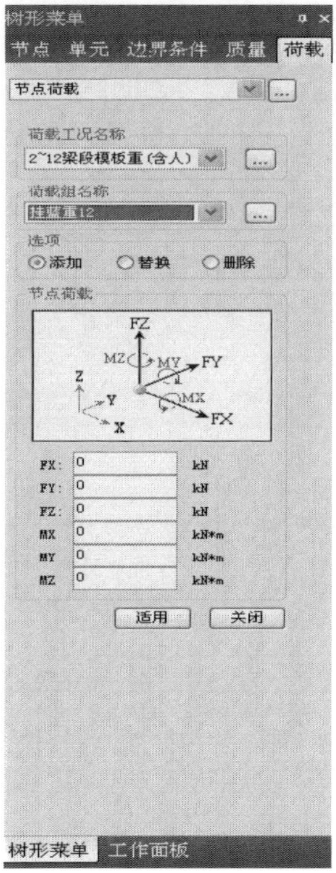

图 4-23　节点荷载输入界面

依据《公路桥涵施工技术规范》(JTG/TF 50—2011)第 11.5.1 条，挂篮质量与梁段混凝土质量的比值宜控制在 0.3～0.5，特殊情况下也不应超过 0.7。该桥悬臂浇筑梁段的最小重量为 100t，即 1000kN，考虑到施工荷载，将挂篮总重取为 550kN。

(2)二期恒载。

二期恒载包括桥面铺装及防撞护栏等，在有限元模型中以线荷载的形式加在主梁单元上。

命令：从主菜单中选择荷载→静力荷载→梁单元荷载(图 4-24)。

输入：荷载类型选择“均布荷载”，数值栏选择“相对值”，则输入梁长的相对比例；选择“绝对值”，则输入实际长度。该工程根据设计图纸计算，取 70kN/m。

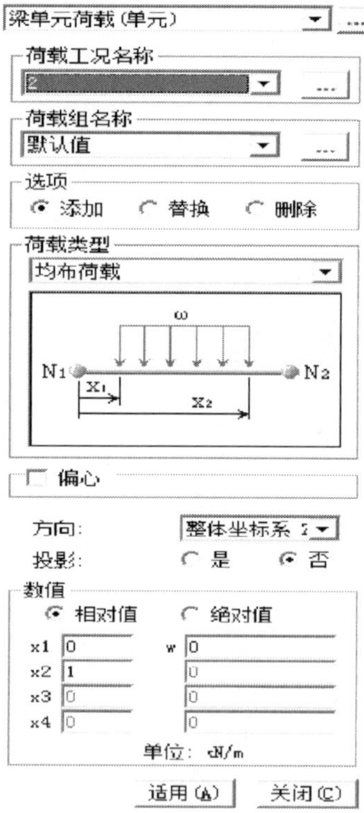

图 4-24　梁单元荷载输入界面

(3)汽车荷载。

①在定义移动荷载前，首先从移动荷载分析数据→移动荷载规范中选择相应规范。

命令：从主菜单中选择荷载→移动荷载→移动荷载规范(图 4-25)。

输入：选择 China(中国规范)。

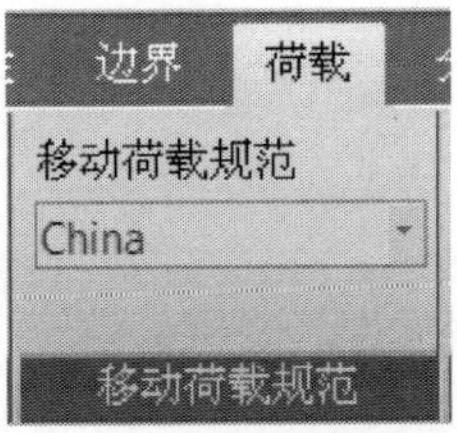

图 4-25　移动荷载选择界面

②定义车道。

命令：从主菜单中选择荷载→移动荷载分析数据→车道(图 4-26)。

输入：

输入新的或另外要定义的车道，单击 添加(A)；修改先前输入的车道在对话框中选择要修改的车道名称并单击 编辑(M)，所选择的车道单元将会在荧幕上显示；删除、复制先前输入的车道在对话框中选择要删除、复制的车道名称并单击 删除(D) 或 复制(O)。

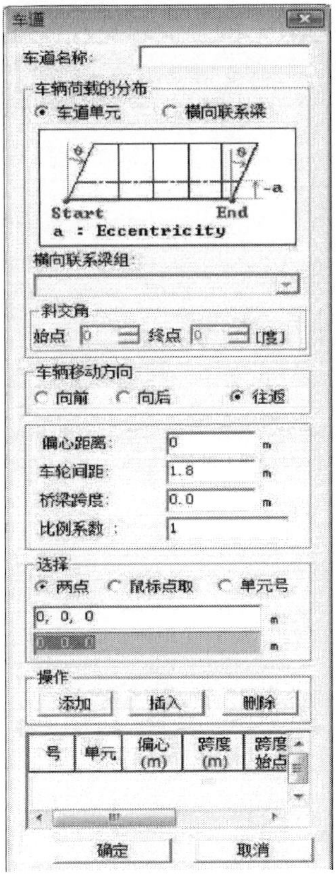

图 4-26　定义车道单元界面

输入两点坐标，或用鼠标选取单元指定为车道基准单元，先输入的点为开始点。

③定义车辆。

命令：从主菜单中选择荷载→移动荷载→移动荷载规范→车辆(图 4-27)。

输入：选择公路工程技术标准(现行)。

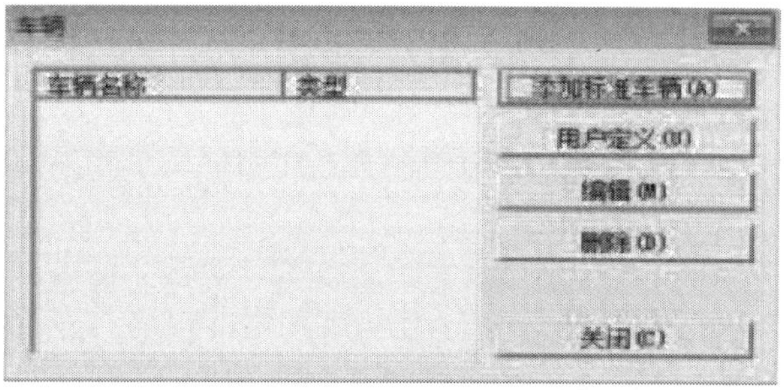

图 4-27　定义车辆荷载界面

当车辆荷载为标准车辆时，单击 添加标准车辆(A) (图 4-28)。

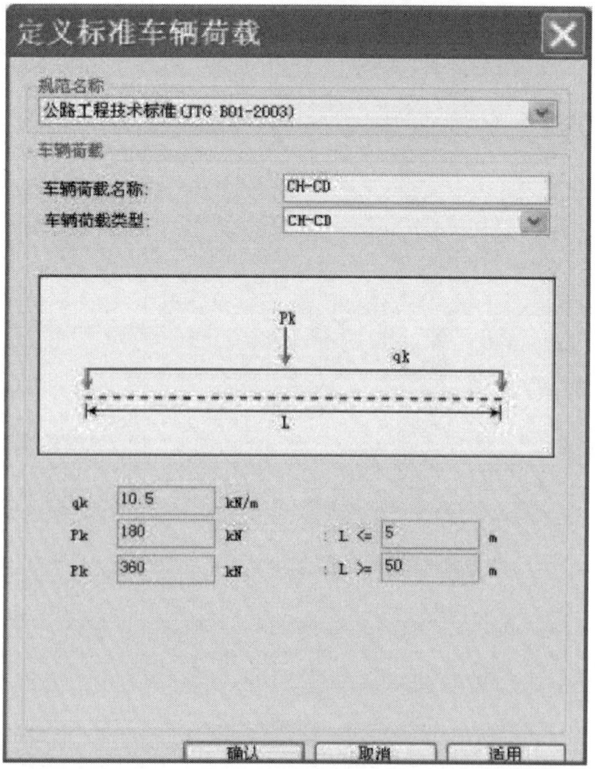

图 4-28　定义标准车辆荷载界面

④用输入的车辆荷载和车道生成移动荷载工况。需要定义车辆类型、车道数以及移动荷载分析方法。

命令：从主菜单中选择荷载→移动荷载分析数据→移动荷载工况(图 4-29)。

输入：选择移动荷载。

图 4-29　移动荷载工况选择界面

在“移动荷载工况”对话框单击 添加(A) 进入移动荷载工况数据输入对话框，(图 4-30)，选择车辆和车道进行定义。

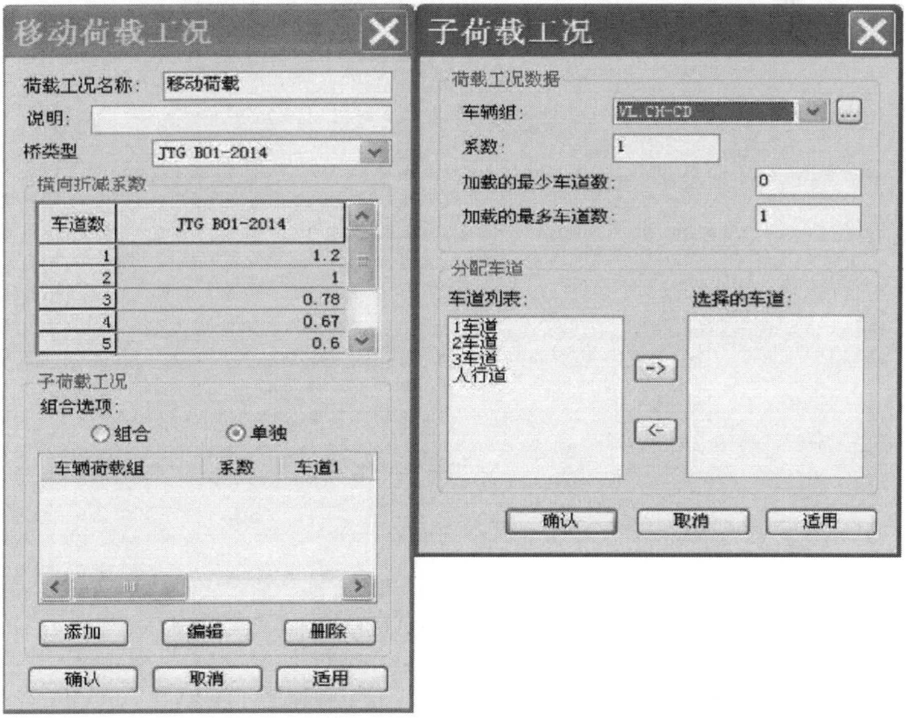

图 4-30　移动荷载工况输入界面

⑤输入移动荷载分析的方法和分析结果的输出位置。

命令：从主菜单中选择分析→移动荷载分析控制(图 4-31)。

输入：选择移动荷载控制选项。

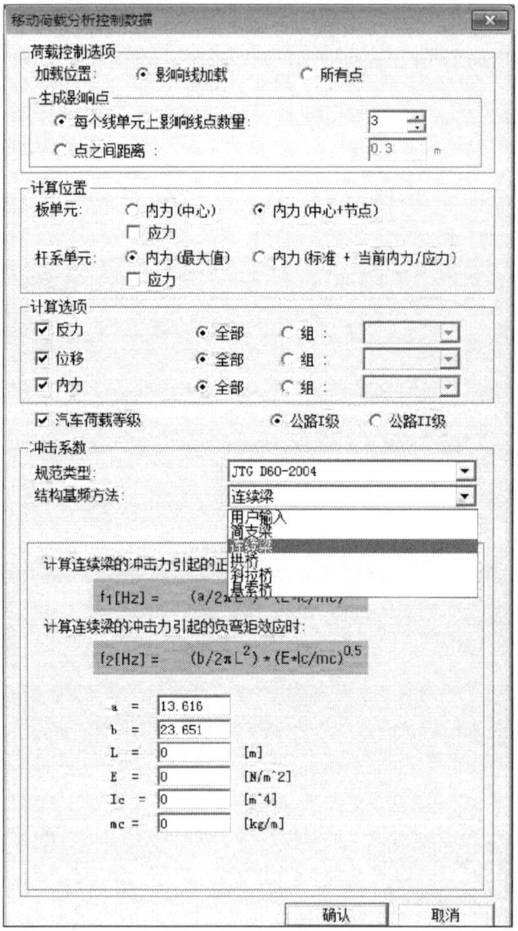

图 4-31　移动荷载选择及输入界面

该工程汽车荷载等级为公路-Ⅰ级。

3) 混凝土收缩和徐变

混凝土材料随时间的变化特性(徐变和收缩)在计算软件中是通过定义时间依存性材料(徐变/收缩)特性和在施工阶段中定义持续时间来考虑的。

(1) 定义时间依存性材料(徐变/收缩)特性。

命令：从主菜单中选择特性→徐变/收缩(图 4-32)。

输入：时间依存性材料数据。

图 4-32　时间依存性材料输入界面

当需要定义时间依存性材料数据时，单击 添加 (图 4-33)。

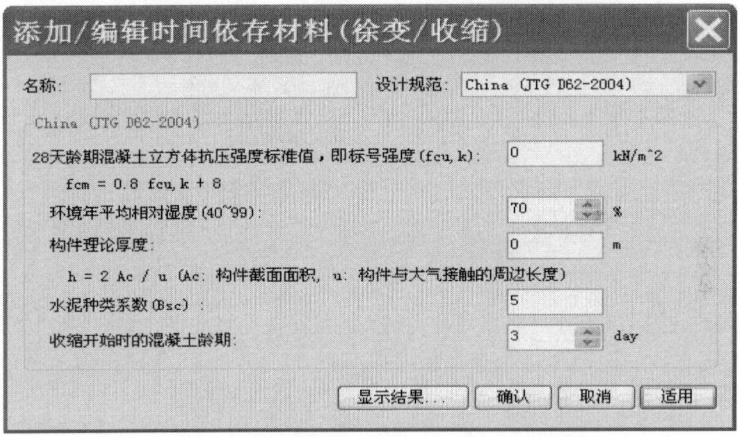

图 4-33　添加/编辑时间依存材料参数界面

根据所选择的规范，输入所需参数。其中“构件理论厚度”输入一个值后可在修改单元依存性材料特性值中选择自动计算。

(2) 将在时间依存性材料(徐变/收缩)中定义的材料特性赋予已定义的材料。

命令：从主菜单中选择特性→材料连接(图 4-34)。

输入：选择徐变和收缩。

选择已定义的时间依存性材料特性函数名称和指定材料，单击 添加 / 编辑 ，将指定材料赋予时间依存性材料特性。

(3) 修改单元依存性材料特性值。修改各单元的理论厚度值或者体积与面积比。当不同的单元使用了同一种时间依存性材料或使用了变截面单元时，需要分别计算各截面的理论厚度时，此功能特别方便。

命令：从主菜单中选择特性→修改特性(图 4-35)。

输入：选择节点起始号、单元起始号。

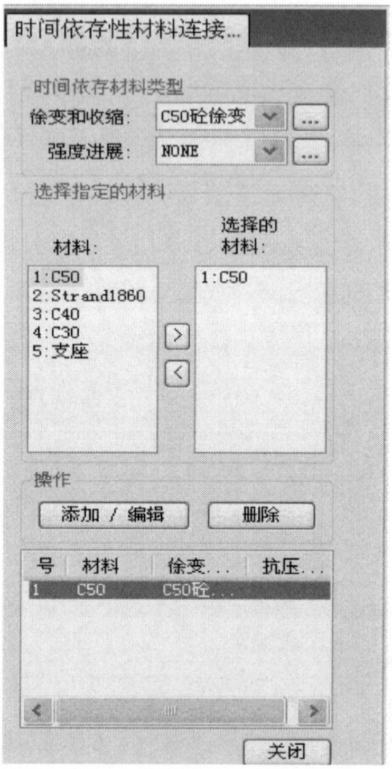

图 4-34　材料特性赋予界面

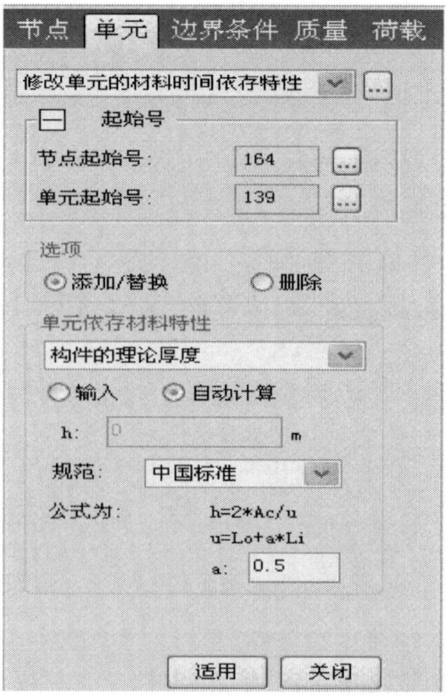

图 4-35　选择输入单元及节点起始号界面

根据选择的规范输入所需参数，由程序自动计算各构件的理论厚度。在此修改构件理论厚度之后，在“时间依存性材料(徐变/收缩)”中输入的理论厚度值将被替换。在模型中选择需要修改构件理论厚度的单元，单击 适用 。

通常在施工监控计算中，考虑全施工过程直至成桥后十年的徐变。

4) 温度作用

(1) 整体升、降温。当整个结构温度从初始(参考)温度变化至指定温度时，为了做热应力分析，输入最终温度(或称系统温度)。

命令：从主菜单中选择荷载→温度/预应力→系统温度(图 4-36)。

输入：选择温度变化参数。

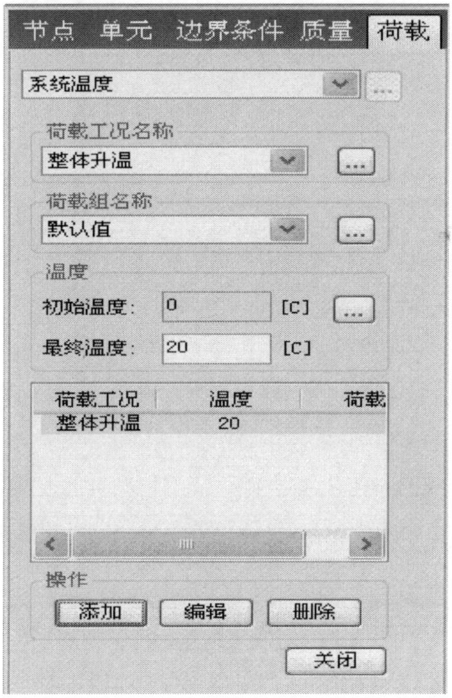

图 4-36　输入整体升、降温参数界面

输入荷载工况名称、初始温度、最终温度，单击 添加 。

该工程按照结构整体温差±20℃考虑。

(2) 温度梯度。温度梯度荷载仅可考虑截面顶底温差效应，而梁截面温度可以考虑截面任意形式的温度梯度变化，所以推荐使用“梁截面温度荷载”功能。

命令：从主菜单中选择荷载→温度/预应力→梁截面温度(图 4-37)。

输入：选择梯度升温。

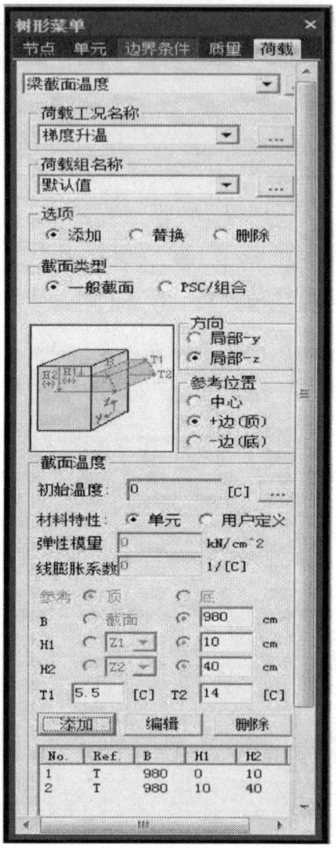

图 4-37　选择并输入梯度升温参数界面

输入相应的参数并在模型中选择要定义的结构单元，然后单击 添加 。

根据《公路桥涵设计通用规范》(JTG D60—2015)，温度梯度变化如图 4-38 所示。

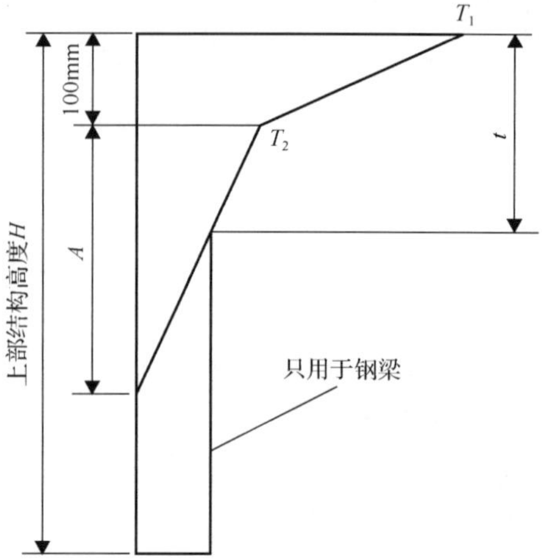

图 4-38　温度梯度变化图

该桥中，T_1=14℃，T_2=5.5℃，A=300mm。

5) 基础不均匀沉降

命令：从主菜单中选择荷载→支座沉降分析数据→支座沉降组(图 4-39)。

输入：选择支座沉降模块。输入支座沉降组的名称和支座沉降量(负号代表向下)，输入支座节点号(可直接输入或在模型中选择)，单击 添加(A) 。

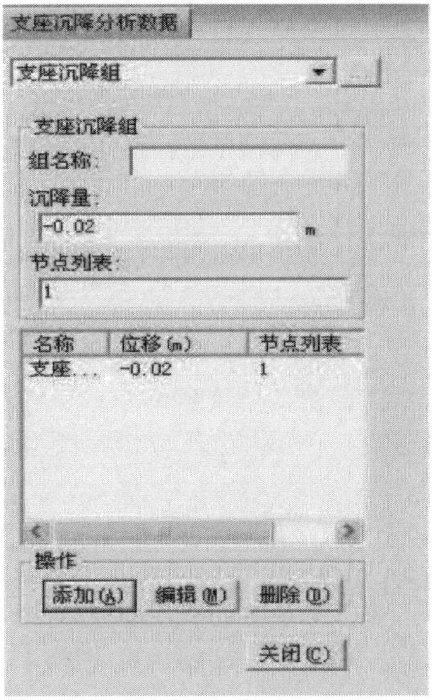

图 4-39　选择并输入支座沉降参数界面

然后定义支座沉降荷载工况。

命令：从主菜单中选择荷载→支座沉降分析数据→支座沉降荷载工况。

输入：输入支座沉降荷载工况的名称，从支座沉降组列表中选择要使用的支座沉降组，分别输入同时下沉的支座沉降组的最小、最大数量，单击 添加 (图 4-40)。

该工程主墩考虑 2cm 的沉降量。

4. 施工全过程仿真分析

对于悬臂浇筑施工的桥梁，主要考虑的施工阶段有立模、浇筑混凝土、张拉预应力、边跨合龙进行第一次体系转换、中跨合龙、桥面铺装、10 年徐变等。

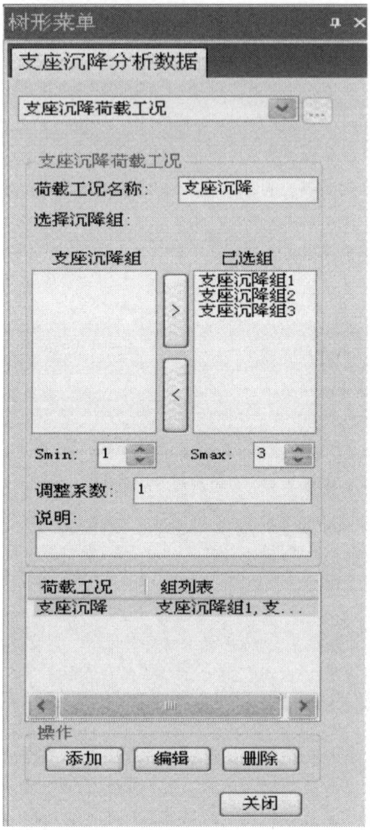

图 4-40　输入支座沉降组界面

1) 定义施工阶段

命令：从主菜单中选择荷载→施工阶段→定义施工阶段(图 4-41)。

输入：各施工阶段参数。

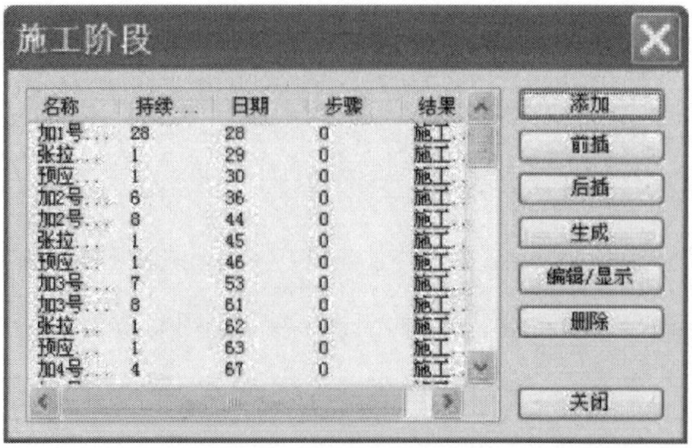

图 4-41　定义施工阶段界面

添加：添加新的施工阶段到列表最后。

前插：插入到在目录中选择的施工阶段之前。

后插：插入到在目录中选择的施工阶段之后。

生成：同时生成多个施工阶段(图 4-42)。

编辑/显示：在目录中选择相应施工阶段，编辑或显示该施工阶段。

删除：在目录中选择相应施工阶段，删除该施工阶段。

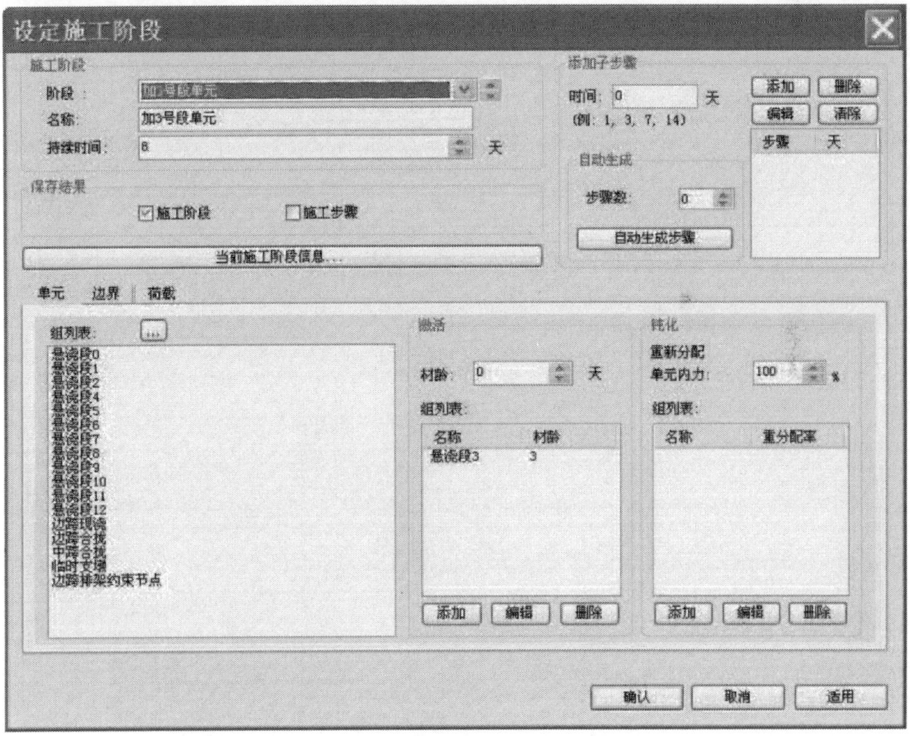

图 4-42　各施工阶段生成界面

按照实际施工顺序，通过启动和钝化结构单元、荷载和边界条件来实现从开始施工直至全桥竣工的整个过程中结构动态变化情况的仿真分析。

2) 定义施工阶段分析控制数据

命令：从主菜单中选择分析→施工阶段分析控制(图 4-43)。

输入：选择施工阶段分析控制参数。

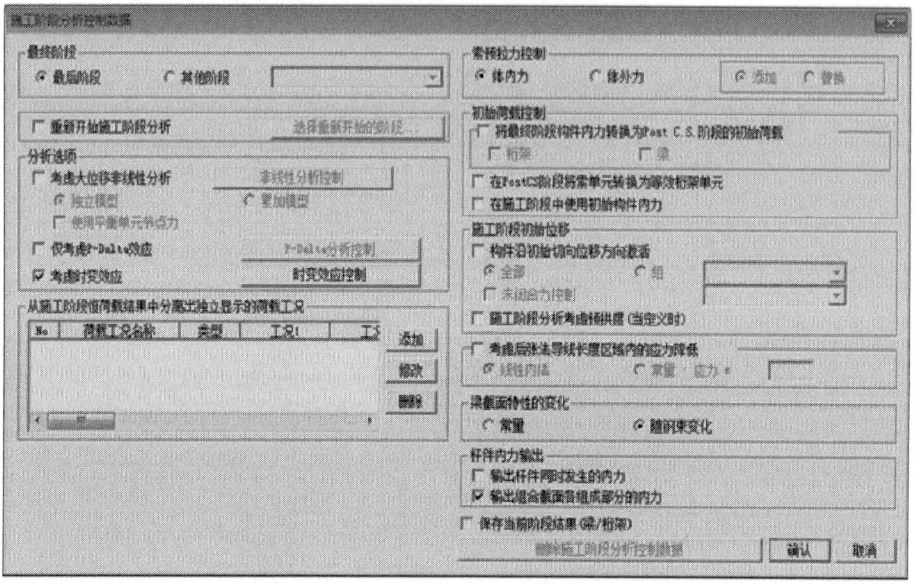

图 4-43　施工阶段分析控制参数选择界面

勾选需要的分析选项。

该工程施工仿真分析计算表如表 4-2 所示。

表 4-2　施工仿真分析计算表

工程		激活			钝化		
		结构单元	荷载	边界条件	结构单元	荷载	边界条件
桥墩、0 号、1 号块施工		中墩、辅助墩 0 号、1 号块	结构自重、T_1、W_1	中墩支座 墩底固定约束			
悬臂施工过程 施工第 N 号块 (N=2～12)	立模		施工 N 号块时挂篮和模板重、施工荷载		N–1 号块	施工 N–1 号块时挂篮、模板和施工荷载	
	浇筑	N 号块					
	张拉		T_N、W_N				
边跨现浇段施工		14～17 号块		边墩支座 现浇段临时支撑 边墩墩底固定约束			
边跨合龙		13 号块	施工 13 号块模板重 T_{13}、T_{14}和所有 B 束				
拆除辅助墩和临时支撑					辅助墩		现浇段临时支撑
中跨合龙		12-1 号块	施工 12-1 号块模板重 T_{15}和所有 Z 束				
桥面铺装			二期恒载			所有挂篮、模板和施工荷载	

5. 挠度计算与线形控制

1) 立模标高计算

桥梁的线形分为设计线形和目标线形。设计线形是在考虑桥路衔接通顺，满足路线总体布设要求的基础上确定的，由设计单位提供；目标线形是在设计线形的基础上，考虑了混凝土结构长期收缩、徐变及预应力损失等因素后的桥梁最终线形。监控单位通过计算预抛高来确定施工立模标高，使成桥竣工线形达到目标线形。

将主梁自重、预应力、挂篮和模板重、施工荷载、二期恒载、收缩、徐变等在节段 i 引起的挠度以及 1/2 活载挠度进行累积叠加，叠加值的负值就是预抛高。立模标高由设计标高叠加预抛高和挂篮变形值得到，其计算公式为

$$H_{\mathrm{L}} = H_{\mathrm{S}} + \Delta h + \Delta_{\mathrm{g}}$$

式中，H_{L} 为立模标高；H_{S} 为设计标高；Δh 为计算所得预抛高；Δ_{g} 为挂篮变形值(由施工单位进行现场挂篮预压试验后提供)。

2) 挂篮预压试验

挂篮预压试验是为了检查挂篮加工及安装质量，检验挂篮的安全稳定性及其工作性能是否达到设计和规范要求；通过预压消除挂篮非弹性变形(挂篮系统各连接杆件因松动而引起的几何变形)；绘制各测点的分级加载和卸载变形曲线，内插得到各梁段作用时挂篮的变形值，为各悬浇段立模标高提供准确的依据。该工程选择袋装砂土预压方式，试验方法和步骤如下：

(1) 加载总重定为悬浇施工质量最大梁段重的 120%。该工程悬浇段中 2 号、2′ 号块质量最大，约为 150t，则每套挂篮试压的总重为 180t。

(2) 在挂篮底模、侧模及下横梁上布置挠度观测点(图 4-44)，测量并记录各点的初始标高。

(3) 在试压过程中，将砂袋按加载总重的 20%、40%、60%、80%、120%分五级逐级加载，最后一级荷载施加三天后，再按照同样的荷载等级逐级卸载，测算每一级荷载所对应的挂篮变形值。

(4) 绘制挂篮各测点加载-卸载变形曲线。

3) 挂篮预压试验结果及取值

分别在距已浇筑悬臂端 0.1m、1.6m、3.1m、4.3m 处取各测点变形的平均值，做出加载-卸载曲线，然后根据各节段梁长、梁重，用内插法两次差值即可得到相应的挂篮变形值。具体试验结果如表 4-3 和表 4-4 所示，加载-卸载变形曲线如图 4-45 所示。

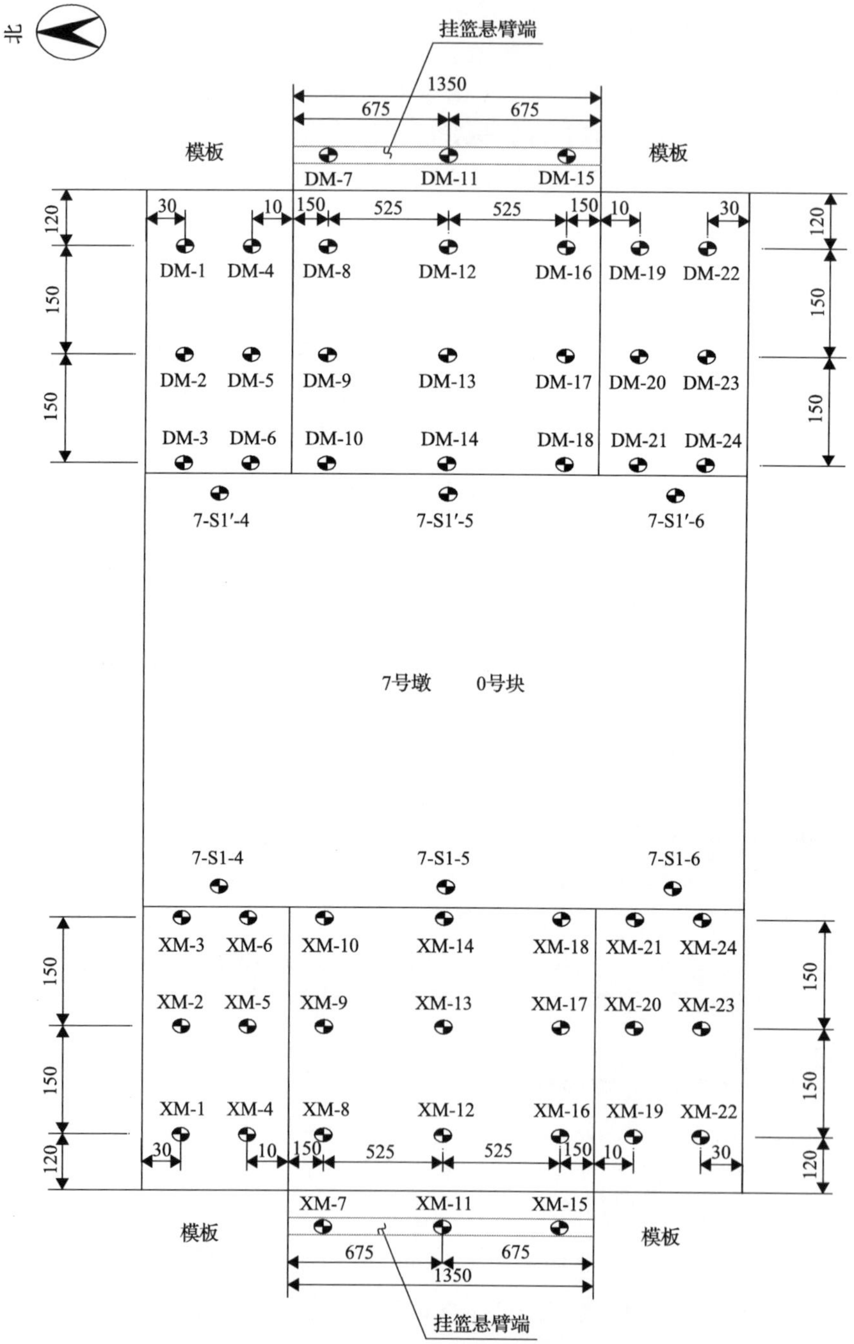

图 4-44　挂蓝试验测点布置图(单位：cm)

表 4-3　1 号块挂篮加载试验变形数据　（单位：mm）

测点位置	荷载等级				
	20%	40%	60%	80%	120%
距梁端 0.1m 处	1.07	2.42	3.29	4.48	8.11
距梁端 1.6m 处	4.66	8.73	10.56	13.16	20.95
距梁端 3.1m 处	5.70	11.03	13.65	16.30	26.01
距梁端 4.3m 处	6.96	13.68	18.05	21.80	31.12

表 4-4　2 号块挂篮卸载试验变形数据　（单位：mm）

测点位置	荷载等级					
	80%	60%	40%	20%	0（非弹性变形）	弹性变形
距梁端 0.1m 处	5.14	4.22	3.34	2.24	1.05	7.06
距梁端 1.6m 处	18.21	15.72	11.01	6.52	3.70	17.25
距梁端 3.1m 处	19.97	18.70	15.41	8.81	5.20	20.81
距梁端 4.3m 处	26.90	22.80	16.71	10.50	6.00	25.12

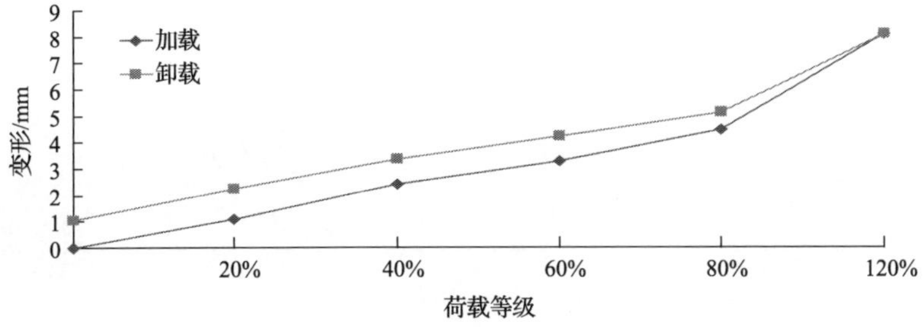

(a) 距梁端0.1m处

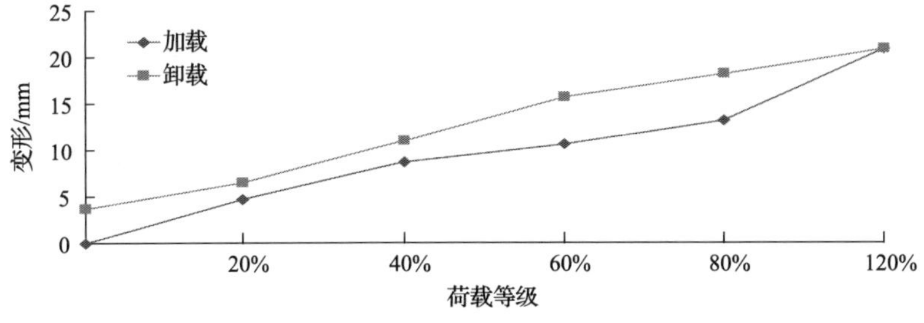

(b) 距梁端1.6m处

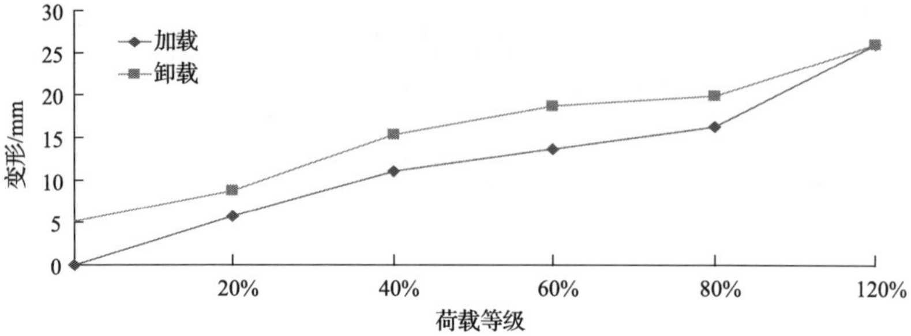

(c) 距梁端3.1m处

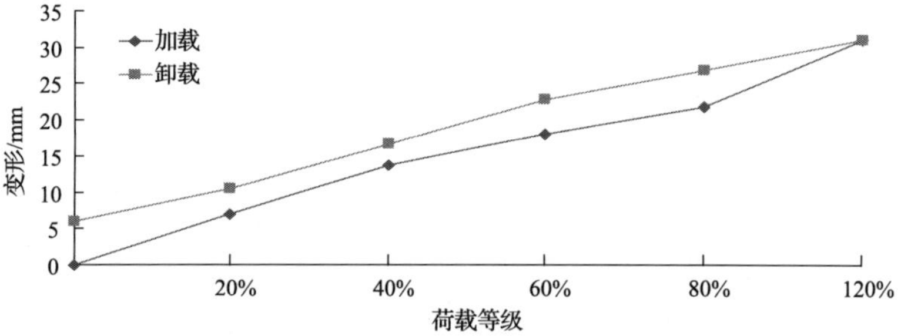

(d) 距梁端4.3m处

图 4-45　各测点加载-卸载变形曲线

6. 挠度计算结果

根据上述计算及试验得到预抛高的计算过程与结果如表 4-5 所示。

表 4-5　悬浇段各节点预抛高计算值　　(单位：mm)

节点	加二期恒载后的累积挠度	10 年徐变产生的挠度	1/2 活载挠度	预抛高
12A	−0.05	4.44	−3.22	−1.17
11A	5.45	5.62	−3.93	−7.14
10A	9.13	6.47	−4.34	−11.26
9A	12.18	7.29	−4.45	−15.02
8A	13.44	7.88	−4.30	−17.02
7A	12.58	8.21	−3.97	−16.82
6A	10.13	8.19	−3.51	−14.81
5A	7.67	7.81	−2.97	−12.51
4A	5.42	7.13	−2.47	−10.08
3A	2.96	6.04	−1.94	−7.06
2A	0.73	4.63	−1.41	−3.95
1A	−1.45	2.94	−0.87	−0.62
0	−3.55	−0.49	0	4.04

续表

节点	加二期恒载后的累积挠度	10 年徐变产生的挠度	1/2 活载挠度	预抛高
1	−3.41	−4.49	−1.23	9.13
2	−2.29	−6.94	−2.02	11.25
3	−1.01	−9.36	−2.85	13.22
4	0.64	−11.71	−3.70	14.77
5	2.31	−13.94	−4.59	16.22
6	4.46	−16.24	−5.63	17.41
7	7.13	−17.95	−6.65	17.47
8	8.88	−18.94	−7.62	17.68
9	8.77	−19.32	−8.48	19.03
10	6.96	−19.14	−9.27	21.45
11	4.58	−18.44	−9.80	23.66
12	0.30	−17.82	−10.04	27.56

7. 应力计算

以主梁线形和应力为监控对象进行双指标控制，其中以线形监控为主，应力满足规范要求即可。

现场数据采集中，传感器测出来的是应变，需通过公式 $\sigma = E\varepsilon$ 将应变换算成应力。混凝土弹性模量是一个随着时间变化的量，是施工监控的重要参数之一，需要测定其随时间的变化规律，且每次混凝土配比改变时均需测试一次。混凝土弹性模量的测试采用现场取样，然后通过万能试验机试压的方法分别测定其在 3d、7d、14d、28d 龄期的弹性模量，得出 *E-t* 曲线。该工程共做了两组试验，每组分别制作 24 块 150mm×150mm×300mm 棱柱体试块，测定其 3d、7d、14d、28d 龄期的值。现场试验用试块如图 4-46 所示。

图 4-46　弹性模量抽样试验用试块

现场取样测定的混凝土弹性模量如表 4-6 所示。

表 4-6　现场测定的混凝土弹性模量　（单位：MPa）

组数	龄期			
	3d	7d	14d	28d
第一组	2.81×10^4	3.18×10^4	3.28×10^4	3.52×10^4
第二组	2.83×10^4	3.20×10^4	3.32×10^4	3.55×10^4
平均值	2.82×10^4	3.19×10^4	3.30×10^4	3.54×10^4

弹性模量的取值按照混凝土浇筑的时间，由以上曲线图直线内插得到。弹性模量随时间的变化图如图 4-47 所示。

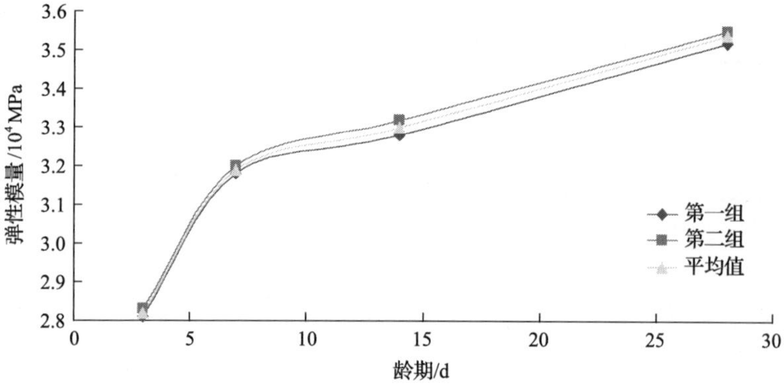

图 4-47　弹性模量随时间的变化图

1）施工控制参数的选取

由桥梁结构计算模型中的基本参数，如坐标、材料、容重、预应力张拉顺序及数量等，结合现场施工方案，对结构计算参数及流程进行修改。

2）影响施工控制计算的参数

影响施工控制计算的参数有混凝土主梁自重、混凝土主梁弹性模量、桥面施工荷载位置及大小、临时荷载位置及大小、混凝土徐变及收缩特征、永存预应力大小、基础沉降、环境温度。

在实际施工过程中，如果以上参数与前期计算采用的参数不同，需要对前期计算所采用的控制参数进行修正，以保证结构施工的结果能够与设计吻合。上述参数拟通过试件或试块试验、现场测试等手段选取。为了保证施工监控计算准确，在施工监控工作正式开展前和施工时进行必要的数据收集与分析计算。当出现误差时，分析误差出现的原因，确定调整误差的措施及调整以后的施工要求。

3) 施工控制计算

在施工控制开始前，根据施工图及施工方案(考虑分阶段挂篮悬臂浇筑、预应力张拉、体系转换等工况)，采用桥梁综合计算软件对结构进行计算。主要计算分析内容见4.3.1节。

4) 计算结果分析及应用

以上两个部分的计算工作完成后，主要针对计算模型及结果进行对比。

(1) 结构计算基本参数的进一步：截面、坐标、材料、龄期、自重系数、下部结构的模拟等。

(2) 施工过程计算模拟的进一步：施工流程、施工周期、施工过程边界条件选取、施工过程各类荷载的大小及位置、施工过程预应力张拉顺序及数量等。

(3) 施工过程计算结果的交流：施工过程中支点反力大小、梁段重量、预应力大小、施工过程中结构的内力和位移等。

(4) 设计预拱度的确定：此项内容大多数设计单位未提供，或提供了预拱度但对计算中位移组合子项未做说明。施工单位将根据规范进行计算并与设计人员进行交流，确定设计预拱度的大小。

5) 立模标高的计算及调整

在该桥的悬臂施工过程中，梁段立模标高的合理确定是关系到主梁的线形是否平顺、是否符合设计的一个重要问题。如果在确定立模标高时考虑的因素比较符合实际，而且加以正确的控制，则最终成桥线形一般是较为良好的；相反，如果考虑的因素与实际情况不符合，再加上控制不力，则最终成桥线形会与设计线形有较大的偏差。连续刚构、连续梁桥的线形控制主要是立模标高的确定。

立模标高并不等于设计桥梁建成后的标高，总要设一定的预抛高，以抵消施工中产生的各种变形(挠度)，其计算公式为

$$H_{立模i}=H_{设计i}+H_{设计预拱度i}+H_{施工预拱度i}+f_{gl}$$

式中，$H_{立模i}$为i位置的立模标高(主梁上某确定位置)；$H_{设计i}$为i位置的设计标高；$H_{设计预拱度i}$为i位置的设计预拱度；$H_{施工预拱度i}$为i位置的施工预拱度；f_{gl}为挂篮变形值。

其中挂篮变形值是根据挂篮加载试验，综合各项测试结果得到的。初始的几个节段立模标高按理论值确定，当理论值与实测值基本不一致时，需根据实测值对结构计算参数进行识别，修正计算模型。修正后调整下一梁段的立模标高。

4.4 施工控制现场监测及案例分析

一般大跨度桥梁施工控制主要有变形监测和应力监测两方面内容。本项目施工控制现场监测的内容有线形监测、应力监测和温度场监测。

4.4.1 线形监测

桥梁的实时线形监测是施工控制的重要工作之一。线形监测包括对主梁高程、主梁轴线偏位、梁段混凝土浇筑挂篮变形观测等内容。此部分数据由施工单位提供。

主梁的高程测量可以反映各施工阶段完成后各主梁节段的标高，从而能得到各施工阶段的主梁线形，并且可以通过前后施工阶段的梁段标高变化计算出主梁的竖向挠度，特别是在浇筑梁段前后和预应力张拉前后对主梁节段标高的测量能反映出实际施工时主梁的挠度变化。通过沿主梁横向布置多个测点，还可以观测出主梁节段的扭曲程度。另外，还要对主梁轴线进行顺直度测量，以及观测梁段混凝土浇筑挂篮变形。这些数据是进行施工控制分析的重要因素之一。以下主要以高程测量为例进行说明。

监测人员进场后，施工单位提供施工测量控制网点布置资料，监测人员根据现场情况建立的各桥平面控制网，依托施工单位已建立的高程控制网点，设立监控高程控制点。

在施工过程中，线形控制测量数据由施工单位提供，现场监测人员在下述情况下对高程控制的基准点进行复测：每悬臂施工 4 个梁段后，边、中跨合龙前后，实测标高有明显异常时，施工控制小组经分析后认为有必要进行复测时。标高测试断面和测点布置示意图如图 4-48 所示。

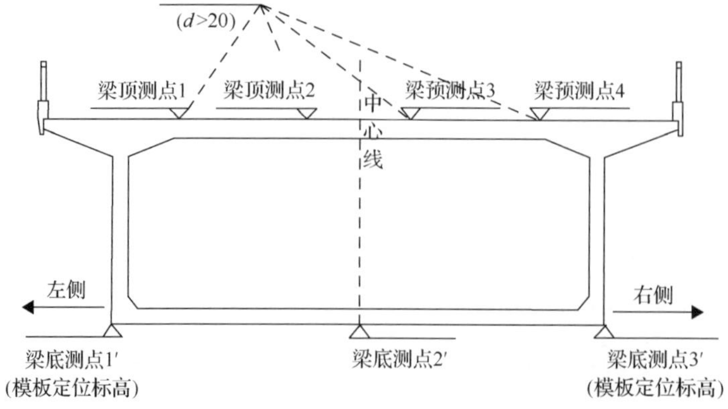

(a) 某大桥主桥主梁标高测点布置立面图

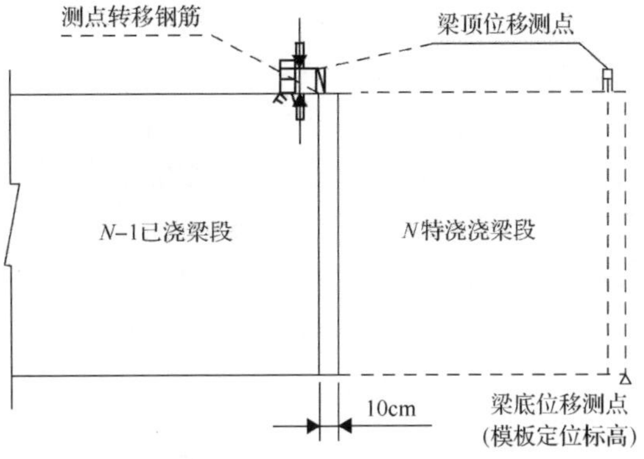

(b) 某大桥主桥主梁标高测点布置纵断面图

图 4-48　标高测试断面及测点布置示意图

在每一主梁节段上均设置有高程测点。测点布置在梁段悬臂施工方向一侧的悬出端(前端)，横向为 7 个测点，其中顶板 4 个测点控制挂篮的整体标高；底板 3 个测点控制底板标高，具体断面布置如图 4-48 所示。主梁 0 号块亦设置测点，其测点布置在墩顶 0 号块梁顶面位置。高程测点在节段的钢筋绑扎阶段进行预埋。测点采用ϕ16mm 钢筋牢固定位于顶板钢筋骨架上，测点钢筋顶面加工成半球形顶面，冠顶应高出混凝土顶面 1～3cm。混凝土浇筑及养护完成后对测点处混凝土顶面进行清整并用红油漆画圆及编号。

(1) 观测时间。各测量阶段的测量时间应根据主梁的施工进度完成情况安排在晚 8 时(夏、秋季为晚 10 时)以后至次日清晨 8 时前进行。考虑到实际施工的情况，立模阶段测量若在白天进行，立模标高的数据应进行温度修正后使用。

(2) 精度要求。高程测量的精度要求为 1mm，该精度不包括由于从水平基点引基点到各主墩墩顶梁段的测量基点产生的精度误差。主梁轴线偏位测量的精度要求为 2mm/60m。拟采用精密水准仪(配因瓦尺)和高精度全站仪进行测量。

(3) 线形评估。每个梁段浇筑完成后均结合理论值及实时监测数据对梁段线形进行评估分析，找出测试及理论分析误差，进行误差回归分析，修正理论计算及下节段坐标预测值。合龙段浇筑前后对全桥线形进行对比分析，给出施工监控成果及线形误差。

(4) 线形控制的实施。主梁施工控制测量相关的数据表格分为施工监控数据表和施工测量数据表两种。施工监控数据表由施工监控单位在相应的施工阶段前填写，并经设计代表和监理代表认可后，作为施工指令提供给施工单位。施工测量数据表由监控单位在相应施工阶段完成测量任务后填写，报监理核查备案。

①横坡测量。测量目的：检测各梁段施工完成后梁顶横坡是否满足设计要求。测点布设方法：在每个梁段同一断面的梁顶、距两侧翼缘边缘 70cm 处和梁中位置共布置 3 个测点。由施工单位按要求设置，混凝土凝固前在测点位置插入铁钉，

并涂红油漆。测量方法：采用精密水准仪进行测量，测量精度在±2mm以内，在各测点放置标尺，观测记录各测点的高程。

②轴线测量。在箱梁施工节段前端的横向中心位置设置测点，采用铁钉做标记。每个梁段完成后，施工测量人员对所有轴线测点坐标进行测量，并做好记录。

(5)基础沉降监测。在主梁开始施工时记录沉降观测点数据并作为初值，每个月对基础沉降测点进行一次观测，且在重要工况如边跨合龙前、中跨合龙前等需对沉降测点进行观测。基础沉降测点布置示意图如图4-49所示。

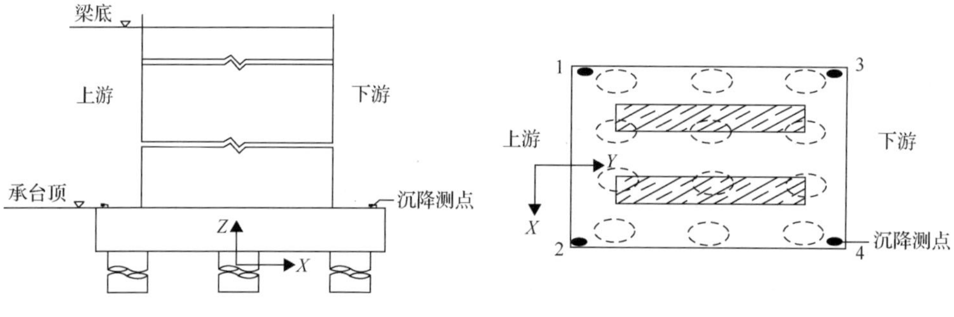

(a) 基础测点布置立面图　　(b) 基础测点布置平面图

图4-49　基础沉降测点布置示意图

①测量目的：测量各施工工况中基础的累积沉降、不均匀沉降情况。

②测点布设方法：每个承台布设4个沉降测点，埋设位置如图4-49所示。选用镀锌十字水平观测点，混凝土浇筑时将测点圆帽露出混凝土表面，如图4-50所示。

图4-50　基础沉降测点埋设位置

③测量方法：采用精密水准仪进行测量，测量精度在±2mm以内，在各测点放置标尺，观测各沉降测点的高程变化。

(6)线形监测工况。根据施工顺序，确定各施工节段进行主梁线形监测的工况为：

①各梁段悬臂浇筑阶段，节段预应力钢筋张拉完成后。

②结构合龙阶段，需对合龙各工况全程监测。

③成桥状态，各监测点的线形监测。另外几种需进行监测的特殊工况有：0 号段临时支架拆除、桥面上施工荷载有较大变化。

为了防止结构在施工过程中产生非正常的变形和应力，需要对桥梁进行实时跟踪监测。

4.4.2　应力监测

应力监测通过在主梁的控制断面处布设应力测试元件，以观测在施工过程中这些截面的应力变化和应力分布情况。结合施工控制中的其他监测结果，能更全面地判断全桥的内力变形状态，形成一个较好的预警机制，从而保障桥梁施工的安全和质量。

1) 应力测试元件和设备

考虑到长期监测的数据稳定性和数据采集的方便程度，拟采用钢弦式应变传感器进行应力监测，拟采用埋入式温度传感器进行梁体温度监测，同时测试大气温度。

2) 测试断面及测点分布

主梁的监测截面及测点布置是根据各施工阶段主梁的内力分布特点综合确定的，能充分反映主梁应力的纵向分布规律和横向变化情况。

全桥分别选取各跨主梁的根部，边、中跨 1/2 处控制截面位置，并与主桥结构施工控制分析的计算截面相对应。

应力测试截面及测点布置示意图如图 4-51 和图 4-52 所示，监测截面编号见图中标示。主梁顶、底板内各传感器导线分别在梁体内沿桥横向就近向一侧汇集，并伸出梁顶外，以便于测试，具体引线方法可结合施工实际情况调整。

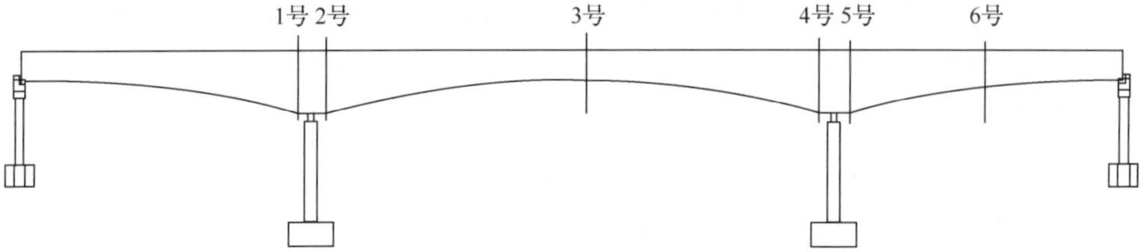

图 4-51　应力测试截面布置示意图

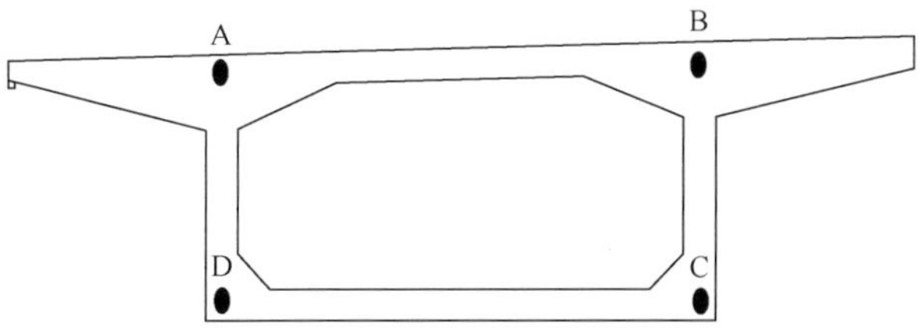

图 4-52　应力测点横断面布置示意图

3) 测试元件的安装

在钢筋绑扎完毕且模板定位好后，将应变传感器预埋在混凝土中，用导线引出模板外进行量测。要求施工单位在施工过程中，避免触及、碰撞、损伤传感器及其传输线。

在元件的安装与测试过程中，为了保证仪器的安装可靠，需要在混凝土浇筑前安装仪器；请施工单位至少提前一天通知监控人员到场进行元件安装调试；仪器安装过程中，请施工单位派至少 1 名施工人员协助；请施工单位就应力测试工作中的安全保护细则，对施工人员进行宣传教育，使施工人员树立对测试元件及线路的保护意识；监控人员会定期检查、维护测试元件及线路；施工单位若发现应力测试元件、线路损害等情况请及时通知测试单位。

4) 安全保护细则

施工中应注意应力测试的安全标识，在含有测试断面的梁段中进行施工时应注意避免对测试元件、测试线路的损害。

严禁非测试人员擅自移动、打开测试元件；严禁破坏应力测试元件、线路和仪器；严禁切割测试线路；应力测试时在测试元件及线路附近应避免使用高温或强电磁设备；严禁将液体物质倾倒于测试元件、线路或附近；严禁涂污线路及测点编号；严禁故意敲打、挤压测试元件。

5) 应力监测工况

根据施工顺序，确定各施工节段进行主梁应力监测的工况为：①各梁段悬臂浇筑阶段，节段预应力钢筋张拉完成后。②结构合龙阶段，需对合龙各工况全程监测。③成桥状态，各监测点的应力监测。另外几种需进行监测的特殊工况有：①0 号段临时支架拆除。②桥面上施工荷载有较大变化。为了防止结构在施工过程中产生非正常的变形和应力，需要对桥梁进行实时跟踪监测。

6) 其他

由于受温度、湿度、混凝土收缩和徐变、测试元件易在施工中受损等因素的影响，结构应力尤其长期应力测试是施工控制中测试难度较大的部分。根据我们长期在施工控制及竣工试验等工程测试中的经验，同时结合主桥的结构特点，拟采用多种手段相结合、相互校核的方法实施对结构应力的测试。

4.4.3 温度监测

温度测量主要包含箱梁混凝土内部温度场测试和箱梁内外大气温度测量。箱梁内部温度场采用内埋温度传感器进行测试，位置与测试阶段同应变计测点，箱梁内外大气温度采用在箱梁内放置温度计进行测量，测试阶段同线形测量。温度测试截面及测点布置示意图如图 4-51 和图 4-52 所示。

4.5 监控工作内容及操作流程

4.5.1 施工监控的其他内容

1. 合龙方案优化

监控人员根据理论分析，在前期计算过程中优化合龙压重顺序，在合龙前根据现场测量结果，对悬臂端的压重等措施进行现场调整，保证合龙段两端的高差在允许范围之内。

2. 施工技术安全复核建议

(1) 施工单位提前制定出施工组织设计或技术方案给各参建方，施工单位对施工技术方案的强度、变形和稳定性进行分析计算，提交计算结果报告或分析结论。

(2) 积极参与现场的施工技术方案讨论，包括临时结构的架设与拆除，挂篮的构造、安装与移动；混凝土的浇筑；预应力的张拉。

3. 技术交底、交流

在整个施工全过程中，施工单位会对各关键节点工况进行监控技术交底，积极参与各类技术交流会议并提出合理的监控建议。主要包含以下几类：挂篮拼装预压试验技术交流，挂篮定位线形控制技术交底，悬臂施工过程应力监测及线形控制技术交底，边跨现浇段线形控制技术交底，合龙过程线形控制、合龙方案优化技术交底，拆除临时约束、支架技术交流。

4. 施工控制指令及报告提交计划

根据施工监控计算内容，各阶段需提交的监控指令及报告如表 4-7 所示。

表 4-7 各阶段监控指令及报告列表

施工阶段	指令或报告	备注
主梁悬浇准备阶段	主梁预拱度确认	联系单
	主梁施工工序确认	联系单
主梁悬浇阶段	主梁定位标高预报(主梁各施工节段)	预报指令
	合龙流程确认	联系单
	桥面通测建议	联系单
	监控总结报告	成桥后一个月

5. 投入仪器设备汇总

根据项目实际监测需要，需要投入的主要仪器设备、型号、数量如表 4-8 所示。

表 4-8 投入本项目的主要仪器设备表

设备名称	单位	型号	数量
振弦式传感器	支	JMZX-212AT	24
综合测试仪	台	JMZX-3001	1
温度测试仪	台	MT4	1
监测数据处理系统	套	—	1

6. 测试元件埋设时间及监测频率要求

根据项目需要，监测的主要构件中测试元件的埋设时间及监测频率要求如表 4-9 所示。

表 4-9 测试元件埋设时间及监测频率要求

构件	测试元件类型	埋设时间	监测频率
主梁	埋入应力传感器	混凝土浇筑前	3 次/当前节段 1 次/其他节段

4.5.2 异常情况分析及安全应急预案

1. 异常误差分析及对应措施

施工过程中，各类误差在出现后只能通过对后续施工的监控予以预防并修正，以防止误差累积最终影响合龙及成桥运营使用。根据监控单位多年施工监控的经验，主要可能会产生的误差有以下几种。

1) 模板尺寸偏差、胀模

由于模板尺寸偏差的影响，主梁截面尺寸会产生误差。减小此类误差需要求施工单位严格按照设计图纸要求定制、浇筑模板，并在监理单位的监督指导下贯彻施工。

胀模是施工过程中的普遍现象，需施工单位根据具体施工条件，合理把握混凝土坍落度，且对模板的浇筑有同上的严格要求，以避免此类施工误差的出现。

2) 混凝土容重、弹性模量

施工误差导致混凝土的容重、弹性模量实际测量值与理论计算模型选值出现较大偏差，必将导致主梁线形及应力出现偏差。避免此类误差需要求监理单位对施工予以大力监督，设计单位给予一定的技术支持，监控单位根据实际测量参数，通过对计算模型参数的修正，来完成对下阶段误差的预防和施工的监控。

3) 预应力钢束张拉损失、钢束位置、连接不当预应力钢束引起的误差

上述施工质量直接影响到主梁应力，并对长期下挠有着重要决定因素。预应力张拉损失为预应力钢束的主要误差，且此类误差在施工过程中难以监督控制，减小此类误差需要求施工单位对预应力张拉设备的标定要准确、定期，且注重提高施工人员的个人技能素质。

4) 支架锚固不紧、定位误差、自身变形

在进入悬臂施工阶段，当出现线形误差在本梁段基本无法予以修正时，只能在对后续梁段的预报中逐段修正。支架施工通常引起各梁段标高误差，对此监控单位要求在空支架定位时对定位标高予以严格控制。支架锚固工作不但直接影响该节段施工的梁段标高，而且关系到安全施工的基本要求，因此要求各单位重视对支架的锚固并共同监督。

支架加载的变形值，根据加载试验后得出初始支架变形值，并在后续施工过程中根据实际支架变形情况不断修正，使得支架变形的预抛高与实际变形情况最大限度地接近，以减小此类误差。

2. 施工监控预警

在实际施工中，由于各种因素的影响，控制参数实测值与理论值会产生差异，通过有效的监控，这种差异不会很大，但考虑到某些非确定因素的影响，确定差值的上限，对保证全桥结构的安全、控制效果及监控的顺利进行是十分必要的。监控参数及其在各个施工阶段的误差限值可按表 4-10 取用。

表 4-10　监控参数误差限值表

结构部位	控制参数	上限
主梁	梁段高程	±20mm
	同一断面左右两点高差	±20mm
	轴线偏差	±10mm
	纵向位移	±20mm
承台	沉降	5mm

在施工过程中，监控参数实测值与理论值的偏差若大于表 4-10 中上限值，应查明原因，必要时应暂停施工，参建各方共同研究解决方案。

3. 监控成果与施工控制附表

根据实际施工进程，监控单位及时提交各类监控预报档及相关工作联系单(见

附录 1～4)，对各施工阶段的监控工作内容定期向参建单位提交监控汇报表。按以上要求提交八大类报告，如表 4-11 所示。

表 4-11 监控分析报告提交形式及内容汇总表

序号	报告提交形式	说明
1	施工监控方案	施工监控的主要内容与方法
2	施工监控实施细则	根据施工监控方案的会审意见，组织方案修改和完善，并据此编制施工监控实施细则
3	施工监控全过程仿真分析	建立施工监控计算分析模型，对施工设计图进行复核计算，弄清设计意图，在立模定位前提供
4	施工监控预报	在出现数据不正常并可能会对结构产生不利影响时，由监控项目组分析原因后，及时向施工单位和监理单位发出预警通知并立即通报建设单位详细说明与监控工作有关的所有情况
5	预警通知书	几何误差分析报告，包括几何误差计算、误差形态分析、误差预测等
6	监控分析报告	应力测试结果分析报告，包括应力和温度场的测试结果、结构施工安全度评价或安全预警报告
7	监控补充档	施工监控建议，包括对总体施工误差和安全状态的评价、对容许施工误差度的调整等内容
8	监控总报告	在监控工作完成后按照招标档时间要求内完成

4. 连续梁悬臂浇筑各施工阶段主要监控工作内容及操作流程

1)墩身施工阶段主要监控工作内容及操作流程

根据墩身施工特点，考虑施工工况及易出现的质量问题，该施工阶段的主要监控工作内容如表 4-12 所示，该阶段现场主要监控工作操作流程如表 4-13 所示。

表 4-12 墩身施工阶段主要监控工作内容

序号	监控工况	监测内容	备注
1	墩身施工	承台沉降测点布设	

表 4-13 墩身施工阶段主要监控工作操作流程

序号	监控主体单位	监控工作操作流程	备注
1	监控单位	布设承台沉降测点，并对测点进行初始数据采集	

2)0 号块施工阶段主要监控工作内容及操作流程

0 号块施工阶段主要监控工作内容如表 4-14 所示，该阶段现场主要监控工作操作流程如表 4-15 所示。

表 4-14 0 号块施工阶段主要监控工作内容

序号	监控工况	监测内容	备注
1	0 号块浇筑前	0 号块水平点及标高测点布设	

表 4-15　0 号块施工阶段主要监控工作操作流程

序号	监控主体	监控工作操作流程	备注
1	施工单位	提供评审后的 0 号块施工支架方案	
2	施工单位	对 0 号块支架进行预压，并对预压过程进行变形观测	
3	监控单位	提供 0 号块立模标高	
4	施工单位	钢筋施工期间，完成 0 号块水平点及悬臂端部标高测点的布设	
5	施工单位	浇筑完成后，测量水平点高程、悬臂端顶钢筋头及底板高程并做梁高高差记录	
6	施工单位	张拉后，测量悬臂端顶钢筋头高程	
7	施工单位	测量悬臂端顶钢筋头高程	

3)挂篮预压阶段主要监控工作内容及操作流程

挂篮预压阶段主要监控工作内容如表 4-16 所示，该阶段现场主要监控工作操作流程如表 4-17 所示。

表 4-16　挂篮预压阶段主要监控工作内容

序号	监控工况	监测内容	备注
1	安装挂篮后	挂篮变形测点布设、观测结果分析	

表 4-17　挂篮预压阶段主要监控工作操作流程

序号	监控主体	监控工作操作流程	备注
1	监控单位	熟悉挂篮实际构造及重量，并对计算中挂篮重量进行复核	
2	施工单位	完成挂篮预压变形测点布设	
3	施工单位	进行挂篮加载变形和卸载变形观测	
4	施工单位	整理、分析挂篮预压变形，并做梁高高差记录，为后续挂篮变形设置提供依据	
5	监控单位	对记录数据进行复核	
6	施工单位	测量悬臂端顶钢筋头高程	

4)1 号块施工阶段主要监控工作内容及操作流程

1 号块施工阶段主要监控工作内容如表 4-18 所示，该阶段现场主要监控工作操作流程如表 4-19 所示。

表 4-18　1 号块施工阶段主要监控工作内容

序号	监控工况	监测内容	备注
1	1 号块浇筑前	1 号块应力测点布设	
2	1 号块浇筑后	1 号块应力测点初读数	
3	1 号块张拉后	1 号块应力测量	

表 4-19　1 号块施工阶段主要监控工作操作流程

序号	监控主体	监控工作操作流程	备注
1	监控单位	根据挂篮变形提供 1 号块立模标高	
2	监控单位	钢筋绑扎期间，完成 1 号梁段应力测点布设	
3	施工单位	钢筋施工期间，完成 1 号块悬臂端部标高测点布设	
4	监控单位	混凝土浇筑后完成应力测点初读数	
5	施工单位	端顶钢筋头及底板高程并做梁高高差记录	
6	监控单位	张拉后进行应力测点读数	
7	施工单位	张拉后测量悬臂端顶钢筋头高程	

5) *N* 号块施工阶段主要监控工作内容及操作流程

N 号块施工阶段主要监控工作内容如表 4-20 所示，该阶段现场主要监控工作操作流程如表 4-21 所示。

表 4-20　*N* 号块施工阶段主要监控工作内容

序号	监测工况	监测内容	备注
1	*N* 号块浇筑前	*N* 号块应力测点布设	
2	*N* 号块浇筑后、张拉前	*N* 号块应力测点初读数，0 号块应力测量	
3	*N* 号块张拉后	所有应力测量	
4	挂篮前移后	所有应力测量	
5	挂篮前移后	*N*+1 号块标高定位，沉降观测	

表 4-21　*N* 号块施工阶段主要监控工作操作流程

序号	监控主体	监控工作操作流程	备注
1	监控单位	提供浇筑梁段底模立模标高	施工过程中挂篮定位时，应选择日出之前，减少温度的影响
2	施工单位	浇筑梁段底模立模标高定位	
3	监控单位	梁段钢筋绑扎时，监控单位完成应力测点布设	
4	施工单位	梁段钢筋绑扎时，完成梁段悬臂端部标高测点布设	
5	监控单位	混凝土浇筑后，对梁段所有应力测点进行应力测试	
6	施工单位	混凝土浇筑后，完成已浇筑梁段顶部钢筋头标高测量	
7	监控单位	预应力张拉后，对梁段所有应力测点进行应力测试	
8	施工单位	预应力张拉后，完成已浇筑梁段顶部钢筋头标高测量	
9	监控单位	挂篮前移一个梁段后，对梁段所有应力测点进行应力测试	
10	施工单位	挂篮前移一个梁段后，完成已浇筑梁段顶部钢筋头标高测量	
11	监控单位	对施工单位提供的标高测量数据进行分析，若误差较小，则根据计算提供下一梁段底模标高，若误差较大，标高测量无误后，需对计算过程中的参数进行识别并做调整，根据调整后的计算结果预报下一梁段底模标高	
12	施工单位	每施工 4 个梁段后，需对基础沉降测点及 0 号块墩顶水平点标高进行复测，并对标高进行实测修正	

6) 边跨合龙阶段主要监控工作内容及操作流程

边跨合龙阶段主要监控工作内容如表 4-22 所示，该阶段现场主要监控工作操作流程如表 4-23 所示。

表 4-22　边跨合龙阶段主要监控工作内容

序号	监测工况	监测内容	备注
1	合龙配重前	所有应力测量，所有标高测量	
2	合龙配重后	所有应力测量，所有标高测量	
3	合龙后	所有应力测量，所有标高测量	
4	合龙张拉后	所有应力测量，所有标高测量	

表 4-23　边跨合龙阶段主要监控工作操作流程

序号	监控主体	监控工作操作流程	备注
1	施工单位	提供评审后的合龙方案	
2	监控单位	对基础沉降测点及 0 号块墩顶水平点标高进行复测，并对标高进行实测修正	
3	监控单位	根据合龙方案对计算模型中的施工流程进行确认	
4	监控单位	核实合龙配重大小及位置并对计算模型进行确认	
5	监控单位	核实合龙段吊架重量并对计算模型进行确认	
6	监控单位	合龙段钢筋绑扎时，完成应力测点布设	
7	施工及监控单位	合龙时测量 24h 温度变化，并根据测量结果，选择温度较低且稳定的时间进行混凝土浇筑	
8	监控单位	合龙段加载配重后，对梁段所有应力测点进行应力测试合龙段加载配重，完成已浇筑梁段顶部钢筋头标高测量，应特别注意合龙段两侧梁段标高测量	
9	监控单位	合龙段混凝土浇筑后，对合龙段应力测点建立初读数，其余梁段所有应力测点进行应力测试	
10	施工单位	合龙段混凝土浇筑后，完成已浇筑梁段顶部钢筋头标高测量	
11	监控单位	合龙段预应力张拉后，对梁段所有应力测点进行应力测试	
12	施工单位	合龙段预应力张拉后，完成已浇筑梁段顶部钢筋头标高测量	

7) 中跨合龙阶段主要监控工作内容及操作流程

中跨合龙阶段主要监控工作操作流程如表 4-24 所示。

表 4-24　中跨合龙阶段主要监控工作操作流程

序号	监控主体	监控工作操作流程	备注
1	施工单位	对基础沉降观测点及 0 号块墩顶水平点标高进行复测，并对标高进行实测修正	
2	监控单位	合龙段钢筋绑扎时，完成应力测点布设	
3	施工及监控单位	合龙时测量 24h 温度变化，并根据测量结果，选择温度较低且稳定的时间进行混凝土浇筑	

续表

序号	监控主体	监控工作操作流程	备注
4	监控单位	合龙段加载配重后，对梁段所有应力测点进行应力测试	
5	施工单位	合龙段加载配重后，完成已浇筑梁段顶部钢筋头标高测量，应特别注意合龙段两侧梁段标高测量	
6	监控单位	合龙段混凝土浇筑后，对合龙段应力测点建立初读数，其余梁段所有应力测点进行应力测试	
7	施工单位	合龙段混凝土浇筑后，完成已浇筑梁段顶部钢筋头标高测量	
8	监控单位	合龙段预应力张拉后，对梁段所有应力测点进行应力测试	
9	施工单位	合龙段预应力张拉后，完成已浇筑梁段顶部钢筋头标高测量	

参考文献

[1] 李国平，刘健. 大跨连续梁桥线形最优施工控制的理论与方法[J]. 华东公路，1992，(2)：66-70.

[2] 董洪刚. 预应力混凝土连续梁悬臂浇筑线形监控[J]. 山西建筑, 2012, 38(1): 218-219.

[3] 顾安邦，常英，乐云祥. 大跨径预应力连续刚构桥施工控制的理论与方法[J]. 重庆交通学院学报, 1999, 18(4): 47-53.

[4] 杨敏，朱国藩. 对横潦泾大桥预应力混凝土连续梁悬臂浇筑施工质量控制的探讨[J]. 城市道桥与防洪, 2001, (3): 55-57.

[5] 王印. 悬臂浇筑连续梁桥施工关键技术探讨[J]. 铁道建筑技术, 2013, (4): 36-37, 60.

[6] 尤振华. 连续梁桥悬臂施工临时固结措施及其影响研究[D]. 南京：东南大学, 2015.

[7] 徐君兰，刘忠，向中富. 等大跨度桥梁施工控制[M]. 北京：人民交通出版社, 2000.

[8] 雷俊卿. 桥梁悬臂施工与设计[M]. 北京：人民交通出版社, 2000.

[9] 杜国华. 桥梁结构分析[M]. 上海：同济大学出版社, 1994.

[10] 王文涛. 刚构-连续组合梁桥[M]. 北京：人民交通出版社, 1997.

[11] 张继尧，王吕将. 悬臂浇筑预应力混凝土连续梁桥[M]. 北京：人民交通出版社, 2004.

[12] 李国平，史建伟，张耿耿，等. 上海吴淞大桥结构状态施工控制技术[J]. 华东公路，1994，(2): 3-7.

[13] 向中富. 桥梁施工控制技术[M]. 北京：人民交通出版社, 2001.

[14] 顾安邦，常英，乐云祥. 重庆黄花园嘉陵江大桥施工控制[J]. 重庆交通学院学报，1999，18(4): 54-60.

[15] 向木生. 连续刚构桥梁施工控制分析[J]. 武汉理工大学学报, 2002, 24(6): 44-47.

[16] 周先雁，王解军. 桥梁工程[M]. 北京：北京大学出版社, 2008.

附录1　立模标高通知单

XX 大桥施工监控指令

第　　号　　　　日期：

桥名	
工序	XX 节段
主送	
抄送	

1. 布点示意图

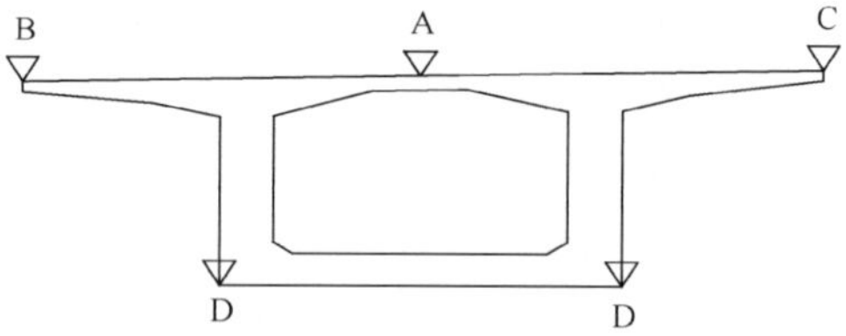

2. 立模标高计算：$H = H_0 + \delta + \delta_1$

式中，H 为立模标高；H_0 为设计标高；δ 为预抛高；δ_1 为挂篮变形。

方向	点位	设计标高 H_0/m	预抛高 δ/mm	挂篮变形 δ_1/mm	立模标高 H/m
小里程方向	梁底(D)				
	顶面中线(A)				
	外翼缘端部(B)				
	内翼缘端部(C)				
大里程方向	梁底(D)				
	顶面中线(A)				
	外翼缘端部(B)				
	内翼缘端部(C)				

3. 挂篮变形值为施工单位提供的预压报告中同一侧三个测点的弹性变形平均值，此值仅供参考，具体由施工单位根据预压报告，结合现场情况据实调整。

4. 混凝土应对称浇筑，待混凝土强度、龄期达到设计要求后方可张拉预应力钢束，预应力钢束张拉按照设计控制张拉力进行张拉，并进行张拉力、引伸量双控。

5. 在线形和应力测量时，请各单位予以配合。

施工监控方	设计方签收：　　年　月　日
计算：	监理方签收：　　年　月　日
复核：	业主方签收：　　年　月　日
审核：	施工方签收：　　年　月　日

附录 2　高程测量记录表

工序			
日期		气温/℃	
测点编号	读数/m	测点编号	读数/m

测量：　　　　　　　　　　记录：　　　　　　　　　　校核：

附录 3　应力(应变)测量记录表

工序					
日期			气温/℃		
测点编号	测试频率/Hz	应力/MPa	测点编号	测试频率/Hz	应力/MPa

测量：　　　　　　　　记录：　　　　　　　　校核：

附录 4　温度测量记录表

工序					
日期			气温/℃		
测点编号	测试电阻/Ω	温度/℃	测点编号	测试电阻/Ω	温度/℃

测量：　　　　　　　　记录：　　　　　　　　校核：

附　　图

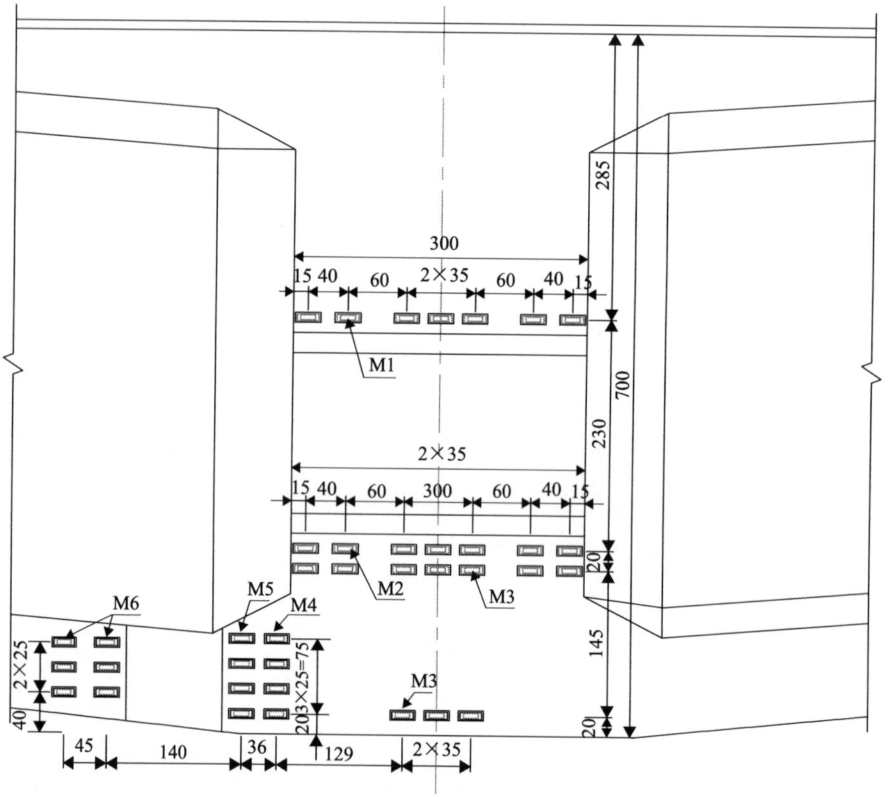

附图 1　横向预应力筋布置图(单位：cm)